重庆工商大学经济学院"重庆市经济学拔尖人才培养示范基地"与国家一流专业建设点系列成果

市场分割对城市群经济高质量发展的影响研究

SHICHANG FENGE DUI CHENGSHIQUN JINGJI
GAOZHILIANG FAZHAN DE YINGXIANG YANJIU

刘 昊　祝志勇 ○ 著

西南财经大学出版社
Southwestern University of Finance & Economics Press

中国·成都

图书在版编目(CIP)数据

市场分割对城市群经济高质量发展的影响研究/刘昊,
祝志勇著.--成都:西南财经大学出版社,2024.
10. --ISBN 978-7-5504-6427-8

Ⅰ. F299.21

中国国家版本馆 CIP 数据核字第 2024FY0929 号

市场分割对城市群经济高质量发展的影响研究

刘　昊　祝志勇　著

责任编辑:李特军
责任校对:冯　雪
封面供图:董潇枫
封面设计:何东琳设计工作室
责任印制:朱曼丽

出版发行	西南财经大学出版社(四川省成都市光华村街55号)
网　　址	http://cbs.swufe.edu.cn
电子邮件	bookcj@swufe.edu.cn
邮政编码	610074
电　　话	028-87353785
照　　排	四川胜翔数码印务设计有限公司
印　　刷	郫县犀浦印刷厂
成品尺寸	170 mm×240 mm
印　　张	14.25
字　　数	241千字
版　　次	2024年10月第1版
印　　次	2024年10月第1次印刷
书　　号	ISBN 978-7-5504-6427-8
定　　价	88.00元

前言

改革开放以来，中国经济经历了40多年的高速增长阶段，但随着国内外经济环境的改变，当前中国经济已从高速增长阶段转入高质量发展阶段，国家"十四五"规划纲要明确指出要以推动高质量发展为主题，加快建设现代化经济体系，加快构建以国内大循环为主体、国内国际双循环相互促进的新发展格局。城市群作为中国新的空间经济单元，在区域和国家经济社会发展中发挥着核心支撑作用，已成为中国经济实现高质量发展的主要载体。城市群能否实现经济高质量发展在很大程度上决定着全国经济高质量发展水平的高低。实现城市群经济高质量发展，是转变中国经济增长方式、提高中国经济发展质量的重要内容，对这一问题的研究具有重要的理论价值和现实意义。

以往中国经济高速增长的一个重要源泉在于地方政府的"企业家化"，这激励了地方政府为实现经济增长充分发挥积极性，但也使得地方政府有强烈的动机通过政府的强权力去干预企业的投融资和日常经营活动，以完成本地区经济增长与社会就业等绩效考核目标，但从另一个角度妨碍了商品和生产要素的自由流动，带来地方保护和市场分割问题。当前中国经济进入新发展阶段，这无疑会改变地方政府参与地区间竞争和干预市场活动的预期目标、激励和行为方式。而以往研究关于市场分割对经济发展的影响，仅局限于经济增长数量这一方面，未考虑经济发展质量的变化，对市场分割影响经济高质量发展的研究较少，这与当前我国经济进入高质量发展阶段的现实状况不匹配，国内市场分割对经济发展的影响没有得到全面反映。因此本书以市场分割对城市群经济高质量发展的影响作为研究主题，力图揭示市场分割对城市群经济高质量发展的影响机理，探究市场分割对城市群整体、发达城市与落后城市、不同城市群经济高质量发展的影响及其作用机制，为建设国内统一市场，实现城市群经济高质量发展提供政策建议。本书具体内容如下：

首先，本书对市场分割与城市群经济高质量发展的概念进行阐述，梳理了关于市场分割、城市群经济高质量发展、市场分割对经济高质量发展的影响三方面的相关文献，归纳总结已有研究的现状与局限性，得出本书可能的研究创新，指出本书的学术价值与边际贡献。

其次，本书基于新经济地理理论与新奥地利学派的竞争理论构建市场分割影响城市群经济高质量发展的理论框架，提出市场分割通过市场规模效应与市场竞争效应影响城市群经济高质量发展的作用机制。

再次，本书通过相对价格法对各城市群2001—2019年市场分割水平进行测度，对各城市群内部以及城市群间市场分割水平进行差异分析，考察了行政边界对城市群内部市场分割的影响，并通过固定效应模型对各城市群内部市场分割的影响因素进行实证检验。本书构建包含协同发展、发展动能、发展结构、发展可持续性与发展成果共享五个维度的城市群经济高质量发展指标评价体系对各城市群整体与城市群内部城市经济高质量发展水平进行测度，通过维度分解与Dagum基尼系数及其分解方法探析城市群整体经济高质量发展的提升来源，和城市群内部各城市经济高质量发展的区域差异及其来源。

最后，在上述理论分析的基础上，本书实证检验了市场分割对城市群经济高质量发展的影响。其一，通过双向固定效应与系统矩估计、全面广义最小二乘法检验市场分割对城市群整体、中心城市与非中心城市、各城市群内部城市经济高质量发展的影响进行实证检验。其二，对市场分割影响城市群经济高质量发展的作用机制进行识别。本书通过单一与多重中介效应模型对市场分割影响城市群整体、中心城市与非中心城市、各城市群内部城市经济高质量发展的作用机制进行识别，分析市场规模效应与市场竞争效应的中介效应是否显著存在。其三，实证检验市场分割对城市经济高质量发展的空间溢出效应。本书通过全局与局部莫兰指数检验市场分割与城市经济高质量发展的空间相关性，通过空间杜宾模型对市场分割影响城市经济高质量发展的空间溢出效应进行检验与分解，对市场分割影响各城市群内部城市经济高质量发展的空间溢出效应进行了异质性分析。

本书主要得出了以下研究结论：

第一，地方经济分权与竞争体制下的地方政府为扩大本地区税基和实现地区经济增长，往往会采取行政等多重手段对本地区企业进行保护和扶持，从而形成地区间市场分割的局面。对于地方政府而言，以GDP、财政收入等作为政府绩效考核指标使地方政府有动机以短期利益为重，甚至以牺牲经济发展质量的方式换取短期内经济的高速增长，忽视经济发展质量的提升。市场分割会通过限制地区市场规模、抑制企业规模报酬递增和知识技术溢出的实现，以及通过弱化市场竞争扭曲市场价格信号和抑制地区间合理分工，进而不利于城市群经济高质量发展。同时由于城市群整体与城市群内部各城市、发达城市与落后城市间市场分割与经济高质量发展的空间异质性的存在，与单一城市相比，市场分割对城市群整体经济高质量发展的负面影响更加明显。与落后城市相比，市场分割对发达城市经济高质量发展的负面影响更加明显。

第二，城市群内部市场日趋整合，实现了由地区性市场向区域性市场的演进。城市群内部市场分割总体呈现出明显的下降趋势，各城市与省内城市和省外城市之间的市场分割水平的比较分析结果表明，城市群内部省界区划所带来的"边界效应"对市场分割的影响有所减弱但依然存在。各城市群间市场分割水平主要呈下降趋势但仍高于城市群内部，城市群内部市场分割水平较低与城市群之间市场整合进程相对缓慢的这一现状表明，我国产品市场正从以省内整合和省际分割为特征的地区性市场向以城市群内部整合和城市群之间分割为特征的区域性市场演进。

第三，九个城市群整体经济高质量发展水平逐年提升，依据各城市群经济高质量发展水平与增长速度，我们可以将各城市群分为三个梯队。第一梯队的京津冀、粤港澳、长三角城市群，经济高质量发展具有高水平高增长速度的特征；第二梯队的长江中游、中原、成渝与关中平原城市群，经济高质量发展具有低水平高增长速度的特征；第三梯队为哈长与呼包鄂榆城市群，经济高质量发展具有低水平低增长速度的特征。对各维度指标变动对城市群整体经济高质量发展提升的贡献度进行分解，可以看出，第一梯队的京津冀、粤港澳、长三角城市群与第二梯队的成渝、长江中游与关中平原城市群经济高质量发展的主要来源是发展动能的转换，中原城市群经济高质量发展的主要来源是发展结构的调整优化，第三梯队的哈长与呼包鄂榆城市群经济高质量发展的主要来源为发展成果共享水平的提升。

对各城市群内部城市经济高质量发展水平的测度结果表明，京津冀、长江中游、中原、关中平原和哈长城市群内部中心城市与非中心城市经济高质量发展水平差距明显且这一差距正逐步拉大。长三角、粤港澳与呼包鄂榆城市群内部各城市经济高质量发展水平实现了同步增长，但长三角城市群中安徽省各城市经济高质量发展水平有待提升，粤港澳大湾区经济高质量发展中经济发展结构维度指标出现较大幅度的下降，呼包鄂榆城市群经济高质量发展增长缓慢。通过 Dagum 基尼系数对各城市群内部城市经济高质量发展的区域差异及其来源进行分析，城市经济高质量发展的差异总体上有所扩大。在城市群群内差异中，第一梯队的 3 个城市群群内差异较大，第二、三梯队的 6 个城市群群内差异相对较小。在城市群群间差异中，城市群内部城市经济高质量发展的群间差异主要体现为第一梯队的城市群与第二、三梯队城市群群间差异较大，城市群间两极分化较为严重。城市经济高质量发展的区域差异的主要来源是群间差距。

第四，市场分割抑制了城市群经济高质量发展。市场分割对城市群整体、中心城市与非中心城市经济高质量发展都具有显著的抑制作用，与全部城市相比，对城市群的负向影响更为强烈，与非中心城市相比，对中心城市的负向影响更为突出；市场分割通过限制市场规模与弱化市场竞争抑制了城市群整体及其内部城市经济高质量发展，其中市场规模对城市群整体的中介效应更为突出，市场竞争对城市群内部城市的中介效应更为突出。中心城市市场分割通过限制城市市场规模和弱化城市市场竞争抑制了经济高质量发展；非中心城市市场分割通过弱化市场竞争抑制经济高质量发展，而通过扩大城市市场规模促进经济高质量发展。市场分割与经济高质量发展均具有空间相关性，一方面，各城市经济高质量发展具有明显的正向空间溢出效应；另一方面，各城市经济高质量发展除受本城市市场分割的影响外，还会受到其他城市市场分割水平的影响，忽略空间效应的面板固定效应模型会导致估计偏低和偏误的产生。

综上所述，本书基于高质量发展理念研究了市场分割对城市群经济高质量发展的影响及其作用机制，不仅在理论上丰富了相关研究，也在实践上为高质量发展阶段消除国内市场分割，构建国内统一大市场以实现城市群经济高质量发展提供了政策建议。

编者

2024 年 3 月

目录

1 绪论

1.1 研究背景与问题提出

1.1.1 研究背景

（1）从经济高速增长向经济高质量发展的转变

改革开放以来，中国的经济面貌发生了翻天覆地的改变，国内生产总值从 1978 年的 0.368 万亿元增长至 2021 年的 114.367 万亿元。尤其是在 2001 年，中国加入世界贸易组织（WTO）后，融入全球化的分工体系，成为全世界唯一拥有联合国产业分类中所列全部工业门类的国家，有"世界工厂"之称。但从这 40 多年中国的经济增长方式来看，以往中国经济增长主要为要素和投资驱动式增长，依赖于资源要素和资金的高投入，这一要素和投资驱动的经济增长方式在带动经济高速增长的同时也造成了诸如创新动能不足、生产效率低下、消费低迷等问题。如今，这种粗放式的经济增长方式已难以为继，面临着内外部环境的双重压力，亟须实现从要素驱动向创新驱动的转变。

从外部环境来看，当今世界正处于百年未有之大变局。其一，新一轮科技革命浪潮已经到来，人工智能、移动互联网、量子信息等领域技术不断突破，科技成果转化应用越来越广泛，全球性产业链布局和产业分工体系逐步形成。科技革命将重组全球要素、重构全球创新版图，在给全球经济注入新的发展潜力的同时也使得世界政治经济格局面临前所未有的不确定性。科技革命进一步加强西方发达国家在技术创新上的领先地位，而近年来中国虽然不断加大研发力度，提高自身技术水平，甚至在某些技术领域已居于全球领先地位，但总体而言，技术创新能力与发达国家相比仍有差距，对国外先进技术的引进、模仿和吸收仍是我国实现技术进步的重要途径，加之人工智能、工业机器人、3D打印技术等新技术通过自动化生产实现了对非技能劳动力的替代，使中国以往因劳动力众多而获得的比较优势逐渐减弱。其二，逆全球化现象多发。当前经济全球化实质上是以西方发达国家为主导的，其通过在全球范围内进行产业分工，使得各国经济联系日益密切。而在这个体系中，西方发达国家居于产业链上游，在技术和市场上具有绝对优势。但是经济全球化也促进了发展中国家的迅速发展，使西方发达国家与发展中国家的经济与技术差距逐步缩小，发达国家的经济和技术优势日渐弱化，当前世界经济中心正逐步从以发达国家居多的大西洋两岸向发展中国家居多的太平洋两岸转移。而西方发达大国在世界经济中心转移的时局中必然不甘心于自身的经济优势和经济利益受损，其将通过各种方式维护自身利益，包括通过贸易保护、科技和金融战等方式限制发展中国家的发展，使得经济全球化受到严重冲击，这也将对全球经济发展产生极大影响，国家间冲突与矛盾的加剧也使得全球经济治理体系高度不稳定。其三，新型冠状病毒感染疫情的全球流行给世界经济带来冲击，进一步加剧了2008年以来的全球经济衰退。2020年，美、韩、加、日、德、法、意、英等国家经济增长均趋于停滞。印度尼西亚、俄罗斯、墨西哥、阿根廷、印度等发展中国家经济增速更是直接为负。在全球主要经济体中，仅有中国实现了经济的正增长。但经济增速也从2019年的6.1%骤降至2020年的2.3%，尽管如此，2.3%的增长率也可谓"鹤立鸡群"，这无疑进一步冲击了全球经济格局，加快了全球经济重心的转移。此外，新型冠状病毒感染疫情的全球流行进一步加速了新技术新产业的兴起和运用，互联网购物平台、大数据应用与监测、生物科技等新兴产业和技术得到迅速发展，加快了科技革命的发展速度。

在当今世界面临百年未有之大变局的同时，中国的国内经济环境也发生着较大转变。传统的要素和投资驱动式的经济增长需要大量的能源资源消耗和人口红利。而近年来中国国内资源价格逐步上升和劳动力成本逐年提高，必然对中国的经济增长产生巨大的影响。从能源资源消耗来看，2020年中国能源消费总量达49.8亿吨标准煤，是2000年的3.39倍，对能源资源的大量消耗尤其是对不可再生资源的消耗将使得能源资源价格逐步走高。尽管近年来，中国越来越重视对可再生资源的开发和利用，水电、核电、风电和太阳能等清洁能源发电装机量不断增加，但到2020年我国火力发电仍占全国发电装机容量的 56.6%。随着能源资源消耗量的不断增长，中国经济增长的资源环境压力不断加大。老龄化程度的提高，劳动力成本的迅速提升使我国人口红利逐渐消失，第七次全国人口普查结果显示，全国 65 岁以上人口占总人口比例为 13.5%，我国已经处于深度老龄化社会的边缘，15~59 岁人口比重为 63.35%，比 2010 年下降了 6.79%，老龄化问题使劳动力供给减少，储蓄率下降，企业劳动力成本逐步提高，这将对经济增长产生负面影响。

国内外经济环境的变化进一步表明依赖于要素资源和资金高投入的经济增长方式的不可持续性，我国亟须转变经济增长方式，提高经济发展质量。2017 年，中国共产党第十九次全国代表大会上"高质量发展"这一概念被首次提出，表明中国经济由高速增长阶段转向高质量发展阶段。国家"十四五"规划纲要明确指出要以推动高质量发展为主题，加快建设现代化经济体系，加快构建以国内大循环为主体、国内国际双循环相互促进的新发展格局。

（2）市场分割与全国统一大市场建设

改革开放 40 多年来，中国经济运行的体制机制经历了一个由计划经济向市场经济的渐进式转变过程。在这个过程中，经济分权和国家治理能力及体系的制度改革在驱动地方政府积极推动当地经济增长的同时，也导致地方政府倾向于通过市场分割对当地经济进行保护。一方面，早期中国经济增长战略在于实现对西方发达国家的追赶，实现经济的快速增长，相应的体制机制配置也多以此为标准。而这一以追赶为目标的增长体制需要充分发挥政府的主观能动性，尤其是在改革开放初期，政府手中掌握着大量的资源，在一定程度上代替了市场的功能。随着经济体制机制改革的不断深入，政府对经济的直接干预逐步减少，但通过产业政策、国有经济等形式实现对经济的引导和干预仍是推动地方经济发展的重要力量。可以说，中国国内市场分割之所以长期存在，一个重要原因就在于速度追赶型经济发展战略以及与此配套的体制机制需要政府对市场进行干预。另一方面，我国对地方政府政绩的考核主要以 GDP 和财政收入等可量化的经济指标作为标准，使地方政府日益"企业家化"，地方政府承担了促进当地经济增长的重大责任和巨大压力，而这与地方政府工作人员的经济利益和政治利益直接挂钩，强化了地方政府实施市场分割的动机。即为了实现自身的晋升或工资奖金等福利水平的提升，地方政府工作人员有强烈的动机通过政府的强权力去干预企业的投融资和日常经营活动以完成本地区经济增长与社会就业等绩效考核目标，而这些地方保护与市场分割行为将妨碍商品和要素的跨区域自由流动，使得国内市场难以实现整合，规模经济的潜力无法得到最大程度的发挥。尽管党的十九大以来中国经济已经从高速增长阶段转向高质量发展阶段，但当前中国仍属于发展中国家，中国仍然是在坚持对发达国家的追赶战略来实现既定目标，有所不同的是需要将过去经济发展的速度型赶超战略转变为质量型和效率型赶超战略。在这一战略转变中，过去的对地方政府的主观能动性的激发仍有其特有的优点和存在土壤，因此市场分割仍旧会存在于中国经济高质量发展阶段，成为影响中国经济发展质量提升的重要因素。

从市场整合情况来看，随着交通基础设施的完善，当前中国市场分割问题得到较大程度的缓解，市场一体化水平逐步提高；但国内产品市场分割依旧根深蒂固，市场分割日趋隐蔽化、多元化。党的十九大以来，中央政府对市场分割问题高度重视，党的十九大报告明确提出要"全面实施市场准入负面清单制度，清理废除妨碍统一市场和公平竞争的各种规定和做法……打破行政性垄断，防止市场垄断，加快要素价格市场化改革，放宽服务业准入限制，完善市场监管体制"。打破市场分割建立统一的国内大市场，是发挥市场对资源配置的决定性作用的重要前提。尤其是在当前国际贸易不断萎缩的情况下，国内市场整合就显得尤为重要了。习近平总书记进一步指出，"在当前保护主义上升、世界经济低迷、全球市场萎缩的外部环境下，我们必须充分发挥国内超大规模市场优势，通过繁荣国内经济、畅通国内大循环为我国经济发展增添动力，带动世界经济复苏"，建设以统一性、开放性、竞争性和有序性为主要特征的国内统一大市场，能够重塑大国竞争优势、推动新发展格局构建、提升产业链现代化水平和完整度、实现区域经济协调发展。

（3）市场分割与经济高质量发展

总体来看，随着我国社会主义市场经济体制的逐步完善，地方政府的市场分割和地方保护行为得到了一定程度的遏制，地区间市场整合进程加快，国内市场已从地区性市场走向区域性市场，然而地方政府过度干预市场的动力却依旧存在，只是手段和方法日益隐蔽。

习近平总书记在 2020 年 8 月扎实推进长三角一体化发展座谈会上指出："要紧扣一体化和高质量两个关键词，以一体化的思路和举措打破行政壁垒、提高政策协同，让要素在更大范围畅通流动，有利于发挥各地区比较优势，实现更合理分工，凝聚更强大的合力，促进高质量发展。"消除国内市场分割、建立国内统一大市场是推动经济高质量发展的重要路径。市场分割与地区经济增长存在倒U形关系是以往研究中市场分割对地区经济增长影响的主要观点，地方政府有动力实施市场分割行为以保障自身经济发展，实现经济赶超，而以经济增长为考核标准的地方政府绩效评价体系进一步强化了地方政府实施市场分割的行为。中国经济进入高质量发展阶段的这一宏观背景意味着地方政府参与地区间竞争和干预市场活动的预期目标、激励和行为方式将发生转变。但仍须看到的是，在高质量发展阶段地方政府仍要发挥"有为政府"的作用，赶超战略从速度赶超型转变为质量和效率赶超型，政府间关系也从为增长而竞争转变为为高质量发展而竞争，因此对市场分割影响经济高质量发展的探讨是必要的。以往研究关于市场分割对于经济发展的影响仅局限于经济增长数量这一方面，未考虑市场分割对经济发展质量的影响，这与当前中国高质量发展的经济发展阶段不相匹配，无法全面反映国内市场分割对经济发展的影响。

1.1.2 问题提出

本书旨在通过对市场分割与城市群经济高质量发展的研究，分析当前中国国内市场分割是否存在，国内市场分割有何时间趋势和空间差异特征？市场分割会对经济高质量发展产生怎样的影响？其传导渠道和作用机制是什么？本地区市场分割是否会对其他地区经济高质量发展存在空间溢出效应？这是本书研究的主要问题。为此，本书基于新经济地理理论、新奥地利学派竞争理论、新发展理念等相关理论，从地级市层面测度中国国内市场分割与城市群经济高质量发展水平，对国内市场分割与城市群经济高质量发展问题进行梳理，试图构建市场分割影响城市群经济高质量发展的理论分析框架，准确把握市场分割对城市群整体及城市群内部城市经济高质量发展的影响，为打破市场分割，实现城市群经济高质量发展提供参考依据。

1.2 研究意义

1.2.1 理论意义

（1）对经济高质量发展研究的补充

本书以新发展理念为基础，根据政策解读与文献研究，探析城市群经济高质量发展的主要含义，提出城市群整体与城市经济高质量发展具有差异性，对城市群整体经济高质量发展的评价在保留原有对城市经济高质量发展评价核心指标的同时，重点突出城市群内部区域间的协同性，构建包含协同发展、发展动能、发展结构、发展可持续性与发展成果共享五个维度的指标体系对城市群整体与各城市经济高质量发展进行评价，丰富关于经济高质量发展的文献。

（2）对市场分割研究的补充

一方面，以往研究对市场分割水平的测度多集中在省级层面，对城市群这一个经济单元内部以及各城市群之间市场分割的考察较少。本书从地级市层面对城市群内部与城市群间市场分割进行研究，并考察了城市群内部省际边界所带来的边界效应。另一方面，当前关于市场分割影响的研究主要聚焦于区域经济增长视角，进而延伸至对整体经济增长和区域经济增长、长期和短期经济增长差异等方面，对于市场分割影响经济高质量发展的研究较少。本书试图构建起市场分割影响经济高质量发展的理论分析框架，以新经济地理理论以及新奥地利学派竞争理论为基础，总结和分析市场分割对城市群经济高质量发展的影响和作用机制。

1.2.2 现实意义

（1）深化对国内统一市场建设的研究

本书立足当前经济活动向城市群集中的趋势，通过对全国 9 个城市群共计 141 个城市市场分割水平进行测算并分析各城市群内部与城市群间市场分割发展趋势与空间差异特征，提出当前中国产品市场正从以省内整合和省际分割为特征的地区性市场向以城市群内部整合和城市群之间分割为特征的区域性市场演进。本书在把握中国城市群市场分割发展阶段与演进过程的基础上，为推进城市群范围内市场一体化发展，构建国内统一市场提供政策建议。

（2）从建立国内统一市场角度，为我国城市群经济高质量发展提供政策建议

本书通过对市场分割影响城市群经济高质量发展的作用机制进行系统梳理和实证检验，丰富城市群经济高质量发展的推进路径研究，对应对世界百年未有之大变局，畅通国内大循环，打通国内生产、分配、流通、消费的各个环节，加快构建完整的内需体系，从而实现城市群经济高质量发展具有现实意义。

综上所述，本书在中国经济进入高质量发展阶段的背景下，研究市场分割对城市群经济高质量发展的影响机制，不仅在理论上丰富了相关领域研究，在现实中也有助于中国建立国内统一市场，实现经济高质量发展，为中国在百年未有之大变局下构建新发展格局，实现中国经济持续稳定发展提供政策建议。

1.3 研究思路与研究内容

1.3.1 研究思路

本书紧密围绕市场分割抑制城市群经济高质量发展这一研究主题，把城市群整体及内部城市市场分割与经济高质量发展现状作为研究的逻辑起点，把市场分割对城市群整体及内部城市经济高质量发展的影响效应作为研究的关键点，把建立国内统一大市场，推进城市群经济实现高质量发展的政策思路作为研究的落脚点。首先，本书采用相对价格法对我国9个城市群141个城市2001—2019年的市场分割水平进行了测度分析，在系统阐述中国国内市场分割发展趋势与形成原因的基础上，实证检验了城市群内部市场分割的影响因素。其次，本书通过构建包含协同发展、发展动能、发展结构、发展可持续性与发展成果共享五个维度的城市群经济高质量发展评价指标体系，对城市群整体及各城市经济高质量发展水平进行评价，并通过维度分解和Dagum基尼系数及其分解方法对城市群整体及各城市经济高质量发展的提升来源与区域差异进行分析。在此基础上，本书着重讨论了市场分割影响经济高质量发展的理论机制。而后，基于9个城市群整体及其内部城市2007—2019年的相关数据，实证检验了市场分割对城市群

及其内部城市经济高质量发展的影响与作用机制。最后，基于上述分析，本书提出打破国内市场分割，实现城市群经济高质量发展的政策建议。图1-1为本书的技术路线图。

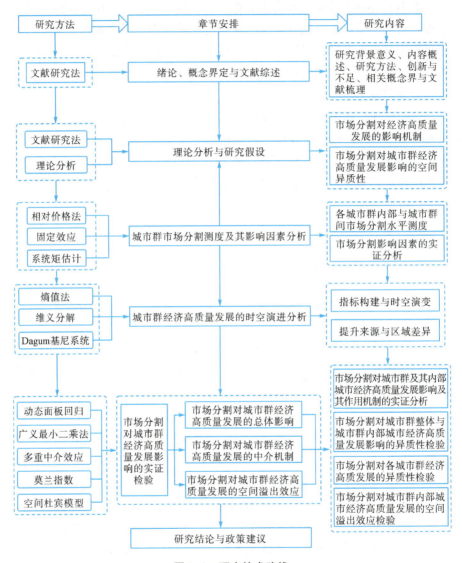

图1-1　研究技术路线

1.3.2 研究内容

根据本书的研究技术路线图，本书内容分为8章。各章主要内容如下：

第1章，绪论。本章首先介绍了本书的选题背景，提出研究主要问题和研究这一问题的理论和现实意义；然后对本书研究思路、研究框架、研究方法进行了介绍说明；最后总结本书的创新点和不足之处。

第2章，概念界定与文献综述。本章对市场分割和城市群经济高质量发展的相关概念进行阐述，而后从市场分割、城市群经济高质量发展、市场分割对经济高质量发展影响三个方面对国内外相关研究进行回顾和评述，进一步阐明本书研究的必要性与创新点。

第3章，理论分析与研究假设。本章首先基于地方经济分权与竞争体制下对市场分割的衍生逻辑对资源整合与协同发展目标下的城市群经济高质量发展进行了探讨；然后对市场分割如何影响城市群经济高质量发展进行分析并提出其空间异质性；最后基于新经济地理理论、新奥地利学派竞争理论等相关理论分析了市场分割对城市群经济高质量发展的作用机理，提出市场分割主要通过市场规模效应和市场竞争效应两条路径对城市群经济高质量发展产生负面影响，进而提出了本书的相关研究假设。

第4章，城市群市场分割测度及其影响因素分析。首先，本章通过相对价格法对9个城市群2001—2019年的市场分割水平进行了测度，从城市群层面考察当前我国市场分割的进程，考察了各城市群内部市场分割水平差异及缘由。然后，本章通过将各城市与城市群内部同省范围内城市和不同省范围内城市之间的市场分割水平进行分别测度来考察行政边界对城市群内部市场分割的影响，此外还对城市群间市场分割的测度结果进行比较分析，全面把握中国国内市场分割的现状和发展趋势。最后，本章对城市群内部市场分割水平的影响因素进行分析，通过固定效应模型与动态面板回归技术对各城市群内部市场分割水平的影响因素进行实证检验。

第5章，城市群经济高质量发展测度及其差异分析。首先，本章基于五大发展理念提出城市群经济高质量发展应当是协同发展增强、发展动能转换、发展结构调整优化、发展可持续性增强与发展成果由人民共享的发展模式与状态。其次，本章构建了包含协同发展、发展动能、发展结构、发展可持续性与发展成果共享五个维度的城市群经济高质量发展指标评价体系，采用主观与客观相结合的指标赋权方法对我国城市群经济高质量发展水平进行测度，以信息熵权与独立性权数采用乘法合成基础指标的综合权重，在基础指标合成时应采用加法原则，在维度指标合成时应采用乘法原则。最后，本章根据这一测算方法对中国 9 个城市群整体及城市群内部各城市 2007—2019 年的经济高质量发展指数进行测度，通过维度分解探析城市群整体经济高质量发展的提升来源，通过 Dagum 基尼系数及其分解方法对城市经济高质量发展的区域差异及其来源进行分析。

第 6 章，市场分割影响城市群经济高质量发展的实证检验。本章主要通过实证分析检验市场分割对城市群经济高质量发展的影响及作用机制。本章首先通过静态回归与动态回归检验市场分割对城市群整体及城市群内部城市经济高质量发展的总体影响及其空间异质性进行实证检验，而后通过单一与多重中介效应模型对市场分割影响城市群整体与城市群内部城市经济高质量发展的总体效应、直接效应与间接效应进行检验，探究市场规模效应与市场竞争效应的中介渠道是否显著存在，并对中介效应的空间异质性进行了探讨，对前文的各研究假设进行了实证检验。

第 7 章，市场分割影响城市群经济高质量发展的空间溢出效应分析。本章实证检验了市场分割对城市群内部城市经济高质量发展的空间溢出效应。首先，本章基于全局莫兰指数对市场分割与城市群内部城市经济高质量发展的空间相关性进行了检验，并通过局部莫兰指数检验了市场分割与城市群内部城市经济高质量发展的局部空间相关性。其次，本章通过空间杜宾模型对市场分割影响城市群内部城市经济高质量发展的空间溢出效应进行检验，并将空间效应分解为直接效应与间接效应进行分析。最后，本章就市场分割影响城市经济高质量发展的空间溢出效应进行了分城市群的异质性分析。

第 8 章，研究结论与政策建议。基于上述分析，本章对本书中市场分割、城市群经济高质量发展、市场分割对城市群经济高质量发展的影响三个方面的研究进行总结，提出相关结论，并据此提出了一些具有针对性的政策思路。

1.4 研究方法

本书遵循"问题提出→理论机制分析→实证检验"的逻辑思路，研究方法包括：

（1）文献研究法

本书通过对国内外相关文献的梳理与总结，深入系统地分析当前学界对中国国内市场分割、经济高质量发展、城市群经济高质量发展以及市场分割与经济增长、经济高质量发展关系的相关研究进展，为本研究新思路、新方法以及新突破的实现奠定基础。

（2）统计分析法

首先，本书通过统计研究法对中国国内市场分割与城市群经济高质量发展进行测算，将 2001 年以来中国国内市场分割的不同发展阶段加以联系和比较，从城市群层面考察当前我国市场分割的进程，深入考察各城市群内部与城市群间市场分割水平的差异，对城市群内部行政边界效应进行了分析，从而更好地揭示中国国内市场分割的趋势。其次，本书将城市群经济高质量发展分为五个维度对我国 9 个城市群整体和各城市经济高质量发展水平进行测度，为有针对性地促进城市群经济高质量发展提供参考。

（3）比较分析法

本书对我国各城市群市场分割与经济高质量发展水平进行比较分析，重点分析各城市群市场分割水平的差异、各城市群内部城市与城市群内部同省范围内城市和不同省范围内城市之间的市场分割水平的差异、各城市群整体及其内部城市间经济高质量发展水平的差异以及市场分割对中心城市与非中心城市经济高质量发展、各城市群经济高质量发展的影响的差异。本书为因地制宜的制定市场一体化政策提供依据，推进在新发展理念下地方政府竞争从为增长而竞争转为为高质量发展而竞争，有针对性地实现各城市群经济高质量发展。

（4）计量分析法

本书利用 2007—2019 年 9 个城市群整体及其内部的城市面板数据，采用普通最小二乘法、固定效应模型、系统矩估计、全面广义最小二乘法、多重中介效应模型、空间杜宾模型等计量经济学方法，从实证研究的角度论证了市场分割的影响因素及市场分割对城市群整体及其内部各城市经济高质量发展的差异性影响，同时进行了一系列内生性处理以及稳健性检验分析，有效保证实证检验的真实可靠。

1.5　研究创新与不足

1.5.1　研究创新

（1）研究视角的创新

本书从全局与局部关系的视角出发，提出对城市群经济高质量发展的评价应当将城市群视为一个整体，对城市群整体经济高质量发展的评价应在保留原有对城市经济高质量发展评价核心指标的同时考察城市群内部区域间的协同发展，从而构建协同发展、发展动能、发展结构、发展可持续性与发展成果共享五个维度的城市群经济高质量发展指标评价体系，以此对城市群经济高质量发展进行全面准确的评价。

（2）研究观点的创新

首先，本书在对城市群内部以及城市群间市场分割进行综合对比的基础上，提出我国产品市场分割正从以省为界的地区性市场向以城市群为界的区域性市场演进的观点。其次，本书基于新经济地理理论与新奥地利学派竞争理论，构建市场分割影响城市群经济高质量发展比较完整的理论框架与影响机制，提出市场分割会抑制城市群经济高质量发展，会通过市场规模效应与市场竞争效应对城市群经济高质量发展产生影响，且对城市群整体以及经济相对发达城市和经济相对落后城市经济高质量发展具有异质性影响的主要观点。最后，本书提出在考察市场分割对城市群经济高质量发展影响时不仅要考虑直接影响，还将城市群内部其他城市市场分割对本城市经济高质量发展的空间效应纳入研究范围，考察市场分割对城市群经济高质量发展的间接影响，从而综合考察市场分割对城市群经济高质量发展直接影响与间接影响，完整评估市场分割对城市群经济高质量发展的影响。

1.5.2　研究不足

本书研究的不足之处在于：

首先，由于部分数据的缺失，本书有关城市群市场分割与经济高质量发展的分析仅包含 9 个城市群 141 个城市，而中国当前城市群规划为"19+2"城市群，未能对其他城市群及其内部城市市场分割与经济高质量发展进行测度与分析是本书的一大缺憾。其次，虽然相对价格法是当前测度地区间市场分割的主流方法，但也有研究指出，这一方法是建立在地区间商品流动以套利为目的的基础上的，随着地区间分工专业化水平的不断提高，这一基础已经有所动摇（张昊，2020），因此，其对于市场分割的测度方法的有效性有待进一步考察。此外，这一方法的数据多为二手数据，且容易受地区极端值的影响，缺乏对地区具体情况的考量，因此，为增强研究结论的有效性，笔者仍需进一步寻找更为精确的测度方法。最后，本书虽然基于新发展理念并基于前人研究将城市群经济高质量发展分解为五个维度的量化指标，但由于高质量发展概念的"模糊性"，学界对高质量发展的理论内涵与评价标准并未达成共识，所以本书对于城市群经济高质量发展评价指标体系的构建也属于探索阶段，不可避免地存在部分不足。

2 概念界定与文献综述

对相关概念的明晰是展开研究的基础，本章通过对市场分割与城市群经济高质量发展等相关概念进行界定，并在此基础上总结相关文献，对当前有关市场分割与城市群经济高质量发展的研究现状进行分析，进而为后续研究和创新奠定基础。

2.1 相关概念界定

2.1.1 市场分割的概念界定

在中国这么一个幅员辽阔、人口众多的大国中，由于不同地区受到空间距离远、风俗习惯差异等的影响，地区间市场整合是一件较为困难的事。在改革开放前的计划经济体制下，地方经济体系主要以自给自足为目标进行建设，地区间贸易交流较少，同时行政区划的分界也进一步使得中国国内市场呈现出非整体状态，国内市场分割问题随之出现，这对中国整体经济与地区经济增长产生了重要影响。

对于市场分割的概念众多学者尚未形成统一观点，如银温泉和才宛如（2001）认为市场分割主要是指一国范围内地方政府为了本地区利益，通过行政管制手段以限制其他地区资源进入本地区市场或限制本地区资源流向外地的行为。在这一概念界定中，市场分割的行为主体是地方政府，且随着地方政府实施市场分割手段的进一步隐蔽化与多元化，对于市场分割定义中地方政府主要采取行政管制手段的这一界定已与实际不符。此外，地方政府对资源的跨区域流动并不是采取全部截断的方式，而是根据本地区利益最大化目标，选择性地对不同要素资源跨区域流动进行限制，而对于企业的保护也是有选择性的，其倾向于对当期市场竞争力较低但具有高利税、高就业特征的部分企业进行保护（白重恩 等，2004）。冯兴元（2010）则进一步拓展了市场分割的行为主体，认为市场分割的实施主体既可以是中央和地方政府，也可以是各地方主管部门、私人权力集团等。但冯兴元（2010）对市场分割的概念界定未明确点明地方政府实施市场分割这一行为的互动关系与主要目的。祝志勇和刘昊（2020）提出市场分割是地方政府间竞争的均衡结果，主要表现在地方政府通过资金支持、政策倾斜等方式阻碍资源的跨区域流动，以达到保护当地企业和经济免受外部竞争的目的。上述学者对市场分割这一概念的定义更为强调市场分割中的制度性因素，即市场分割是一种制度性分割，主要由地区间制度差异引起，将市场分割定义为一种行为。

也有观点认为市场分割是一种状态，是指以行政区划为边界的、各区划内部市场政策各异的相互分隔的市场，是由于各类行政或非行政壁垒的存在，割断了地区间的经济联系，造成地区间非整合的一种市场状态（陆铭 等，2004；方军雄，2009）。这一定义更为强调市场分割的来源是地方保护所带来的地区间竞争加剧，由此扭曲了地区社会资源配置（吴小节等，2012）。这种分割的状态是中国经济分权和国家治理能力及体系的制度改革带来的负面产物。市场分割是一种状态的定义更强调市场分割所带来的结果，强调地区间市场非整合的状态，但忽视了市场分割是一个动态调整的过程。当前中国国内市场是一个由分割走向整合的动态调整过程，生产力的发展与制度的完善是推动这一过程的主要动力。

综上所述，本研究认为，我们不能简单地认为市场分割是一种行为或者一种状态，它既有自然因素的影响，也有制度因素的影响，其既是一种状态，也是一种过程和行为。中国国内的市场分割有其特殊性，受国内制度因素的影响更为突出。因此，本研究认为，中国国内市场分割是指在经济社会发展与体制机制改革过程中，自然、制度、社会等多种原因造成国内不同地区市场之间出现分隔，难以实现国内市场统一的情况。

2.1.2 城市群经济高质量发展相关概念界定

（1）城市群

城市群这一概念起源于国外研究（Gottmann，1957），主要由大城市演化而来，是城市发展到成熟阶段的产物，与西方发达国家相比，中国城市群的发展历程较短。进入 21 世纪，中国城市化进程加快，城市化率从

2001 年的 37.66%上升至 2020 年的 63.89%，人口和经济向城市快速集聚，城市规模迅速扩大，城市间联系更为紧密，城市空间形态从早期的单个城市向多个城市相连接组成的都市圈、城市群等形态转换。从地理空间角度来看，城市群是一定区域范围内空间要素的组合形态，它主要由一个或数个大城市或特大城市，一定数量的中小城市和城镇通过铁路、公路、水路以及空中交通设施连接成网络，具有广阔经济腹地的地域单元。从经济学角度来看，其对于城市群的界定更为强调城市群范围内经济活动的资源要素空间配置，即城市群应当是一个经济区域，在这个区域内，城市之间、城市与农村之间在产业结构与布局、社会分工、基础设施方面实现协同发展，与中心城市相比具有更大的发展优势，能够通过区域内部的分工协作发挥出中心城市无法发挥的优势，同时也能够通过中心城市实现区域内城市间的经济互动。因此，城市群是区域经济活动的空间组织形式（戴宾，2004）。

（2）经济高质量发展

党的十九大报告明确指出，中国社会主要矛盾由人民日益增长的物质文化需要同落后的社会生产之间的矛盾转化为人民日益增长的美好生活需要和不平衡不充分的发展之间的矛盾，这是在经历了四十多年的经济高速增长后，社会矛盾出现的新变化。一方面，尽管中国经济实力与综合国力已得到较大提升，但发展过程中的不平衡问题长期存在：一是经济和社会发展的不平衡。相对于较高水平的经济总量，中国教育、医疗、社会保障等公共服务总量仍显不足，尤其是中、西部地区，公共服务水平与东部地区相比存在较大差距。二是区域间经济发展的不平衡。长期以来，中国经济高速增长主要依赖于出口导向的发展战略，这一战略带动东部沿海地区外向型经济迅速发展，但对中、西部地区的带动作用较小，且由于以增长极理论为基础的非平衡发展战略吸引了全国范围内的廉价劳动力和要素资源向东部沿海城市和地区流动，中、西部地区大量的产业和资金资源流失无疑进一步降低了中西部地区的发展速度，加剧了区域间经济发展的不平衡。三是经济发展与环境生态的不平衡。中国经济快速增长在一定程度上是以环境为代价实现的，雾霾、土壤沙化、水体污染等环境污染成为制约中国经济可持续发展的重要因素，无论是地方政府的重 GDP、不重环境的政绩观，还是城市发展过程中对森林、能源的过度索取都使得中国当前的环境生态较为脆弱。尽管近年来中国对环境污染治理的投资和环境保护力度已经加强，但我国的环境生态与发达国家相比仍有一定差距。

从外部环境来看，当前全球主要经济体深陷衰退泥潭，国际市场萎靡，再加上近年来出现的逆全球化思潮以及中美贸易冲突，使得中国经济发展面临极大的不稳定性和不确定性。当前的国际社会经济形势对全球产业链布局产生了较大影响，从全球产业链演变的历史逻辑来看，以往全球产业链的建构主要是以追求交易成本的最小化，根据各地区生产成本进行产业链布局和分工，但当前全球产业链布局不仅考虑经济成本，还需综合考虑公共安全、节点集中度等社会成本，使得当前全球产业间布局倾向于缩短纵向分工，将产品生产由全球分散生产聚集到单个跨国企业内部。另外，横向分工趋于区域化集聚，不同企业生产回缩至一个区域内集中生产，形成产业空间集聚化（中国社会科学院经济研究所《中国经济报告（2020）》总报告组，2020）。

面对社会主要矛盾转变与经济发展外部形势的日益严峻，党的十九大报告提出中国经济已由高速增长阶段转向高质量发展阶段，这意味着中国经济发展不再以经济的高速增长作为关键目标，而强调解决经济发展中的不平衡不充分问题，以更好地应对经济内外部环境的变化，提高经济发展的持续性、协调性和成果分享性，以"更好满足人民在经济、政治、文化、社会、生态等方面日益增长的需要，更好推动人的全面发展、社会的全面进步"，实现中国经济的发展从以往的数量主导向质量主导转变（Ni et al.，2014；Mei & Chen，2016）。

（3）城市群经济高质量发展

随着我国城市群的不断发展壮大，国内外学者对城市群发展的研究日益丰富，尤其是近年来对于城市群如何实现经济高质量发展的研究开始不断涌现。首先，在有关城市群经济高质量发展的内涵方面，田鑫（2020）认为城市群经济高质量发展的内涵应该具有以下五个方面的内容。第一，根本目的：满足人民日益增长的美好生活需求。第二，根本理念：创新、协调、绿色、开放和共享。第三，根本要求：高质量。第四，根本动力：创新。第五，根本路径：持续。胡明远等（2020）认为都市圈是城市群经济高质量发展的重要动力源，我们要通过都市圈建设实现中心城市与周边地区的融合、协调、互促，"十四五"时期中国城市群高质量发展的关键就在于培育现代化都市圈。侯祥鹏（2021）认为中国城市群在经济发展过程中的多方面存在不平衡不充分的问题，因此对城市群经济高质量发展也不能简单从单维度进行评价。新发展理念是中国当前以及未来经济的发展思路、发展方向、发展着力点的集中体现，是中国经济高质量发展的思想引领和方法论指导，理所应当也是中国城市群经济高质量发展的方向目标。

根据研究对象的不同，对于城市群经济高质量发展水平的相关研究可以分为以单个城市群和以多个城市群为研究对象的研究；在单个城市群的研究中以对发展水平较高的京津冀、长三角城市群和粤港澳大湾区的研究居多（张跃 等，2020；段秀芳和沈敬轩，2021；凌连新和阳国亮，2021；涂建军 等，2021）。也有学者对长江上游城市群、黄河流域城市群等其他城市群经济高质量发展策略进行了探讨（刘鸿渊 等，2020；王家明和余志林，2021）。后者以多个城市群为研究对象，对城市群进行比较分析。刘楷琳和尚培培（2021）结合遥感数据和地理信息系统技术运用模糊集合思想和 ANN 算法构建指标体系分析我国十大国家级城市群经济高质量发展水平的时空演变和城市群之间、城市群内部的空间关联性。肖德和于凡（2021）从效率、民生、协调、绿色、开放五个维度对中国八个城市群经济高质量发展进行评价和比较。周清香和何爱平（2021）从动力转换、结构升级、成果共享、生态保护四个维度对长江经济带三大城市群经济高质量发展进行评价。

城市群已成为中国经济实现高质量发展的主要载体，我们要构建城市群经济高质量发展评价指标体系，首先需要深入理解城市群经济高质量发展这一概念，对这一概念的不同理解必然带来对城市群经济高质量发展指标构建的差异。本书认为，作为经济高质量发展的组成部分，城市群经济高质量发展应以新发展理念作为根本理念，但与经济高质量发展相比，城市群经济高质量发展又有其特殊性：一方面，城市群是由多个城市组合构成的经济区域，在空间上集聚的同时使得城市群既面临着城市发展的问题，也需要考虑各地区间协同的问题，因此，对于城市群经济高质量发展的评价也应当考虑地区间协同；另一方面，作为中国经济增长的主要动力，城市群范围内需要实现经济发展结构的调整优化，全国经济增长方式的转变有赖于城市群经济增长方式的转变。结合上述学者对于城市群经济高质量发展的探讨，本书认为，首先城市群的发展不是单个城市的发展，而是整体性的发展，城市间、城乡间必须实现协同发展。其次城市群发展的目标是通过要素与人口的集聚，推动区域创新能力水平提升和发展动能转换，优化发展结构，提高经济发展效率与可持续性；同时人民对美好生活的需要也要求城市群应实现"以人为本"的发展，让经济发展成果惠及全体人民，实现共同富裕，提高人民的幸福感与获得感。城市群经济发展的协同性与经济发展结构的优化体现了对新发展理念中的协调与开放理念的追求，城市群经济发展动能转换的实现体现了对新发展理念中的创新理念的追求，城市群经济发展可持续性的增强体现了对新发展理念中的绿色理念的追求，城市群经济发展中实现以人为本的发展体现了对新发展理念中的共享理念的追求，因此本书认为城市群经济高质量发展应当是城市群实现协同发展、发展动能转换、发展结构调整优化、发展可持续性增强与发展成果由人民共享的发展模式与状态。

2.2　相关文献综述

2.2.1　市场分割相关文献综述

自 Young（2000）提出当前中国国内存在市场分割现象以来，学术界对我国经济发展过程中存在的市场分割问题进行了长期研究和多方面的探讨，取得了丰富的研究成果。

（1）市场分割的分类

基于市场分割形成原因的不同，范欣（2016）认为市场分割可以分为三大类（如图 2-1 所示），其一为由自然因素所引起的市场分割，即自然性市场分割。其是指中国幅员辽阔，地形多样，各地区间空间距离较远以及地形阻隔等自然因素的影响，从而导致的各地区市场被分隔的情况（Daumal & Zignago，2010；Behrens，2011），特别是中国各省份之间多以山川河流为界，这些自然地貌阻碍了地区间的贸易交流，也使得国内统一市场被分割成多个地区的小市场。其二为由地区间技术水平差异引起的市场分割，即技术性市场分割。其是指由于不同地区间人力资本水平的差异以及技术水平的差异，从而导致不同地区具有不同的产业结构，进而形成了不同技术水平下的不同市场。其三为由制度性因素所引起的市场分割，即制度性市场分割，这是当前中国国内市场分割的主要组成部分，也是中国国内市场分割的特殊性所在，由中国特殊国情与发展历程而形成的。制度性市场分割是指由于地区间制度存在的差异从而导致地区间市场被分隔开来。由于中国不同省份省情存在差异，为达到因地施策、因人施策的目的，各省份不可避免地会实行有差异的经济社会政策，政策的差异将影响各地区的市场环境，使其出现较大差异，从而将本地区市场与其他地区市场分割开来。通过对制度进行分类，制度性市场分割又可以分为两种：一种是正式制度性市场分割。正式制度是指已成文的规章制度，包括国家和地区指定的制度和政策等，由这些正式制度的差异所引起的市场分割被称为正式制度性市场分割。另一种是非正式制度性市场分割。非正式制度是指得到社会认同的一些约定俗成的行为准则，如宗教习俗、生活习惯、价值观念、文化传统等，由这些非正式制度的差异所引起的市场分割被称为非正式制度性市场分割。

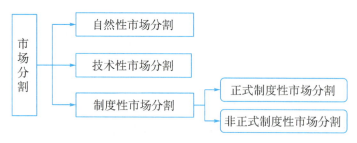

图 2-1　市场分割主要类别

（2）市场分割的形成原因

基于我国经济转轨的特殊国情，我国的市场分割变化历程具有自身的特殊性，受到多方面因素的影响，是多方面机制共同作用的结果，众多学者也对中国地区市场分割的形成原因进行了探讨，其观点主要可分为以下几类：

①分权论

这一观点认为市场分割主要是改革开放以来我国分权式改革的结果。自改革开放以来，我国的经济财政体制经历了多次改革，这些改革在不同的历史阶段为激发地方生产积极性，推动中国经济增长发挥了重要作用，但同时也带来了市场分割和重复建设等问题（林毅夫、刘志强，2000；严冀 等，2005；王永钦 等，2007）。范子英和张军（2010）通过构建两部门两期模型进行分析后指出，财政分权体制是地区市场分割的重要推动力量，同时也指出这是地方政府的理性选择，是财政分权带来的必然后果。贺颖和吕冰洋（2019）以"撤县设区"和"省直管县"这两项政策分析了纵向政府间行政性分权对地区市场分割的影响，发现政府间行政性分权与市场分割程度呈反方向变动，"撤县设区"所代表的市级政府权限的扩大有助于消除地区市场分割，而"省直管县"所代表的的市级政府权限的缩小则会加剧地区市场分割。

②赶超战略论

赶超战略论认为地方政府实行市场分割的目的之一在于提高本地区区域分工地位，实现对发达地区的赶超（陆铭 等，2004）。落后地区为了实现对较发达地区的赶超往往倾向于选择短期内不与发达地区进行市场分工以发展战略性产业，从而提高未来分工收益。林毅夫和刘培林（2010）指出地方政府为实现这一赶超战略，倾向于借助地方保护与市场分割等手段对本地区高技术和高资本产业的发展进行保护。于良春和付强（2008）通过构建地区行政垄断与区域产业结构趋同的理论模型进行分析后也指出地方政府存在对于能够给政府部门带来高利税的行业部门进行市场分割以保护其发展的动力，而这一分割往往会忽略地区要素禀赋和比较优势。

③对外开放论

这一观点认为由于中国对外开放的不断加深，各地区尤其是沿海地区能够通过国际市场实现规模经济，从而忽视了国内市场（钟昌标，2002；陈敏 等，2007；陆铭和陈钊，2009）。范爱军等（2007）根据各省1985—2005年的相关数据实证检验了进出口依存度对国内市场分割的影响，结果表明进口依存度的提高会加剧市场分割。但也有研究表明对外开放会提高国内市场分割的成本，从而消除地区间市场分割（Li et al.，2003）。刘刚（2018）从贸易开放和外资开放两个维度分析了对外开放对地区间市场分割的影响，结果表明贸易开放能够降低地区间市场分割，即国际贸易的扩大能够带动国内贸易的增长，外资开放则会加剧地区间市场分割水平，原因在于各地方政府在引入外资中实行的"以邻为壑"的恶性竞争强化了地区政府实施市场分割行为的动力，导致地区间市场分割水平上升。然而，刘再起和徐艳飞（2013）运用bootstrap面板因果检验法对外贸依存度影响市场分割进行因果检验的结果却表明对外贸易对地区市场分割的影响不明显。宋书杰（2016）细分了研究区域和时期，在此基础上对对外开放与市场分割的关系进行了考察，同样认为对外开放对市场分割的影响不显著。

④地方政府竞争与官员晋升论

地区间市场分割也是地方政府之间利益博弈的结果（马秀颖和赵儒煜，2008）。一方面，由于我国长期以来中央和地方政府"财权"和"事权"不匹配，地方政府在承担大量行政事务的同时缺乏充足的财政资金支持，因此地方政府倾向于实施市场分割以保障自身经济利益（Qian & Weingast，1997、Qian & Roland，1998；Jin et al.，2005；Cai & Terisman，2006）。另一方面地方政府官员所面临的晋升与绩效考核制度也是其实行市场分割的政治利益激励。周黎安（2004）认为地方政府官员间的政治晋升博弈是影响地区间市场分割的重要因素，由于这一博弈属于"零和博弈"，因此地方政府官员为实现自身政治晋升倾向于相互竞争而不是合作。徐现祥等（2007）通过构建地方政府官员晋升博弈模型进一步指出地方官员选择市场分割还是市场一体化的标准在于晋升最大化，即能否实现自身政治利益最大化。邓明（2014）认为地方政府官员的晋升博弈进一步激励了地区间实施市场分割策略，当其他地区实施市场分割时，本地区为实现比其他地区更快的经济增长，也必须通过市场分割以提高本地区经济的相对水平，从而保障自身的政治利益。曹春芳等（2017）研究发现官员对出生地、母校、下乡等成长关联地上的地区偏袒有助于消除地区间市场分割，说明充分发挥官员异地交流作用有助于实现市场整合且制度成本较低。

⑤非正式制度论

非正式制度也是地区间市场分割形成的重要原因，例如作为非正式制度的信任会对经济交流和商品交易产生重要影响，对地区间市场分割也有着重要影响（Knack & Keefer，1997）。Delhey 和 Newton（2005）研究发现社会距离、社会分化及民族多样性等非正式制度因素的提高将降低社会的信任水平，从而加剧地区市场分割。此外高翔和龙小宁（2016）从非正式制度影响市场分割的视角分析了现行"省级"行政区划对地区市场分割的影响，认为文化差异所带来的非正式制度冲突与不信任都将增加经济交往中的交易成本，从而提高地区市场分割水平。丁从明等（2018）认为方言多样性是地区市场分割的重要影响因素，地区语言种类的增加会提高地区间沟通和交流成本，不利于劳动力跨区域流动，降低了社会信任水平，从而提高地区间市场分割水平。

2.2.2 城市群经济高质量发展相关文献综述

（1）高质量发展内涵研究

自高质量发展概念提出以来，众多学者对高质量发展内涵进行了探讨。学者们对高质量发展的内涵的研究大致可以分为两大类：第一类以新发展理念与社会主要矛盾为视角，认为高质量发展是"新发展理念"指导下的经济发展（任保平和赵通，2019），高质量发展应以创新为核心依托、协调为内在要求、绿色为普遍形态、开放为必由之路、共享为价值导向（李梦欣和任保平，2019）。也有观点认为由于社会主要矛盾是决定中国经济发展方向和方式的决定性因素，经济发展的目标取向实质上是为了解决社会主要矛盾（高帆，2021），因此对于高质量发展的判断应基于是否有利于解决中国社会的主要矛盾和发展不平衡不充分问题，以及能否满足人民日益增长的美好生活需要，提高人民社会福利水平（Mlachila et al.，2014；程承坪，2018）。杨伟民（2018）认为高质量发展是满足人民日益增长的美好生活需要的发展，是以人为本的发展。余泳泽和胡山（2018）提出，高质量发展的主要目标在于提高人民生活质量。何立峰（2019）指出，高质量发展既要推进构建统一的国内市场，也要满足人民群众对美好生活的需要。张军扩等（2019）认为，高质量发展的目标是要满足人民日益增长的美好生活需要，为此要实现高效率、公平和绿色可持续的发展。陈川和许伟（2020）对高质量发展的内容进行了细致划分，强调在经济发展过程中要充分坚持以人为本，不断提升人民获得感、安全感、幸福感，提高广大人民的生活质量，在经济发展中也要实现人的全面发展。冯娟（2022）认为高质量发展的最终目的是满足人民对美好生活的需要，高质量发展就是要以创新、协调、绿色、开放、共享的新发展理念为理论原则，以深化供给侧结构性改革为主线，以实现人民对美好生活的向往为奋斗目标，推动经济社会发展的质量变革、效率变革、动力变革。

第二类以经济高质量发展为视角。经济高质量发展视角仍是学者们对高质量概念定义的核心维度（张跃胜 等，2021）。金碚（2018）提出高质量发展应当是满足人民不断增长的真实需要的经济发展方式、结构和动力状态。任保平、李禹墨（2018）认为高质量发展是一个结果目标，主要包括经济结构优化、新旧动能转换、经济社会协同发展、人民生活水平显著提高四个方面。马茹等（2019）将高质量发展界定为更高质量、更具效率、更加稳定、更为开放的新时代中国经济发展模式。国家发改委经济研究所课题组（2019）提出，高质量发展的核心内涵是要提高社会供给体系的质量、效率和稳定性。宋洋和李先军（2021）认为经济高质量发展与新发展格局有着密切关联，可以说是新发展格局的重要组成部分，其一，经济高质量发展是扩大内需的重要方式；其二，经济高质量发展的实现需要通过深化供给侧结构性改革，优化产业布局；其三，经济高质量发展必然要求加大对外开放力度。在推动经济高质量发展的过程中，已有的发展条件是影响经济发展质量提升的重要因素，经济发展过程中资源禀赋和约束条件的变化将会在很大程度上影响中国经济高质量发展的路径选择和发展水平。

（2）城市群经济高质量发展评价指标体系研究

不同学者对于高质量发展内涵理解的差异导致他们在高质量发展指标评价体系构建上存在较大差异。部分学者依据新发展理念从创新、协调、绿色、开放、共享五个维度进行指标体系构建（李梦欣和任保平，2019；史丹和李鹏，2019；欧进锋 等，2020；邓创和曹子雯，2021）。赵儒煜和常忠利（2020）结合经济发展实际在五个维度外添加了经济效益维度。段秀芳和沈敬轩（2021）在五个维度外加入了综合规模效率维度。也有学者在五个维度外加入了安全发展维度，强调生态安全、能源安全与环境安全（凌连新和阳国亮，2021；任保平 等，2022）。还有学者认为创新、协调、绿色、开放、共享属于规范性的价值判断，新发展理念的内涵与外延在经济学上仍缺乏明确的界定（郭芸 等，2020）。

基于经济高质量发展视角构建高质量发展评价指标的研究也是众说纷纭。魏敏和李书昊（2018）从经济结构、创新驱动、资源配置等十个维度构建指标评价体系。李金昌等（2019）提出应从经济活力、创新效率、绿色发展、人民生活、社会和谐五个方面来构建评价指标体系。马茹等（2019）认为经济高质量发展应包含高质量的供给和需求、发展效率、经济运行和对外开放五个维度。任保显（2020）基于使用价值的微观视角从生产、分配、流通和消费四个环节及其外部性维度测度我国经济高质量发展水平。郭芸等（2020）将经济高质量发展分解成发展动力、发展结构、发展方式和发展成果四个维度。杨耀武和张平（2021）从经济成果分配、人力资本及其分布、经济效率与稳定性、自然资源与环境以及与经济发展密切相关的社会状况五个维度对高质量发展进行测度。宋洋和李先军

（2021）构建内生动力与外在表现两大维度 12 个方面的指标体系，提出内生动力影响外在表现，外在表现构建下一阶段的外生动力。

近年来也有部分文献进一步对城市群经济高质量发展评价指标体系进行了研究，如范金等（2018）构建了包含强盛性、有效性、持续性、稳定性、协调性、包容性、开放性等特性的经济发展质量评价指标体系并将其应用于长三角地区。田鑫（2020）从经济活力、经济创新、绿色发展、民生发展四个维度构建评价指标体系对长三角城市经济高质量发展程度进行评估。肖德和于凡（2021）构建了包含效率、民生、协调、绿色、开放五个维度的指标体系对 8 个城市群进行测度与差异分析。张震和覃成林（2021）从经济增长水平及持续性、经济发展动力、新型产业结构、经济发展条件、经济发展开放性、经济发展协调性、绿色发展、经济发展共享性 8 个维度构建指标体系以对京津冀城市群经济高质量发展水平进行测度。

2.2.3　市场分割对经济高质量发展影响相关文献综述

与本书研究主题相契合，本小节重点关注市场分割对经济高质量发展的影响的相关文献，主要对市场分割影响我国整体与区域经济增长以及经济发展质量的相关文献进行梳理，鉴于当前有关市场分割对经济发展的影响的研究多局限于经济增长维度，鲜有对经济发展质量方面的考察，因此本书最后梳理了市场分割对经济发展质量部分方面影响的相关文献。

（1）市场分割与中国整体经济增长

有着深厚体制机制和经济社会根源的市场分割现象对中国经济社会也产生着较为重大的影响，尤其是对于中国经济增长而言，众多学者认为市场分割使中国整体经济增长存在较大的效率损失，不利于中国整体经济增长（阳国亮和何元庆，2002）。市场分割会排斥市场竞争，扭曲资源配置作用，从而对当期经济增长起阻碍作用（Poncet，2003）。张俊生和曾亚敏（2008）从农业生产的角度分析认为市场分割抑制了农业企业生产率的可持续增长，容易使得实际增长率低于预期增长率。Hsieh 和 Klenow（2009）研究认为中国各地区市场分割所带来的要素配置扭曲降低了整体生产率。郑毓盛和李崇高（2003）提出中国国内市场分割引起了三类效率损失：技术效率损失、产出配置结构扭曲损失以及要素配置结构扭曲损失。部分学者对市场分割所造成的效率损失进行了测度，如刘培林（2005）经测算发现消除市场分割将使得中国制造业增加值增长约 5%，即市场分割使中国实际产出损失了约 5%。王磊和张肇中（2019）测算了市场分割所带来的企业生产率损失，结果表明市场分割使企业与行业间的生产率水平分别下降了 0.32% 和 0.28%。

市场分割对中国整体经济增长的另一重大影响在于市场分割会影响国家宏观经济政策的有效性，以货币政策为例，货币政策中利率调整与货币供应等措施会因地区间市场分割的存在而在各区域产生差异性影响，从而使政策效果出现较大差异（李文洁，2011）。

（2）市场分割与地区经济增长

上述文献从多个角度证实了市场分割对中国整体经济增长的不利影响，但并未揭示地区政府实施市场分割的原因，即地方政府的市场分割行为会对地区经济增长产生何种影响。由此，部分学者对此进行了研究，总体来看，学者们对于市场分割对区域经济增长的影响主要有以下三种观点：

其一是认为市场分割不利于地区经济增长（赵永亮和刘德学，2008；师博和沈坤荣，2008；李国璋和刘津汝，2010）。徐现祥等（2007）以长三角地区为样本，发现长三角地区通过消除市场分割实现地区市场一体化从而促进了地区经济增长。刘小勇（2013）考虑了市场分割的空间溢出性，研究后发现市场分割在促进本地区经济增长的同时抑制了其他地区的经济增长。由于晋升激励主要以相对绩效为考核标准，地方政府有动力采取地方保护、分割市场等手段抑制其他地区经济增长以提高自身排名。也有学者从微观层面研究了市场分割的影响，其主要集中在对企业发展和扩张的影响上，提出市场分割阻碍了企业生产和经营效率的提高（Josh & McCalman，2011），抑制了企业的对外扩张，从而不利于本地区经济增长。宋渊洋和单蒙蒙（2013）通过构建理论模型分析认为市场分割将会降低企业的经营效率，使企业缺乏出口竞争力，降低地区出口规模。市场分割对企业在国内市场的扩张也存在不利影响，宋渊洋和黄礼伟（2014）研究认为市场分割不仅提高了企业进入目标市场的难度，也使企业在目标市场经营的交易成本上升，从而使企业无法实现跨地区经营和扩张，抑制了企业的发展。曹春方等（2015）从异地子公司建立的角度考察了市场分割对企业扩张的影响，结果表明市场分割强化了地方政府的资源配置权力，限制了地方企业尤其是地方国有企业在异地设立子公司，导致地方国有企业相比民营企业异地子公司分布较少，进一步降低了地方国有企业的公司价值，也导致了地方国有企业对本地区的过度投资。文争为和王琪红（2020）基于世界银行关于中国企业的调查数据，研究了市场分割在企业在本国范围内进行跨区域市场扩张过程中的作用，结果表明市场分割显著抑制了本省企业向省外市场的扩张并导致其在省内市场出现过度扩张，但异质性分析结果与曹春方等（2015）的研究结果截然相反，认为市场分割对民营企业扩张的抑制作用最强，外资企业次之，国有企业最弱。

第二种观点认为市场分割有利于地区经济增长，这也是地方政府施行市场分割的动力所在。刘再起和徐艳飞（2013）运用 bootstrap 面板因果检验方法对市场分割与经济增长的关系进行了分析后发现市场分割有助于地区经济增长，这一促进作用在沿海地区中表现的更为强烈。付强（2017）通过引入产品差异化的厂商寡占模型分析了市场分割对经济增长的影响机制，发现市场分割能以产业同构为媒介促进经济增长，对外开放和经济周期对这一促进作用的发挥有着较大影响。王磊和汪恒（2019）依据企业数据构建了地区资源配置效率评价指标，在此基础上分析了市场分割对地区资源配置效率的影响，结果表明市场分割能通过扭曲资源配置的方式促进地区经济增长。

第三种观点分析了市场分割对地区经济增长的短期和长期效应，并认为二者存在差异。陆铭和陈钊（2009）指出地区市场分割程度存在一个临界点，在低于这一临界点时，地方政府采取市场分割的手段能推动当地经济的增长，但当市场分割程度超过这一临界点后，市场分割对经济增长的作用将由促进转为抑制。付强和乔岳（2011）构建了动态博弈分析框架，通过分析发现市场分割不利于经济的即期增长，但长期来看这一抑制作用不显著，在一定条件下还将为后期的经济增长准备条件，从而在理论上验证了陆铭和陈钊（2009）提出的市场分割和经济增长存在倒 U 形关系的假说。宋志涛（2012）通过动态面板纠偏最小二乘虚拟变量法分析了市场分割与经济增长之间的关系，同样认为二者存在倒 U 形关系，同时发现在考虑了市场分割和对外开放这两个因素后，中国各地区经济呈现出了条件收敛的特征。孙博文等（2018）将经济增长扩展至绿色增长效率后发现，二者间也表现为倒 U 形关系，且当前 90% 以上的样本处于曲线右方，即当前市场分割不利于绿色增长效率提高。也有学者认为市场分割对地区生产率的短期和长期影响也存在差异，即当市场分割处于较低水平时能够促进地区生产率提高，而当市场分割处于较高水平时则会阻碍地区生产率提高，而当前省级层面的样本主要位于曲线的左方，即市场分割水平的提升对地区生产率提升具有促进作用（黄赜琳和姚婷婷，2020）。

也有部分学者进一步分析了市场分割对不同地区经济增长的差异性影响。徐现祥和李郇（2005）以长三角地区为例分析后发现市场分割不利于长三角各地区的协调发展，但这一不利影响随着地方政府自愿成立协调组织等方式而有所削弱。宋冬林等（2014）研究发现东、中、西与东北地区市场分割对于地区经济增长存在较大差异，中部和东部地区符合倒 U 形特征，但西部地区则呈现出 U 形关系。景维民和张景娜（2019）分析了市场分割对处于不同经济发展水平地区经济增长的影响，研究表明市场分割对经济发展水平较低的地区的负面影响比经济发展水平较高的地区更大。龙志和等（2012）利用空间地理加权回归模型研究了市场分割影响珠三角城市群经济增长的地区差异性。结果表明，珠三角地区市场整合更有助于相对发达地区的经济增长，但对相对落后地区经济增长的影响不确定。皮亚彬和陈耀（2019）认为市场分割对区域协调发展具有非线性影响，当地区市场一体化水平达到某一临界值时，产业才开始向周边的中小城市扩散。因此，在城市群内部，中小城市究竟是遭受临近大城市的"聚集阴影"失去产业使得经济增长放缓，还是从大城市"借用规模"分享集聚效应促进经济增长，取决于区域市场一体化水平。

（3）市场分割与经济高质量发展

随着我国经济进入高质量发展阶段，部分学者也开始关注市场分割对于经济发展质量的影响。孙博文和雷明（2018）借助新经济地理框架，以市场分割对企业家收入影响为切入点，考察了市场分割对企业成本的影响，认为市场分割从长期来看不利于经济高质量发展。祝志勇和刘昊（2020）阐述了市场分割对经济增长质量的影响机制，实证研究了不同类型市场分割对我国地区经济增长质量的影响，结果表明商品和资本市场分割是阻碍我国经济增长质量进一步提升的主要因素，而劳动力市场分割在一定程度上促进了我国地区经济增长质量的提升，且市场分割对经济增长质量的影响存在地区异质性。

当前市场分割对于经济高质量发展影响的文献尚不完善，因此本节接下来主要就市场分割对经济高质量发展各方面如产业结构、创新能力、绿色发展等方面的影响的相关文献进行梳理。

①市场分割与地区产业结构

其一，市场分割对地区产业结构升级的影响方面。地方政府实行市场分割的目的之一在于提高本地区区域分工地位（陆铭 等，2004），事实上地方政府实行市场分割在一定程度上有助于地区产业结构的升级。市场分割为本地区企业产品销售提供了稳定的市场，有助于企业扩大市场份额，为企业提供稳定的利润来源，从而使企业得以扩大生产规模和实现技术改造升级，实现从劳动密集型企业向知识技术密集型企业的转变（祝志勇和刘昊，2020）。但也有学者认为市场分割会扭曲资源配置和带来重复建设等问题，从而阻碍地区产业结构升级（安苑和王珺，2012）。踪家峰和周亮（2013）利用1998—2007年中国省级面板数据，通过动态面板分析后发现市场分割对产业结构升级具有倒U形影响，即低水平的市场分割会推动产业结构升级，但高水平的市场分割会抑制产业结构升级。郭勇（2013）则认为市场分割对地区产业结构升级的影响具有阶段性，在1997年国际金融危机未发生之前，市场分割推动了地区产业结构升级，但金融危机发生之后，市场分割对地区产业结构升级转为阻碍作用。从市场分割对地区产业结构升级的影响机制来看，邓芳芳和王磊（2018）从微观企业层面通过各行业产值与就业人数的数据构建产业结构调整指标，进而实证检验市场分割对产业结构调整的作用机制。结果表明，市场分割会阻碍地区间要素资源的自由流动进而抑制地区产业结构调整。

其二，市场分割对地区产业结构合理化的影响方面。各地区实行市场分割的一个重要目标是保护本地区企业的发展，尤其是对当期市场竞争力较低但具有高利税、高就业特征的部分企业进行保护（白重恩 等，2004），这既是财政分权体制下地方政府为保障自身财政资金的必然行为，也是维护社会稳定、实现政治晋升的利益博弈结果。但这一保护也使得市场机制无法实现优胜劣汰，出现大量"僵尸企业"，生产要素无法从本区域生产率较低的企业向高生产率的企业流动，阻碍了区域产业结构合理化水平的提升（干春晖 等，2011；Bollard et al.，2014）。邱风等（2015）实证分析了市场分割与地区产业结构的关系，提出市场分割阻碍了地区产业结构实现差异化发展。谢瑞芬和刘圣（2016）借助面板分位数模型实证以京津冀地区为例分析了市场分割对工业集聚的影响，结果表明市场分割阻碍了地区间产业融合与错位发展，提高了各地区的产业同质化水平，同时也抑制了本地区产业链现代化水平的提升。陈庆江等（2018）考察了信息化环境下市场分割对产业结构合理化的影响，指出市场分割会引起地区间资源错配以及信息不对称问题的出现，降低了地区产业结构的合理化水平。

此外，当前国内市场分割的一个重要形式就是选择性的地区主导性产业政策（刘志彪和孔令池，2021），但当前各地区主导性产业政策的制定也存在脱离地区实际情况与比较优势的现象，对于主导型产业的选择存在过度追求高精尖产业发展、地区间产业发展方向高度趋同等问题，从而进一步降低了地区产业结构的合理化水平。

②市场分割与地区创新能力

部分学者认为市场分割不利于地区创新能力的提升。市场分割所带来的市场竞争弱化将使市场上存在"非创新性获利空间"（欧阳峣 等，2018），即企业不需进行产品创新即可获得利润，这将使企业处于"自我安逸"的状态，缺乏参与市场竞争的积极性（Baghdasaryan & Cour，2013），从而削弱本地区企业的创新动力，同时也阻碍了企业创新投入要素的获得和配置效率，抑制企业创新能力的提升。也有观点认为市场分割抑制企业技术创新能力的形成和提升是因为市场分割抑制了市场主体对本土产品的需求（余东华和王青，2009），这将限制本地区的市场规模，使本地区企业无法通过需求引致创新（Young，1993；张杰和周晓艳，2011），即减少企业创新活动所能获得的利润，从而弱化企业创新的动力（张杰 等，2010）。邓峰和杨婷玉（2019）认为市场分割通过阻碍地区间创新要素尤其是研发人员的流动抑制地区创新效率的提升，且这一抑制作用在中部地区表现更为突出。杨振兵（2016）进一步考察了要素和商品市场分割对创新效率的不同影响，认为消除商品市场分割有助于增加新产品销售利润，而消除要素市场分割能够提高创新投入要素的配置效率，进而提升企业创新能力的提升。

也有研究认为市场分割对地区创新能力具有非线性关系。杜宇等（2020）认为市场分割通过产业结构和对外开放两条路径对技术进步产生差异性影响，从而使得市场分割与技术进步间呈倒 U 形关系，即在短期内市场分割保障了本地区创新主体的发展，提升了本地区创新资源利用效率，但在长期中市场分割带来的低水平企业集聚与要素价格扭曲问题也会使地区创新资源无法得到有效配置，从而降低本地区创新资源利用效率（李斯嘉和吴利华，2021）。李增福等（2020）认为，市场分割一方面减少了本地区企业面临的市场竞争，增大了本地区企业的市场势力，从而有助于提升企业创新；另一方面也增加了企业间的交易成本，从而挤占企业用于创新研发的投入，不利于企业创新能力提升。俞立平等（2022）从创新数量与质量的视角出发，认为市场分割对企业创新发展既存在促进作用也存在抑制作用的原因在于市场分割对创新数量与质量的影响存在差异，市场分割程度的提高会增加创新数量，但同时也会降低创新质量，但这一影响也存在地区异质性，对于创新数量与质量较低的地区，市场分割对创新数量与质量的影响均具有促进作用。

也有学者对市场分割对地区创新能力的影响的异质性进行了讨论，如韩庆潇和杨晨（2018）认为市场分割对地区创新能力的影响存在市场分割类型的异质性，消费品与劳动力市场分割水平的提高会抑制地区创新效率，资本品市场分割的影响则不显著。吕越等（2021）认为市场分割对地区创新能力的影响存在地区金融水平的异质性，市场分割对于金融水平较高地区的企业创新抑制作用更为突出；同时其基于企业所有制差异研究发现，市场分割对非国有制企业创新的抑制作用更为强烈。李增福等（2020）认为市场分割对地区创新能力的影响存在地区异质性，市场分割对东部地区企业创新的抑制作用大于对中、西部地区的抑制作用。程艳和袁益（2017）认为市场分割对地区创新能力的影响存在地区间互联网水平的异质性，互联网企业的增加能够降低企业间交易成本，弱化市场分割对企业创新的抑制作用。陈庆江、赵明亮（2018）进一步指出信息化能够提高创新需求扩散速度、缓解信息不对称以优化资源配置和强化市场竞争，从而弱化市场分割的不利影响，提高企业创新意愿从而提升企业创新能力。

③市场分割与地区绿色发展

市场分割对环境污染与能源资源利用效率的影响是地区经济绿色发展的重要因素。在环境污染方面，为保护本地区企业发展，市场分割使地方政府有动机投资见效快但是具有高污染高耗能特征的企业（Jia，2013），以牺牲环境为代价换取地区经济增长，从而加剧地区环境污染（张为杰，2012）。同时市场分割也不利于企业间环保与低污染的生产技术的共享（Dong，2012），陆远权和张德钢（2016）认为市场分割会通过阻碍地区产业结构升级、降低能源利用效率和弱化企业竞争抑制企业碳排放水平的降低，不利于地区经济绿色发展。卞元超等（2020）以雾霾污染为例研究发现市场分割会加剧本地区雾霾污染，并且这一影响存在空间溢出性，周边地区市场分割也会加剧本地区雾霾污染。李涛等（2021）认为市场分割主要通过产业结构和引资竞争两条路径加剧地区雾霾污染。吕越和张昊天（2021）从企业角度证实了消除市场分割能够通过缩小本地企业生产规模、促进技术进步和实现要素资源的有效配置促进企业减排。

但也有研究认为市场分割与环境污染间存在 U 形关系，即较高强度的市场分割会加剧地区环境污染，较低水平的市场分割会减轻地区环境污染（张可，2019）。孙博文（2018）也认为市场分割与环境污染存在非线性关系，但这一关系因污染物种类的不同存在异质性，市场分割对工业二氧化硫与工业废水排放存在 U 形影响，对工业烟尘排放则存在倒 U 形影响。同时，市场分割带来的各地区环境政策标准与执行力度的差异使得跨界污染问题成为影响地区经济绿色发展的重要内容（Frutos & Martín-Herrán，2017；Chen et al.，2017；Chang et al.，2018）。周愚和皮建才（2013）考察了市场分割对地区环境污染的影响，指出地区间跨界污染是影响市场分割与地区福利水平间关系的重要因素，当地区间跨界污染处于较低水平时，市场分割的消除有助于提升地区福利水平；反之则会降低地区福利水平。

在能源资源利用效率方面，有学者认为市场分割扭曲了资源配置，降低了中国能源使用效率（师博和沈坤荣，2008），导致我国能源使用效率出现"微观局部领先、宏观整体落后"的格局（魏楚和郑新业，2017）。张德钢和陆远权（2017）认为市场分割降低了中国能源使用效率，消除市场分割能够使中国能源使用效率平均每年额外提升 1.5%。但也有学者认为市场分割与能源使用效率间存在非线性关系，前期市场分割能够通过提升部分地区能源效率有助于整体能源使用效率提升，但后期市场分割会对整体能源使用效率提升起抑制作用（陈芳和史慧敏，2020）。方建春等（2020）细分至能源市场分割的研究结果表明能源市场分割与能源使用效率间存在 U 形关系，且绝大多数样本位于曲线左方，即消除能源市场分割有助于提高能源使用效率。

2.3　文献述评

从现有文献研究结果可以看出：

首先，市场分割受到多方面因素的影响，其是多方面机制共同作用的结果，因此解决市场分割需要有一套完整的措施体系，绝不是单靠某一项政策调整或者机制改革便能解决的。

其次，现有文献对于中国经济高质量发展指标体系构建的研究较为多样，指标维度覆盖较为全面，是本书研究的重要基础，但也存在一些不足：第一，从指标选取来看，部分指标体系将投入指标与产出指标相混同，高投入对低产出的掩盖将降低评价指标体系的科学性，此外部分指标间相似性较强，多个相似指标的同时出现将弱化重要指标的地位，稀释了指标解释力度；第二，在指标赋权方法上，部分指标体系采用客观赋权法虽避免了主观随意性但维度间相互替代性较强，不符合现实需求，对于主客观赋权方法相结合的运用有待提升；第三，对于作为中国经济发展核心区域的城市群经济高质量发展的研究较少，且大部分对城市群经济高质量发展的研究主要通过以往对单体城市的评价方法来对城市群经济高质量发展进行评价，较少对城市群整体性的考察。本书认为，城市群经济高质量发展的核心在于协同性的培育，因此，对城市群经济高质量发展的评价应在保留以往对城市经济高质量发展评价的核心指标的同时，重点突出城市群内部区域间的协同性。

最后，国内外学者对于中国国内市场分割与经济增长间关系的研究众多，且研究视角多样，研究深度日益凸显，通过对相关研究的梳理我们可以看到，市场分割不利于中国整体经济发展已成为学术界的普遍共识；但国内市场处于市场分割状态的长期存在也有其必然原因，即市场分割对中国整体与地区经济增长的影响存在差别，市场分割与地区经济增长存在倒U形关系是当前市场分割对地区经济增长影响的主要观点，地方政府有动力实施市场分割行为以保障自身经济发展，而以经济增长为考核标准的地方政府绩效评价体系进一步强化了地方政府实施市场分割的动机，其实质上是地区政府实施地区最优战略以追求"局部均衡"，但这一均衡并不意味着全国的"全局均衡"。"局部均衡"与"全局均衡"的矛盾导致地区间市场分割难以消除，市场分割现象日趋隐蔽化与多元化。但当前有关市场分割与经济发展间关系的研究也存在部分不足之处。其一，在经济发展的概念界定上，对于经济发展这一概念仅局限于经济增长这一方面，且多以经济增长速度和数量为标准，未考虑经济发展质量的变化，这与当前我国经济进入高质量发展阶段的现实状况不相匹配，国内市场分割对经济发展的影响没有得到全面反映；其二，在研究市场分割与经济发展间关系时，对于经济发展与市场分割的空间溢出效应关注较少，对于二者关系的空间互动性的研究较少。

基于此，本书认为在考察市场分割对经济发展的影响时，我们不仅应当考虑其对经济增长速度与数量的影响，更需要探讨其对经济发展质量的影响。本书从市场分割这一角度，实证分析了其对城市群经济高质量发展的影响与作用机制，从而对于市场分割对经济发展的影响这一问题进行了综合分析。此外，本书综合考虑了市场分割对城市群经济高质量发展的空间互动性与地区异质性，验证了市场分割对城市群经济高质量发展的空间溢出性与不同区域间的作用机制，丰富和拓展了当前研究。

3 理论分析与研究假设

本章主要关注市场分割影响城市群经济高质量发展的理论分析与作用机制，主要包括以下研究内容：以地方经济分权与竞争体制下市场分割的衍生逻辑和资源整合与协同发展目标下的城市群经济高质量发展为基础，对市场分割如何影响城市群经济高质量发展进行分析，而后基于新经济地理理论与新奥地利学派的竞争理论探讨了市场分割通过市场规模效应与市场竞争效应影响城市群经济高质量发展的作用机制，为全文研究提供理论支撑。

3.1 地方经济分权与竞争体制下的市场分割

以地方经济分权与地方竞争为特征的央地关系和政府治理体制是改革开放后中国四十余年的高速经济增长背后的制度基础（周黎安，2018）。中国共产党第十一届三中全会后，中国对高度集中的计划经济体制进行改革的基本思路就是"简政放权"。所谓"放权"，简言之就是中央将各种行政、立法与经济管理权力下放给地方政府，中央政府通过明确地方政府职权、扩大地方立法权限、下放干部管理权限以及施行财政包干制给地方政府"松绑"，通过局部地区的"先试先行"来鼓励地方政府进行制度创新，充分发挥地方政府的积极性，但这一政策在推动中国经济高速增长的同时也带来了"诸侯经济"的兴起（沈立人和戴园晨，1990）。原有计划经济体制下内陆省份主要以价格较低的自然资源与初级产品生产为主，而沿海省份主要以价格较高的加工品生产为主，内陆省份将自然资源和初级产品运至沿海省份进行加工，从而形成特有的区域分工体系，内陆与沿海省份的区域分工通过计划体制实现利润的合理分配。而在改革初期，地方政府在拥有一定的经济自主权后，随着财政包干制的实施，各省份财政自负盈亏，此时，以初级产品生产为主的内陆省份不愿意再按照较低的计划价格将自然资源与初级产品转运至沿海省份加工，让沿海省份坐享较高的利润与税收，而更倾向于在本省份内部自主建设企业对自然资源与初级产品进行加工以获取更高的利润与税收。由此使得中国在 20 世纪 80—90 年代出现严重的地区封锁与地方保护问题。而在 1994 年的分税制改革后中央政府与地方政府间的"财权"与"事权"出现失衡，中央政府在将"财权"上移的同时将"事权"进一步下放，地方政府财政支出压力不断增加，在承担大量行政事务的同时缺乏充足的财政资金支持，这进一步强化了地方政府实施地方保护与市场分割的动力。

分税制改革下地方政府不得不千方百计增加地方财政收入以确保其能实现自身行政职能。从中国地方政府的财政收入来源来看，不外乎中央政府转移支付、预算外收入和支出结余、预算内收入这几种来源，这其中中央政府的转移支付通常为专款专用的形式，一般需要具备一定条件，无法惠及所有地区，而预算外收入随着 2011 年财政部《关于将按预算外资金管理的收入纳入预算管理的通知》规定的出台宣告取消，这使得各地区只能通过增加预算内收入的方式来保障地方财力，但 1994 年实施的分税制改革未赋予地方政府自主设定和调整税率的权力，因此地方政府扩大预算内收入的主要方式只能是扩大属于地方的税基，即支持本地区能够给地区政府带来高利税的主体的发展。在扶持本地区具有高利税特征的主体发展时，为了避免这些主体向其他地区流失，同时为了保护这些主体的快速发展，地方政府通常采取诸如限制外地区商品进入本地区市场、对本地区商品进行补贴等方式对市场进行干预，从而形成地区间市场分割。

与地方经济分权相配套的是围绕着地区经济发展的地方竞争。一是即政府工作人员为获得晋升而相互竞争的博弈（周黎安，2004）。由于这一博弈属于零和博弈，即在面对同一岗位时，一个工作人员晋升成功意味着其他工作人员晋升的失败，因此，这一竞争使政府工作人员个人处于较强的激励之中。二是各地区企业间的竞争。随着计划经济体制的瓦解，各地区产品过剩情况的出现，企业在地区市场的竞争日益激烈，同时企业在市场上的竞争结果直接关系到地方政府工作人员晋升的结果。改革开放后以经济建设为中心的战略目标下对地方政府政绩的考核主要以 GDP 和财政收入等可量化的经济指标作为评价标准，使地方政府"企业家化"，承担了促进地区经济增长的重大责任和巨大压力，而这与地方政府工作人员的经济利益和政治利益直接挂钩，地方政府及其工作人员出于政治与经济利益的考虑会不遗余力地发展本地区经济，对本地区企业进行保护，以期在竞争中获胜，从而强化了地方政府实施市场分割的动机。

因此，以地方经济分权与地方竞争为特征的央地关系和政府治理体制虽然是推动中国经济高速增长的制度基础，但也带来了较为严重的地方保护与市场分割问题。在中国经济进入高质量发展阶段的新形势下，这一制度背景仍旧存在，中国仍然以对发达国家的追赶战略来实现既定目标，有所不同的是将过去经济发展的速度型赶超战略转变为质量型和效率型赶超战略。在这一战略转变中，过去对地方政府及工作人员的主观能动性的激发的政策措施仍有其特有的优点和存在土壤，因此市场分割仍旧会存在于中国经济高质量发展阶段中，成为影响中国经济发展质量提升的重要因素。

3.2 城市群经济高质量发展：资源整合与协同发展

作为区域经济活动的重要单元，直至 2006 年城市群才成为中国城镇化战略布局的主要目标，国家提出要将城市群作为推进城镇化的主体形态，《国家新型城镇化规划（2014—2020 年）》和 2015 年的中央城市工作会议进一步明确"把城市群作为主体形态"（刘士林，2018）。随着近年来城镇化的不断推进，中国城市群得到迅速发展，已然成为中国参与全球化分工和支撑经济高质量发展的重要载体（魏后凯，2014）。截止到 2018 年年底，全国范围内的跨省区城市规划已基本完成，中国国土范围内基本形成了"19+2 城市群"格局，即京津冀、长三角、珠三角、山东半岛、海峡西岸、哈长、辽中南、中原、长江中游、成渝地区、关中平原、北部湾、晋中、呼包鄂榆、黔中、滇中、兰州—西宁、宁夏沿黄和天山北坡 19 个城市群，以及以拉萨、喀什为中心的两个城市圈，其中国家级城市群作为我国发展较为快速，跨越多个省级行政区的城市群，对我国区域经济高质量发展具有重要意义，截至 2020 年年底，国务院先后共批复了 10 个国家级城市群①。城市群作为中国新的空间经济单元，在区域和国家经济和社会

---

① 依照批复时间，这 10 个城市群分别为京津冀、哈长、长三角、中原、北部湾、关中平原、呼包鄂榆、兰宁、粤港澳城市群与成渝地区双城经济圈。

发展中发挥着核心支撑作用，2019 年中国国内生产总值的 90%，人口的 85% 以上集中在"19+2 城市群"中，可以说，城市群能否实现经济高质量发展在很大程度上决定着全国能否实现经济高质量发展。

城市群经济是一种整合经济，其经济高质量发展水平取决于城市群内部资源的整合程度（李学鑫，2011）。首先，城市经济发展来自产业和人口的集聚，各城市范围内集聚经济的产生带动了城市的发展扩张，但单一城市的发展规模仍是有限的，超过这一范围规模经济会转为规模不经济，而城市群由于具有更大的空间区域，由若干专业化城市和多样化城市组成，可以突破单个城市范围经济和规模经济的制约，在产业规模和外部经济方面具有更大潜力，也能够扩大企业所面临的市场需求，降低企业交易成本，对消费者而言则意味着商品供给数量和种类的增加，增加生产者剩余和消费者剩余，提高了城市群范围内的整体福利，从而实现经济的高质量发展。其次，城市群是各城市基于竞争和分工合作而形成的有机体，城市间分工使得各城市产业与其他城市间产生了前向和后向的联系，进而形成城市间的产业网络，使各城市产业间耦合状态以及由此决定的城市群整体性功能得到强化，这种城市间的产业关联网络一方面能够优化各城市产业结构和提高各城市资源利用效率；另一方面也放大了单一城市经济增长对城市群经济增长的带动作用。城市间的适度竞争也有助于促进生产要素的城际自由流动，降低产业成本与价格，扩大市场需求，进而增强产业的规模经济。

城市群的经济发展也必然是协同发展。协同论研究的是众多子系统如何通过协调联合作用，以产生宏观上的结构和功能。城市群由各个规模不同、定位不同的城市构成，这些城市都是城市群的子系统，城市群的发展质量不仅与各子系统（城市）密不可分，还需要同时兼顾城市群这一个系统的整体发展。因此，城市群的经济发展应当是协同发展，即将城市群内部的人口、产业和城市紧密联系起来，在城市间形成有序的要素结构，使系统的整体功能放大，促进城市间在产业经济、基础设施、资源环境方面共享和合作，从而使整体功能大于部分功能之和，实现区域内资源和要素的有效整合。

城市群经济高质量发展必须树立局部与整体的观念，实现资源整合与协同发展，将单一的城市联系起来，使每个企业、产业和城市都能获得"1+1>2"的协同效应，发挥出城市群内部单一城市无法发挥的作用。

3.3　市场分割对城市群经济高质量发展的影响分析

3.3.1　市场分割对城市群经济高质量发展的影响

在中国城市群经济高质量发展的过程中，地方政府的行为扮演着重要角色，地方政府能否消除市场分割，打破行政边界的束缚，实现要素资源在城市群范围内的自由流动关系到城市群能否实现经济高质量发展。中国城市群发展既有其必然趋势也存在特殊性。从其必然趋势来看，在中国经济发展的过程中，产业和人口向大城市的集聚所形成的规模效应与空间溢出强化了大城市与周边中小城市的联系，城市间出现了相互配套的产业发展和空间布局，随着城市间产业分工体系的不断完善，各城市间日益结合成一个整体，从而出现了城市群这一新的空间经济单元。从其特殊性来看，中国的城市群更多是在政府的大力推动下实现超越式的发展，中央和省一级政府通过发展规划、政策引导等方式鼓励各城市相互合作，构建国家级或地区性的城市群与都市圈，以达到带动经济快速发展的目标，各个城市群在一开始就肩负着不同的发展目标与作用，如京津冀城市群的发展目标是成为具有较强国际竞争力和影响力的重要区域，在引领和支撑全国经济社会发展中发挥更大作用；而哈长城市群则是建成面向东北亚、具有较强竞争力的城市发展轴和产业集聚带，建成在东北亚区域具有核心竞争力和重要影响力的城市群。在政府的强力推动下，各城市群实现了快速发展，但目前来看中国多数城市群尤其是西部地区城市群与国外其他城市群相比仍存在较大差距，无论是经济总量还是城市间空间联系程度、城市群内部大中小城市数量与体系构建均有待进一步提高。此外，中国城市群发展的一个重要问题在于城市群内部省际边界的存在。各国家级城市群多为跨省级行政区的城市群，不同省份间经济发展目标与产业政策等存在差异以及统属关系的不同，导致其合作往往需要付出较高的交流和协调成本，要素资源无法突破行政边界，这必然会进一步拖慢城市群的发展。

经济发展不仅包括量的增长还包括质的提升，但以往有关市场分割与经济发展的研究多局限于量的增长方面，而忽视了市场分割对经济发展中质的影响。对于地方政府而言，以 GDP、财政收入等作为地方政府绩效考核指标使地方政府有动机以短期利益为重，甚至以牺牲经济发展质量的方式换取短期内经济的高速增长。第一，在城市群范围内协同发展上，地方政府实施市场分割的一个重要目的是实现超越其他城市的增长速度以实现自身政治和经济利益的最大化；因此，市场分割不可避免的会阻碍城市间交流合作，不利于城市间协同发展。第二，在城市群经济发展动能的培育上，创新能力是地区实现经济增长方式变革，提高经济发展质量的核心驱动力，但创新项目具有研究时间长、研究回报慢，不确定性高等主要特征，这些会导致企业创新动力不足。地方政府理应是引导地区创新活动、弥补创新领域市场失灵的重要力量，但地方经济分权与竞争体制下的地方政府的"企业家化"使地方政府更热衷于对高利税的项目进行投资，削弱了地方政府对科技创新活动的投入力度，不利于地区发展动能的转换（杨志安和邱国庆，2018）。第三，在城市群经济发展结构优化方面，地方政府对于高利税的行业部门的保护扶持无疑扭曲了要素资源配置，导致了地区间严重的产业同质化竞争现象，阻碍地区产业结构升级和产业结构合理化（安苑和王珺，2012；邱风 等，2015），虽然市场分割使得中国国际贸易规模巨大，但也使国内市场呈现出"欧洲化"的特征，这无疑提升了中国出口产品的价格，抑制了中国的出口贸易扩张（赵玉奇和柯善咨，2016）。第四，在城市群经济发展可持续性方面，地方政府为实现经济增长与财政收入增加的目标多对具有高利税特征的传统制造业进行保护扶持，以牺牲环境代价换取地区经济增长，从而加剧地区环境污染（张为杰，2012）；同时跨界污染成为地区间竞争的负面后果，即地方政府有通过向相邻地区排放污染物、实现以邻为壑的发展的动机（Oates & Schwab，1988）。第五，就城市群经济发展成果共享水平而言，地方政府对地区经济增长和财政收入的过度关注在一定程度上削弱了地方政府对公共服务的支出力度，对外地商品进入本地区市场的限制也使得本地区居民面临更高的商品价格和更少的商品数量，降低了地区经济发展的包容性水平，且作为地方政府与地区内部企业之间的"隐性契约"，市场分割将使政府实行市场分割所获得的福利分配不合理，无法实现经济的包容性增长。因此，在中国以地方经济分权与地方竞争为特征的央地关系和政府治理体制下产生的市场分割，尽管短期内会对城市群经济增长产生促进作用，但从经济高质量发展层面来看，市场分割对新发展理念下城市群经济实现协同发展、发展动能转换、发展结构调整优化、发展可持续性增强与发展成果由人民共享具有不利影响，使得城市群经济发展质量难以实现提升。

据此本书提出研究假设：

研究假设 1：市场分割对城市群经济高质量发展具有负面影响。

市场分割对城市群经济高质量发展的负面影响也存在城市群整体与单一城市、发达城市与落后城市的空间异质性。

（1）城市群与单一城市的空间异质性

在城市群的发展过程中，城市群与城市群内部各城市间具有整体和部分的辩证统一关系，尤其是中国城市群发展的特殊性更是进一步强化了这一关系。城市群整体与城市群内部各城市相互依存，相互影响。一方面，城市群是由城市群内部各城市构成的，城市群以 1 个及以上大城市与多个中小城市为构成部分，是城市的联合体，城市群的利益决定着城市群内部各城市的利益，城市群经济与人口规模的发展壮大会给各城市带来更多的发展机遇；另一方面，城市群的发展有赖于城市群内部各城市的发展，各城市尤其是中心城市的发展，引领和带动着城市群整体的发展。但城市群的发展不等于城市群内部各城市发展的简单加总，城市群是城市群内部各城市的有机整合，是城市群内部各城市规模扩张所形成的相互连接、相互影响的联合体，发挥着城市群内部单一城市无法发挥的作用。因此城市群经济高质量发展与城市群内部各城市经济高质量发展不能一概而论，各城市经济高质量发展水平的提升不代表城市群整体经济高质量发展达到最优状态，城市群的高质量发展不仅包括各城市的单一化发展，也要求整个城市群空间内实现协同发展。城市群整体经济高质量发展与各城市经济高质量发展的差异会导致市场分割对城市群整体经济高质量发展与各城市经济高质量发展的影响也会存在差异。

与城市单一个体相比，城市群经济高质量发展的核心在于协同性的培育，即城市群整体经济高质量发展虽然以城市群内部各城市经济高质量发展为基础，但还应考虑各城市之间、城市与农村间的协同发展。中国各城市群的发展主要由政府推动，存在的一个问题是在城市群内部各城市的定位存在差异，而地方政府的政绩考核标准又具有趋同性，由此导致地方政府往往会倾向于追求在城市群中提升自身城市定位，实现对其他城市的赶超。赶超战略驱动下的地方政府视其他城市为竞争对手，这无疑会阻碍城市群内部间的协同发展，同时部分城市群中省级行政边界的存在也会阻碍各城市构成一个统一的联合体，因此，与城市经济高质量发展相比，市场分割对城市群整体经济高质量发展的负面影响中不仅有对各城市经济高质量发展的负面影响，还包含对城市群内部城市间协同发展的负面影响。

由此本书提出研究假设2。

研究假设2：与单一城市相比，市场分割对城市群整体经济高质量发展的负面影响更加明显。

（2）不同经济发展水平的城市的空间异质性

中华人民共和国成立以来，中国区域发展战略经历了从平衡发展战略到非平衡发展战略，再到区域协调发展战略的转变，然而无论是长期存在的东西区域经济发展差距还是近年较为突出的南北差距问题，无不表明我国区域发展不平衡问题依然比较突出，地区经济发展差距呈现出先不断缩小后显著扩大再缓慢缩小的过程（覃成林 等，2011）。尤其是在城市群中，由于城市群内部发展相对发达的城市（以下简称"发达城市"）相比城市群内部发展相对落后城市（以下简称"落后城市"）而言具有工资水平高、基础设施完善、就业机会众多等优势，发达城市对落后城市往往具有虹吸效应，人才、资金等要素资源会向发达城市集聚。当前城市群范围内的城市功能分工出现了研发、设计、管理等服务部门向发达城市集聚，加工、制造等生产制造部门向落后城市集聚的趋势（Duranton & Puga，2005）。高技能劳动力和高生产率企业向发达城市转移，低技能劳动力和低生产率企业将被转移至落后城市，这有可能会扩大发达城市与落后城市的生产率差距（胡尊国 等，2017），从而扩大城市间经济发展差距。

在地方经济分权和竞争体制下，这种不均衡的发展格局使落后城市有强烈的动机通过市场分割等行为提高本城市在区域分工中的地位，实现对发达城市的赶超（陆铭 等，2004），从而使落后城市市场分割水平提高。首先，对落后城市而言，市场分割为本城市企业产品销售提供稳定市场，有助于企业扩大市场份额，为企业提供稳定的利润来源，从而使企业得以扩大生产规模和实现技术改造升级，实现从劳动密集型企业向知识技术密集型企业的转变。劳动力和资本市场分割使得本城市企业拥有充足的劳动力和资本要素，这有助于提高本城市企业的生产率，降低本城市企业的生产成本，为本城市企业转型升级提供人才和资金保障，从而带动城市产业结构升级（祝志勇和刘昊，2020）。其次，从区域视角来看，幼稚产业保护理论为落后城市市场分割的实施提供了理论指导与实践启发，落后城市的技术与资金较为缺乏，其企业难以与发达城市的企业竞争，而市场分割的实施阻碍了发达城市的企业进入本城市市场，减小本城市企业所面临的竞争压力，为本城市企业营造了良好的发展环境，有助于激励本城市企业为扩大市场份额采取技术研发、引进、改造等方式提高企业生产效率与市场竞争力。最后，市场分割对区域市场规模的限制使得各城市趋向于通过国际市场实现规模经济，但各城市的区位条件成为影响这一选择的重要因素，多位于沿海地区的发达城市能够更便捷地通过国际市场实现规模经济，但这也使发达城市企业需要面临较大的国际市场风险，加大了发达城市经济所面临的风险，加剧了发达城市经济增长的不稳定性，与之相比内陆尤其是中西部城市（多为落后城市）对外开放时间更晚，交通运输成本更高，因此对国际市场的利用程度更低，与之相对应的是其所受到的国际市场风险也降低了。因此，与发达城市相比，落后城市市场分割问题可能更严重，同时市场分割对落后城市经济高质量发展既有抑制作用也存在部分促进作用，从而降低了市场分割对落后城市经济高质量发展的负面影响。

由此本书提出研究假设3。

研究假设3：与落后城市相比，市场分割对发达城市经济高质量发展的负面影响更加明显。

3.3.2 市场分割对城市群经济高质量发展的影响机制

在前文分析中，本书提出地方经济分权和竞争体制下的地方政府有强烈的动机实施市场分割行为，以在短期内实现本地区经济增长，但却对城市群经济高质量发展具有负面影响。本部分主要考察市场分割对城市群经济高质量发展的影响机制，包括市场分割抑制企业规模报酬递增和经济外部性的市场规模效应以及通过扭曲价格信号和阻碍地区分工的形成的市场竞争效应。

（1）市场分割与城市群经济高质量发展：市场规模的中介效应

①新经济地理理论中的市场规模效应。

对于市场规模与经济发展的论述最早源于亚当·斯密（1776），他在《国富论》中提出了"市场规模"假说，认为市场分工的精细程度取决于市场规模的大小，即"分工的程度，因此总要受到交换能力的限制，换言之，要受市场广狭的限制"（斯密，2009，中译本）。Marshall（1920）在《经济学原理》一书中探讨了市场规模与产业集聚的关系，认为市场规模是实现产业集聚的重要条件，即"任何地方对劳动和资本的雇佣取决于三个条件：第一，它的自然资源；第二，知识的进步和社会与工业组织的发展所产生的，善于利用这些资源的力量；第三，靠近有出售剩余产品的市场"，并特别强调"最后一条件的重要性，往往为人所忽视；但是，当我们观察新开发国家的历史时，它显得十分突出"。Marshall 提出市场规模对经济发展的作用主要在于较大的市场规模一方面能够促进企业规模报酬递增，降低企业生产成本，提高企业生产效率，另一方面通过产业集聚带来经济外部性，即通过知识与技术的空间溢出，使企业提高技术水平和生产效率，进而促进经济发展。Dixit 和 Stiglitz（1977）构建了包含报酬递增、交易成本和要素流动的垄断竞争模型掀起了经济学研究中收益递增和不完全竞争的革命（梁琦，2005）。此后"新经济增长理论"（Romer，1986、1990；Lucas，1988）和"新贸易理论"（Helpman & Krugman，1985、1989；Grossman & Helpman，1991）均以 Dixit 和 Stiglitz（1977）提出的垄断竞争模型拓展了市场规模效应的理论框架。

新经济地理理论将运输成本、规模报酬递增与不完全竞争市场纳入一般均衡分析框架中，Krugman（1991）在 Dixit 和 Stiglitz（1977）的基础上通过将包含报酬递增、交易成本和要素流动的垄断竞争模型纳入对经济地理的现象分析中从而提出本土市场效应。

新经济地理理论假设在一个包含两区域、农业和工业两部门的经济体中，农产品无运输成本、规模报酬不变，工业产品有运输成本、规模报酬递增。此时，对厂商而言，选择在市场规模较大的地区进行生产能够通过规模报酬递增降低生产成本，同时还能减少运输成本，获得更大利润，那么随着时间的推移，工业生产会更倾向于向初始规模较大的区域集聚，而这一集聚又进一步扩大了这一区域的市场规模，即集聚经济的循环累积因果效应下将形成自我强化趋势，两区域间工业分布将呈现出"中心-外围"格局。Krugman 进一步分析了产业集聚的产生过程，肯定了 Marshall 提出的产业集聚带来的知识、技术的溢出，指出产业集聚的三个原因：基本要素、中间投入品和技术的使用都具有外部性。Krugman 强调了技术外部性更明显地体现了集聚产生的空间溢出效应，技术密集型的企业，特别是研发投入较高的企业也倾向于在地理空间集聚，因为创新行业比其他生产行业更加具备空间集聚的特性。有学者研究发现，美国创新型产业的空间集聚水平较高，如 41.7% 的计算机方面的企业和 31.7% 的无线电及通信设备方面的企业在空间上集聚于加利福尼亚州，39.4% 的医药行业的企业在空间上集聚于新泽西州（Audresch & Feldman，1996）。众多学者（Quah，2002；Bischi et al.，2003）均认为空间溢出效应的存在促进了经济活动的在地理空间上的进一步集聚。由此可见，新经济地理学认为，由于规模报酬递增与运输成本的存在，厂商更倾向于向初始规模较大的地区集聚，而这一集聚所带来的外部性尤其是知识和技术的外溢性又使得这一区域的产业集聚自我强化，区域市场规模进一步扩大，从而使得区域间差异不断扩大。但在"中心-外围"模型中，地区产业的集聚既有向心力也有离心力。向心力即本土市场效应与价格指数效应的存在，使具有规模报酬递增特征的厂商倾向于选择市场规模较大的地区进行生产，从而实现产业集聚，这一集聚也降低了本地区商品的价格。而离心力就是拥挤效应，即如果所有厂商在选择生产地点时都以中心地区为依据，那么中心地区厂商数量的增加将会加剧厂商间的市场竞争，降低企业本地区市场需求，同时厂商竞争带来的土地、工资成本的迅速上升也将抑制地区产业的集聚。产业集聚取决于向心力与离心力的作用，也可以用运输成本来衡量（运输成本可以作为市场分割的衡量指标）。

运输成本对两区域间制造业集聚的影响可以分为三个阶段（见图 3-1）。第一阶段，两区域运输成本较高，市场完全分隔，此时存在的唯一稳定均衡为制造业在两区域间均匀分布，区域间经济不存在差异，各区域的福利水平同步增长。第二阶段，如果运输成本下降到某一临界水平之下，此时制造业会集中到一个区域，从而产生新的均衡，区域间经济差距逐步扩大，各区域的福利水平出现非均衡式增长。第三阶段，运输成本继续下降至另一临界水平之下，此时区域间制造业集聚存在不稳定均衡，此时区域经济发展差距开始缩小。

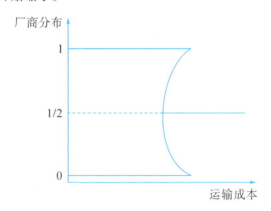

图 3-1　运输成本与制造业集聚

资料来源：来自藤田久昌等著作 *The Spatial Economy：Cities，Regions and International Trade*，中译本《空间经济学：城市、区域与国际贸易》第 61 页，中国人民大学出版社。

②市场规模对市场分割与城市群经济高质量发展的中介机制。

第一，市场分割与规模报酬递增。

首先市场分割通过限制产品和要素的城际流动将城市群统一的大市场分割成一个个独立的小市场，限制了区域市场规模，同时本地区的市场分割强化了地方政府的资源配置权力，限制了本地区企业的异地扩张（曹春方 等，2015）。在此情形下，本地区市场规模所决定的市场需求限制了本地区企业的生产规模，也使本地区企业实现规模报酬递增受到限制。其次，规模报酬递增依赖于生产要素的投入与合理配置，在各类要素投入不变的条件下，生产要素如何在企业间和行业间进行配置将决定经济产出水平，即资源配置效率决定经济发展水平（Jones，2013），而市场分割将城市群内部各城市市场分隔开来，要素无法在城市间自由流动，将使要素资源无法流向城市群中能够实现规模报酬递增的企业。最后，规模报酬的递增也来自于企业的专业化分工带来的生产效率的提升。市场分割通过限制城市群市场规模提高了城市间的运输成本，城市间贸易壁垒的存在将推动企业构建"自给自足"的生产模式，企业无法实现地区分工，降低了企业的垂直专业化水平（李嘉楠 等，2019）。

第二，市场分割与知识技术溢出。

市场分割构建的地区间贸易壁垒将抑制知识技术溢出，使技术外溢效应减弱（Bloom et al.，2013）。一方面，Krugman 和 Anthony（1993）通过区域专业化模型指出只有在贸易成本较低的时候才能形成产业集聚，产业集聚能够使聚集区域内部企业和劳动者之间相互学习，扩大知识和技术的外溢性（Marshall，1920）。而市场分割带来的地区间贸易成本的上升将抑制地区产业集聚，不利于企业与劳动者之间的相互学习，阻碍知识和技术外溢性的发挥。同时，商品的跨区域流动也是知识和技术溢出的重要方式，原因在于先进的生产技术一般会附着在商品上，随着商品在不同地区市场上的流动，具有先进技术的商品为落后地区对这一技术进行模仿提供了可能（赵勇、白永秀，2009）。但市场分割使得各城市形成独立的小市场，割裂了城市间的联系，阻碍了城市间商品的自由流动，城市间的知识和技术溢出难以实现。

第三，市场分割、市场规模效应与城市群经济高质量发展。

市场分割通过限制区域市场规模抑制企业规模报酬递增与知识技术的空间溢出，对城市群经济高质量发展具有以下影响：

其一，市场分割对区域市场规模的限制抑制了企业规模报酬递增与知识技术的空间溢出，由于本城市市场规模有限，在无法通过本城市市场实现规模经济的情况下，各城市只能通过国际市场实现规模经济，由此使得各城市区位条件成为影响经济发展的重要因素（陆铭和陈钊，2009），此时东部沿海城市能够更便捷地通过国际市场实现规模经济，从而实现地区经济的快速发展，而内陆城市对外开放时间更晚，交通运输成本更高，对国际市场的利用程度更低，规模效应难以实现，进而使得城市经济发展速度较慢。这将使城市间经济发展差距扩大，不利于城市群内部经济协同发展。

其二，市场分割通过限制区域市场规模对企业规模报酬递增进行抑制，这将降低企业经济发展效率，导致城市经济发展效率的损失，不利于城市全要素生产率的提升（李金星，2015）。其对知识和技术溢出效应的阻碍也将降低城市群整体人力资本水平的积累，进而阻碍城市群创新能力的提升，不利于城市群经济发展动能的转换。

其三，市场分割对区域市场规模的限制使得各城市无法实现合理的产业分工。为满足本城市的市场需求，各城市具有追求"大而全"的产业布局的倾向，同时同省城市间相似的要素资源禀赋导致各地区出现严重的重复建设与产业同质化问题，各城市特色优势难以有效发挥，这将降低城市群产业合理化水平。另外，市场规模扩张所引致的市场需求结构转型将倒逼企业转变生产结构，进而推动产业结构转型升级，而市场分割毫无疑问阻碍了这一进程，对城市群范围内各城市产业转型升级具有抑制作用。

其四，市场分割对企业规模报酬递增的抑制使得国内市场的规模效应无法发挥，迫使各城市只能通过国际市场实现规模经济，这无疑加剧了各城市尤其是东部沿海城市经济的外贸与外资依赖度。各城市企业需要面临较大的国际市场风险，加剧了城市经济发展的不稳定性，2008年全球金融危机以及2018年以来的中美贸易战对我国对外贸易的冲击以及由此带来的中国沿海城市就业和价格波动是对这一问题的重要体现。

其五，市场分割对市场规模的限制从而抑制企业规模报酬递增与知识技术溢出，这不利于企业扩大生产规模，获取更大利润。一方面，从长期来看这将降低城市财政收入，挤占本城市用于公共服务的支出，降低城市社会福利水平；另一方面，市场分割意味着城市间运输成本的提高，这将降低外来城市商品流入本地区的数量，提高外来商品价格，进而降低城市群整体社会福利水平。

综上所述，市场分割会通过限制地区市场规模，抑制企业规模报酬递增和知识技术溢出效应，进而阻碍城市群经济高质量发展。由此本书提出研究假设4。

研究假设4：市场分割通过限制地区规模抑制城市群经济高质量发展。

（2）市场分割与城市群经济高质量发展：市场竞争的中介效应

①新奥地利学派的市场竞争理论。

竞争是市场经济的必然产物，也是市场经济的最基本特征。西方经济学在研究市场经济理论时的重要假设就是完全竞争市场假设。所谓完全竞争市场即竞争充分而不受任何阻碍和干扰，只有竞争因素而一点垄断因素都没有的一种市场结构。新古典经济学认为完全竞争市场下实现的均衡具有高效率和高福利的特征，其将实现微观经济的高效率运行、生产效率的不断提高、社会福利的增进和资源的有效配置、消费者及消费需求满足的最大化。但新古典经济学无法回答完全竞争下的商品价格是如何形成和决定的，竞争如何使市场达到均衡。

新奥地利学派的Hayek（1949）认为完全竞争这一概念只对市场均衡状态进行了描述，却没有回答均衡如何在竞争中实现，完全隐去了厂商在竞争中进行的一切业务活动，即所谓的完全竞争概念实质上意味着没有任何竞争活动。所以Hayek提出，"'均衡'并不是一个很适当的术语，因为'均衡'这个术语预先设定了这样一种情况，即所有的事实都已经被发现了，因而竞争也就停止了"。为此，新奥地利学派以个人的经济行动来说明竞争性的市场价格是如何产生的，试图以市场过程理论代替传统的市场均衡理论，抛弃了以往理论中认为市场是一个静态状态的观点，提出市场在本质上是一个过程（Mises，1949），每一个人都根据市场上的情况变化不断调整自己的行为。市场最重要的价值是向个人提供调整自身行为的信息，从而形成市场价格，而后个人又会根据市场价格变化进一步调整自身行为。因此，市场没有静止的时刻，是一个动态调整的过程。Hayek提出市场价格机制实质上是一个信息传递机制，由于人无法掌握市场上的所有信息，必须进行"知识分工"，因此部分人无法了解到会让他们改变自身行为的知识。此时，价格机制具有信息传递的功能，人们通过价格来传递有用的信息，但要实现价格对有用信息的表达，则必须确保人们具有决策自由，如果个人被强制做出决策，那么此时价格传递的信息就可能是有误的。个人根据价格机制调整行为的过程，实质上是对以往自身不知道的知识的发现过程。根据某一产品在市场中的价格，人们不需要了解这一产品的具体生产过程、生产工艺、原料构成和消费者的喜好程度，就可以调整对这一产品的消费。

依据市场过程理论，新奥地利学派认为新古典经济学所认为的竞争条件下的均衡状态，其实质是竞争过程的结果。市场竞争的过程就是一个不断发现的过程。知识和信息规模庞大且在不断变化，没有人能掌握全部知识和信息，每个人所能掌握的信息仅是全部信息中微不足道的一部分，此时，经济活动的根本问题在于如何利用这些分散在所有人脑海中的知识和信息，实现社会资源的有效配置，而这必须以竞争的市场为依托。新奥地利学派认为市场竞争的主要作用有三方面：首先，完全自由的市场竞争能够反映真实的市场信息，在市场竞争过程中市场价格信号能够得到有效发现和传递，市场也由非均衡走向均衡；其次，市场竞争将市场中众多繁杂且分立的知识协调整理形成可被识别的价值和价格信号，从而使各市场参与者可以有效处理和利用这些信号来指导自己的行为；最后，市场竞争能够形成合理的劳动和知识分工，正是在自由竞争中分工得以形成，是"自发的秩序"（Hayek，1973），这一"自发的秩序"是在一定的规则和制度环境下自由竞争的结果，能够实现社会福利的最大化。因此，新奥地利学派的经济学家们通常反对政府对经济和产业进行过多干预，因为政府也无法掌握全部知识和信息，政府对市场的过多干预会扭曲价格机制，阻碍市场的自我调整过程，对产业和经济发展产生不利影响。

②市场竞争对市场分割与城市群经济高质量发展的中介机制。

第一，市场分割与价格信号扭曲。

当前中国国内市场分割的主要施行主体是地方政府。一方面，这种市场分割造成了地方政府对经济的过多干预。刘志彪和孔令池（2021）认为地方政府的市场分割行中会通过选择性地方主导型产业政策对企业进行干预，具有很强的以地方政府选择对市场竞争进行限制的特征。而正如新奥地利学派所强调的，由于地方政府也无法掌握完备的知识和信息，因此地方政府对经济的过多干预将使市场上的价格信号不能反映真实信息，生产者和消费者如果按照这个价格信号对自身生产和消费行为进行调整，将无法让区域范围内市场从不均衡走向均衡，这实质上也就是以地方的"局部均衡"代替区域范围内的"全局均衡"。另一方面，这种市场分割构建的地区间贸易壁垒使要素资源无法实现城际流动，扭曲了要素资源配置，此时要素资源的价格将无法反映其真实禀赋情况，要素市场的价格失真，企业根据要素资源价格对自身生产行为的调整无法满足市场的真实需求，这也会导致市场的失衡。

第二，市场分割与地区分工。

市场竞争能够实现合理的劳动和知识分工。随着市场竞争的加剧以及通信技术的发展，在中心-边缘格局下的区域，为实现自身利益最大化，生产率较高的企业偏好向具有较强"软实力"和"硬实力"的中心城市转移，而生产率较低的企业为降低成本倾向于向边缘城市转移（Frédéric，2014），从而实现区域范围内的合理分工。但市场分割通过对本地区企业的扶持和保护，使本地区企业能够在生产率较低的情况下获得收益，抑制了不同生产率的企业在城市间的合理转移。在地区内部，一个公平有序的竞争环境是发挥市场机制和竞争机制、实现企业优胜劣汰的必要条件，这将激发各类市场主体的活力，促进各类市场主体更加规范、更具活力、更重创新，从而实现更高水平、更深层次、更可持续的发展。市场分割对低生产率企业的保护抑制了市场通过竞争机制实现优胜劣汰，部分落后产能和低生产率企业无法通过竞争机制退出市场，出现"僵尸企业"现象，因而，要素资源无法从地区内部生产率低的企业向生产率高的企业转移，无法发挥自身比较优势和竞争优势，发展自身优势产业，实现地区间产业合理分工。

第三，市场分割、市场竞争效应与城市群经济高质量发展。

市场分割通过弱化区域市场竞争、扭曲市场价格信号和抑制城市间合理分工，对城市群经济高质量发展具有以下影响：

其一，市场分割对市场竞争的弱化使得企业无法在城市间和城市内部实现自由转移，阻碍了城市间分工体系的形成，抑制了不同生产率的企业在城市间的合理分布，使城市群整体分工水平下降。此时各城市难以发挥自身特色和比较优势，城市经济发展速度降低，城市间经济发展差距扩大，难以实现城市群经济协同发展。

其二，在较强的市场竞争环境下，价格信号能够反映市场的真实需求，此时企业为保持和扩大自身竞争优势，有较强的采取诸如引进和培养人才、升级和改进生产设备等措施的意愿以保障自身利润获取，这有助于提升城市群人力资本积累和技术进步。Desmet 和 Parente（2010）提出，市场竞争的强化在倒逼企业实现自身技术创新的同时也便利了落后企业对先进技术的模仿吸收。而当城市间存在市场分割时，本城市企业面临的来自其他地区企业的竞争降低，其所面临竞争压力将减小，价格信号失真，这将使得市场上存在"非创新性获利空间"（欧阳峣 等，2018），即企业不需进行产品创新即可获得利润，这将削弱企业的创新动力，使企业缺乏进行人力资本积累和技术创新的激励，进而阻碍城市群经济发展动能转换。

其三，市场分割对低生产率企业的保护抑制了市场通过竞争机制实现优胜劣汰，生产率低的"僵尸企业"得以生存，要素资源无法从城市群内部生产率低的企业向生产率高的企业转移，这将降低城市群产业结构合理化水平。另外，信号价格失真导致的"非创新性获利空间"的存在也使得各城市企业缺乏对企业设备进行技术升级的动力，从而难以带动城市群整体产业结构转型升级，阻碍了城市群经济发展结构的优化。

其四，市场分割对低生产率企业的保护所带来的城市间产业分工不合理在一定程度上降低了城市群及其内部城市要素资源的利用效率，这使得城市群及其内部城市无法实现最优的要素资源投入产出比，城市群经济发展效率和发展可持续性受到影响。另外，对低生产率企业的保护也使得落后产能无法得到淘汰，高耗能、高污染企业的持续存在将加剧城市群及其内部城市环境污染问题，不利于城市群可持续发展。市场分割导致的价格信号失真也令企业对于风险的认识和抵御能力下降，企业面对经济波动时将难以通过技术创新或者退出市场的手段进行调整，加剧了城市群经济发展的不确定性。

其五，市场分割说明地方政府对经济的过多干预。此时价格信号失真，扭曲了要素资源价格，企业面临更高水平的要素价格，生产规模无法达到最优，这将降低城市群企业生产产品数量，提高产品成本，使消费者面临更高价格和更少数量的产品选择，减少了消费者利益，社会福利水平下降，此时企业也存在价格歧视和获取更高垄断利润的激励。外来商品的减少也降低了各城市市场内的商品的多样化，提高了商品价格水平，这也使得城市群消费者利益无法实现最大化，不利于城市群经济的共享性发展。

综上所述，市场分割会通过弱化市场竞争，扭曲市场价格信号和抑制城市间合理分工，进而阻碍城市群经济高质量发展。由此本书提出研究假设5。

研究假设 5：市场分割通过弱化企业竞争抑制城市群经济高质量发展。

通过上文分析可知，市场分割不仅会直接对城市群经济高质量发展产生负面影响，还会通过市场规模效应与市场竞争效应对城市群经济高质量发展产生负面影响（见图 3-2）。

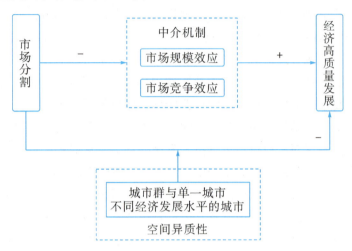

图 3-2　市场分割影响城市群经济高质量发展的总体框架

3.4　本章小结

本章首先对地方经济分权与竞争体制下的市场分割和资源整合与协同发展目标下的城市群经济高质量发展进行了探讨，然后就市场分割对城市群经济高质量发展的影响进行了分析，提出市场分割不利于城市群经济高质量发展的假设。在此基础上，本章基于新经济地理理论和新奥地利学派的竞争理论，从市场分割引致的市场规模效应与市场竞争效应来探讨市场分割影响城市群经济高质量发展的作用机制。市场分割通过抑制企业规模报酬递增与知识技术溢出的市场规模效应和扭曲价格信号与抑制地区合理分工的市场竞争效应对城市群经济高质量发展产生影响。本章也对市场分割对城市群整体与单一城市、发达城市与落后城市经济高质量发展的异质性进行了探讨。

4 城市群市场分割测度
及其影响因素分析

　　建立一个国内统一大市场是我国社会主义市场经济体制完善的重要目标。城市群或都市圈的建设，是以建立国内大循环为主体，国内国际双循环相互促进的新发展格局为主要内容。尤其是部分跨省级行政区域的城市群，其内部市场一体化有助于打破省界屏障，实现产品市场从地区性市场向区域性市场直至全国性市场的演进。然而也有研究指出我国各城市群内部市场分割现象长期存在，区域协同水平较低。那么，当前我国城市群是否存在市场分割？各城市群市场分割的发展趋势有何异同？城市群中行政区划边界是否对市场分割存在影响？各城市群市场分割的影响因素有哪些？本章以我国9个跨省界的城市群为研究样本，通过测算并分析各城市群内部及城市群之间市场分割水平，考察当前我国产品市场分割的发展状况，然后进一步分析各城市群内部市场分割影响因素的差异，以更好地把握当前我国城市群市场分割的发展趋势和消除路径。

4.1　城市群市场分割测度与趋势分析

4.1.1　测度方法与数据来源

（1）相关测度方法介绍

　　自 Young（2000）提出当前我国存在市场分割现象以来，国内外学者采用不同方法对市场分割问题进行测度，测度方法的不同必然导致人们对于市场分割发展趋势的判断也不同。因此，基于市场分割的定义，本书将市场分割的测度方法主要归纳为三大类，第一类是基于地区贸易流量的测算，第二类是基于地区产出的测算，第三类是基于地区商品价格波动的测算，接下来对这些测算方法及其得出的结论进行分析。

①基于地区贸易流量的测算：贸易流法与边界效应法。

贸易流法是指通过考察地区贸易量的变化来测度市场分割的方法。Naughton（1999）以中国 1987—1992 年 25 个省（市）的国际和省际贸易流量数据为基础进行测算后认为中国地区市场分割处于较低水平。Poncet（2003）则以投入产出表对中国内部省际贸易量进行了计算和分析，指出尽管中国省际贸易绝对值存在较大增长，但与国际贸易相比增速较低，由此认为中国存在地区间市场分割。然而贸易流法也存在不合理性，一方面，国内贸易量数据往往难以获得，无法对其进行连续测算；另一方面，区域间贸易量不仅受市场分割的影响，也会受到如自身要素禀赋、经济结构及产业弹性等因素的影响，以此来对市场分割进行估量可能存在误差（桂琦寒 等，2006）。

边界效应法主要是借鉴 MC Callum（1995）的引力模型，通过考察区域间边界对区域间贸易流动的影响，据此来测算地区市场分割水平（Herrmann-Pillath et al.，2010）。黄赜琳和王敬云（2006）采用这一方法对中国各省间边界效应进行测度后认为中国地区存在较高水平的国内市场分割，与欧盟各国家之间市场分割水平相近。边界效应法的一大缺陷在于使用这一方法对市场壁垒进行估计时取决于对引力模型的设定，如赵永亮等（2008）、行伟波和李善同（2009）通过修改引力模型，以虚拟变量度量边界对贸易的影响，对市场分割水平的测度结果与黄赜琳和王敬云（2006）的结论截然相反。不同研究出于其采用的引力模型设定条件的不同，所测算出来的市场分割水平缺乏比较基础，只能在各研究中进行地区横向和时间纵向比较（赵永亮和徐勇，2007）。此外，Combes 等（2008）等也指出引力模型尚未有效解决国家规模变量的内生性等问题。同时需要说明的是，这一方法也是基于贸易流量的测算，因此同样受到国内贸易量数据难以获取的困扰。

②基于地区产出的测算：生产法。

生产法即以地区要素投入的产出效率、经济结构以及专业化分工程度来衡量地区市场分割程度，若地区技术效率损失较小、经济结构合理、产业趋同程度较低，则表明地区市场分割水平较低。Young（2000）对中国改革开放以来的产业结构趋同水平进行测度后得出中国国内市场分割水平有所提高的结论，郑毓盛和李崇高（2003）对中国市场分割的技术效率损失的测度也从侧面证实了这一观点。但 Holz（2009）对 Young（2000）的结论提出了疑问，认为 Young（2000）对产业趋同程度的测度在指标选择、计算方法与地理范围界定方面存在问题，结论缺乏数据支撑。范剑勇（2004）以制造业为例对制造业专业化和产业集聚水平进行测算后得出了与 Young（2000）相反的结论，认为中国制造业专业化水平有了较大提升，地区间市场分割程度降低。生产法与贸易流法相比具有计算方法简便、数据易于获取的优点，但也存在一些漏洞：其一，缺乏对合理的产业结构变动这一概念的准确界定，缺少对经济结构合理化程度的公认判断标准，对市场分割程度的判断缺乏说服力（Naughton，2000）；其二，市场分割与产业集聚或者地区专业化分工之间缺少必然的逻辑关系，产业集聚或者地区专业化分工的确需要统一市场的支撑，但也存在诸如资源禀赋及制度环境等影响因素。

③基于地区价格波动的测算：相对价格法。

该方法通过比较地区商品价格差异来衡量地区间市场分割（Engle & Rogers，1996；Gorodnichenko & Talavera，2017；Dvir & Strasser，2018）。根据"一价定律"，如地区间不存在市场壁垒，商品的自由流动最终会实现商品价格的趋同，因此地区商品价格差异在一定程度上代表了地区间的市场分割水平。由于价格数据加总程度较低，其包含的信息更加干净，不再受到要素禀赋和规模经济等地区性因素的干扰，具有较强的适用性。Parsley 和 Wei（2001）根据"冰川成本"模型（Samuelson，1964）提出以相对价格方差来反映市场分割程度，这一方法逐渐成为当前测度中国国内市场分割的主流方法，此后 Poncet（2005）、桂琦寒等（2006）和陈敏等（2007）相继将该方法应用于中国省际市场分割的测度中，均认为我国存在地区市场分割但分割程度有所下降。近年来随着我国各城市商品价格数据的可得性的不断提高，也有部分学者将相对价格法应用于我国各城市市场分割的测度中，也得出了相似结论（黄新飞 等，2013；孙博文 等，2016；吕冰洋和贺颖，2020；刘昊和祝志勇，2021）。

但也有学者对这一测算方法提出质疑，张昊（2020）认为相对价格法主要适用于多地区均生产同一商品的套利均衡情况，而随着中国地区间生产分工水平的不断提高，商品的区际流动不再以套利为目的，转而是以供求为导向来进行流动，在这一条件下相对价格法的测算结果可能失真，由此提出可采用考察地区间价差时序变化特征的动态方法，以地区间商品流动对价格信号的敏感度来度量地区市场分割水平。

除以上三类方法，也有学者通过其他方法如调查问卷法（李善同 等，2004）、经济周期法（Xu，2002）、时间序列协整方法（Stephens et al.，2008）等对市场分割进行了测度。

（2）本书采用的市场分割测度方法

本书采用相对价格法对各城市群商品市场的市场分割程度进行测度，主要原因在于价格数据加总程度较低，包含信息更加干净，不再受到要素禀赋和规模经济等地区性因素的干扰，具有较强的适用性。其也是当前计算市场分割的主流方法，计算所需地级市数据也易于获得，因此本书对我国城市群市场分割测度采用相对价格法。相对价格法主要计算步骤包括：

①对 i、j 城市的商品 k 的环比价格之差使用对数差分法进行处理：

$$\left|\Delta Q_{ijt}^k\right| = \left|\ln(P_{it}^k/P_{jt}^k) - \ln(P_{it-1}^k/P_{jt-1}^k)\right| = \left|\ln(P_{it}^k/P_{it-1}^k) - \ln(P_{jt}^k/P_{jt-1}^k)\right|$$

②为消除由于商品的异质性所导致的商品价格波动的差异，对 $\left|\Delta Q_{ijt}^k\right|$ 去除其均值 $\overline{\left|\Delta Q_{ijt}^k\right|}$，得到仅包含市场分割因素的商品价格变动 $q_{ijt}^k = \left|\Delta Q_{ijt}^k\right| - \overline{\left|\Delta Q_{ijt}^k\right|}$。

③计算各类别商品的仅包含市场分割因素的价格变动 q_{ijt}^k 的方差 $\mathrm{VAR}(q_{ijt})$。这一方差衡量的是由市场分割所产生的套利空间的大小。

④由于两个地区即使不相邻也存在市场分割的可能，尤其是在地级市层面，同省份或不同省份的两城市间也会存在市场分割，因此本书采取付强和乔岳（2011）的做法，用该城市与城市群范围内其他所有城市的价格方差的均值 $\overline{\mathrm{VAR}(q_{ijt})}$ 作为衡量各城市市场分割程度的指标。为了不使测度值过小而不便展示，和已有文献一致，所有用价格方差表示的市场分割指数已乘以 100。

以往研究多以各省商品零售价格指数对各省间的市场分割水平进行测度，但也有研究认为这类研究忽视了省内各地级市之间的相互竞争，存在明显的局限性，地级市之间的市场分割的测度能够让我们更深入地理解中国国内市场分割的状况（吕冰洋和贺颖，2020）。随着我国大城市和城市群经济规模与地位的不断提升，城市群正成为新的空间经济单元，各城市间的相互联系所形成的城市群是跨越地级市甚至省级行政区划间的联合体,城市群内部地级市间的市场分割必然会对作为一个整体的城市群的高质量发展产生影响,因此,本书以各城市数据对城市群内部与城市群间的市场分割水平进行测度。

(3)数据来源

本书通过相对价格法以各城市居民消费价格分类指数测算各个城市与城市群内部所有城市的市场分割程度。商品及服务类别主要包括8大类,分别为食品、烟酒及用品、衣着、家庭设备用品及维修服务、医疗保健和个人用品、交通和通信、娱乐教育文化用品及服务和居住。由于2001年后统计年鉴上居民消费价格指数中的统计种类和统计口径出现了调整,因此本章对市场分割测度的时间序列为2001—2019年。为尽可能获得更多的数据,本书以2015年后的生活用品及服务价格指数作为家庭设备用品及维修服务价格指数。各城市的居民消费价格分类指数主要来自各省以及各城市历年统计年鉴与统计公报,部分缺失数据采用线性插值法进行补充。

国家级城市群作为我国发展较为快速,跨越多个省级行政区的城市群,对研究我国区域经济高质量发展具有重要意义。2015年以来中国共正式批复了11个国家级城市群规划,即长江中游、京津冀、哈长、成渝、长三角、中原、北部湾、关中平原、呼包鄂榆、兰西与粤港澳大湾区城市群,鉴于北部湾与兰西城市群居民消费价格指数数据缺失较为严重,本书予以剔除,长三角城市群的池州市由于数据缺失较为严重予以剔除,中原城市群的邢台市、邯郸市与关中平原城市群的运城市与其余城市群范围重叠予以剔除,香港特别行政区、澳门特别行政区数据无法获得亦予以剔除。基于以上原因,本章对市场分割的测度对象为我国9个城市群,包含140个地级及以上城市(见表4-1)。

表4-1 9个城市群及其包含城市

城市群	批复时间	包含城市
长江中游城市群	2015年	湖北省武汉市、黄石市、鄂州市、黄冈市、孝感市、咸宁市、襄阳市、宜昌市、荆州市、荆门市;湖南省长沙市、株洲市、湘潭市、岳阳市、益阳市、常德市、衡阳市、娄底市;江西省南昌市、九江市、景德镇市、鹰潭市、新余市、宜春市、萍乡市、上饶市、抚州市、吉安市
京津冀城市群	2015年	北京市;天津市;河北省石家庄市、承德市、张家口市、唐山市、秦皇岛市、廊坊市、保定市、沧州市、衡水市、邢台市、邯郸市

表4-1(续)

城市群	批复时间	包含城市
哈长城市群	2016 年	吉林省长春市、吉林市、四平市、辽源市、松原市；黑龙江省哈尔滨市、齐齐哈尔市、大庆市、牡丹江市
成渝城市群	2016 年	重庆市；四川省成都市、自贡市、泸州市、德阳市、绵阳市、遂宁市、内江市、乐山市、南充市、眉山市、宜宾市、广安市、达州市、雅安市、资阳市
长三角城市群	2016 年	上海市；江苏省南京市、无锡市、常州市、苏州市、南通市、扬州市、镇江市、盐城市、泰州市；浙江省杭州市、宁波市、湖州市、嘉兴市、绍兴市、金华市、舟山市、台州市；安徽省合肥市、芜湖市、马鞍山市、铜陵市、安庆市、滁州市、池州市、宣城市
中原城市群	2016 年	河南省郑州市、开封市、洛阳市、南阳市、安阳市、商丘市、新乡市、平顶山市、许昌市、焦作市、周口市、信阳市、驻马店市、鹤壁市、濮阳市、漯河市、三门峡市；山西省长治市、晋城市、运城市；山东省聊城市、菏泽市；安徽省淮北市、蚌埠市、宿州市、阜阳市、亳州市
关中平原城市群	2018 年	陕西省西安市、宝鸡市、咸阳市、铜川市、商洛市、渭南市；山西省临汾市；甘肃省天水市、平凉市、庆阳市
呼包鄂榆城市群	2018 年	内蒙古自治区呼和浩特市、包头市、鄂尔多斯市；陕西省榆林市
粤港澳大湾区	2019 年	香港特别行政区；澳门特别行政区；广东省广州市、深圳市、珠海市、佛山市、惠州市、东莞市、中山市、江门市、肇庆市

4.1.2 我国城市群市场分割水平测度与趋势分析

（1）城市群内部市场分割水平整体发展趋势

本书采用相对价格法对 9 个城市群内部各城市之间 2001—2019 年的产品市场分割水平进行了测度，以城市群内所有城市市场分割指数均值表示城市群内部市场分割整体水平，测度结果如图 4-1 所示。

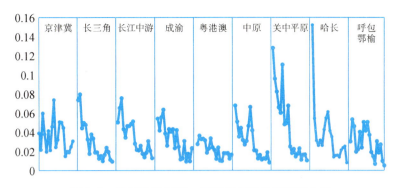

图 4-1　各城市群 2001—2019 年市场分割整体水平

数据来源：笔者基于相关数据计算整理。

在样本期内各城市群内部市场分割指数均呈波动下降趋势且趋于收敛至较低水平，总体而言各城市群内部市场日趋整合，产品市场从以省界为界限的地区性市场向城市群范围的区域性市场演进。但也应注意 2015—2019 年部分城市群市场分割值存在"翘尾现象"，市场整合的成果仍须进一步巩固。当然也要看到 2008—2009 年受国际金融危机影响各城市群内部市场分割水平均有所提升，主要是由于在国际市场萎缩的情况下各城市倾向于实行地方保护政策，优先保障本城市企业的存活与发展。

各城市群内部市场分割发展趋势也存在许多差异。首先，经济较为发达的长三角城市群与粤港澳大湾区市场一体化进程起步最早，市场分割水平最低。作为发展时间最长且经济最为发达的城市群，长三角城市群内部市场一体化起步较早，早在 1997 年便建立了如长江三角洲城市经济协调会等组织，有力地助推了城市群内部市场一体化建设（徐现祥、李郇，2005）。粤港澳大湾区内部在剔除香港、澳门地区后其余城市均属于广东省内城市，城市群内部不存在省际边界效应，因此城市群内部市场分割水平处于较低水平。而京津冀城市群虽然经济发展水平较高，但 2005—2014 年城市群内部市场分割整体水平未表现出较为明显的连续递减趋势，其原因在于在此期间京津冀城市群内部未能实现区域协调发展，人才、资金、技术等要素资源向北京市和天津市两大城市聚集，地区间发展不平衡加剧了市场分割，这一现象直到 2014 年京津冀协同发展上升为国家战略后有所缓解，但近年来市场分割水平又出现了上升现象，可见京津冀城市群内部市场一体化建设仍有待加强。经济发展水平相对落后的中原、关中平原与哈长城市群市场分割则长期处于较高水平，但近年来也出现了较大下降，市场一体化进程显著加快，到 2019 年城市群内部整体市场分割已处于较低水平。其次，从金融危机对市场分割的影响来看，各城市群 2008—2009 年间市场分割整体水平均有所提升，其中京津冀城市群与长三角城市群增长幅度最大，可见受国际金融危机影响越大的地区，实行地方保护的可能性越大，市场分割越明显（郭勇，2013）。京津冀和长三角城市群地处东部沿海地区，能够更便捷地通过国际市场实现规模经济，对国际市场的依赖较强，受到金融危机的影响更大，在政治晋升的激励下，为保障经济增长速度，各城市政府实施市场分割的动机更为强烈，因此这两年间其市场分割水平迅速上升。最后，从南北差距来看，位于南方的 4 个城市群（长三角、长江中游、成渝、粤港澳）市场分割水平总体而言处于较低水平且均呈波动下降趋势，而位于北方的 5 个城市群中，中原、哈长与关中平原城市群市场分割前期处于较高水平未见显著下降，2009 年后出现较大下降，京津冀城市群市场分割未出现明显的递减趋势，由此导致样本期内位于南方的城市群市场分割水平总体低于位于北方的城市群，从市场分割对区域经济增长的影响来看，虽然市场分割在短期内能够促进区域经济增长，但在促进本地区经济增长的同时抑制了其他地区的经济增长（刘小勇，2013），且较高的市场分割水平会抑制区域经济的增长（陆铭和陈钊，2009），南北方城市群不同的市场分割发展趋势必将对城市群经济发展产生差异性影响，这也许能为我国南北经济发展差异提供新的解释。

（2）与省内外城市的市场分割程度

上文分析了 2001—2019 年中国 9 个城市群市场分割的整体趋势，本部分进一步考察行政边界对于城市群内部市场分割水平的影响。不同行政区划带来的"边界效应"是城市群市场一体化进程中不可避免的问题，无论是不同行政区划内考核指标的差异导致地区的不合作（周黎安和陶婧，2011），还是不同行政区划的文化差异所带来的非正式制度冲突与不信任（高翔和龙小宁，2016），都将增加经济交往中的交易成本，从而提高城市群市场分割水平。本书选取的各城市群均为跨省级行政区划的城市群，因此本部分将各城市与城市群内部同省范围内城市（以下简称省内城市）和不同省范围内城市（以下简称省外城市）之间的市场分割水平进行分别测度，考察各城市与省外城市和省内城市间的市场分割水平是否存在差异，以此判断城市群内部市场一体化进程是否打破了省界限制，实现了从以省界为界限的地区性市场向城市群范围的区域性市场演进。由于粤港澳大湾区缺少香港、澳门地区数据，无法进行对比，故将其剔除，因此本部分进行测度分析的城市群仅包括 8 个城市群，测度结果如图 4-2 所示。

图 4-2　城市群内部城市与省内外城市市场分割情况对比

数据来源：笔者基于相关数据计算整理。

从测度结果来看，除成渝、哈长与呼包鄂榆城市群外，其余城市群内部各城市与省外城市的市场分割水平均长期高于与省内城市的市场分割水平，城市群内部存在以省界为代表的边界效应，但也应看到这一差距正在不断缩小，城市群内部不同行政区划的"边界效应"正在不断减弱，城市群范围内的区域统一市场正在形成。成渝地区双城经济圈较为特殊的原因在于一方面重庆与四川行政区划具有特殊性，重庆市系 1997 年从四川分离作为直辖市，两个地区之间的文化差异较小，地区之间交流较为频繁，因此行政区划的影响较小；另一方面由于重庆市各区县数据难以获得，因此本书以重庆市作为整体计算其市场分割水平，因无法细致考察各城市对重庆市各区县的市场分割水平，统计上不可避免地会出现一定误差。哈长城市群由于城市群内部各城市位于东北地区，语言风俗习惯相近，地区间文化差异较小，且处于平原地区交通便利，因此城市群内部城市对省内外城市的市场分割水平差距较小；而呼包鄂榆城市群由于城市数量较少，且呼和浩特市、包头市、鄂尔多斯市均属于内蒙古自治区，自治区外城市仅榆林市，数据量较少，因此无法完全反映其省界的"边界效应"。

长三角城市群内部城市与省内外城市市场分割水平差距长期低于0.01，处于较低水平，可见长三角城市群内部各省间行政壁垒较少，各城市间联系较为紧密。京津冀城市群内部这一差距在2001—2014年长期处于较高水平，2014年后随着京津冀协同发展上升为国家战略，这一现象有所缓解，城市群内部城市与省内外城市市场分割水平的差距从2014年的0.011 3下降至2018年的0.004 6。长江中游城市群内部城市与省内外城市市场分割水平差距在样本期内波动较大，从2001年的−0.001 9提升至2003年的0.028 0，此后持续下降，到2008年受金融危机影响，这一差距又出现扩大趋势，至2013年《武汉共识》的签署标志着长江中游城市群建设正式启动后，这一差距才趋于稳定，长期保持在较低水平。中原城市群内部城市与省内外城市市场分割水平的差距长期处于较高水平，尤其是在2009—2014年随着中原城市群规模的扩张，中原城市群成为了涵盖5个省份30个城市的经济区，但这也带来了行政壁垒、协调困难、区域差异大等现象和问题，这一问题直到2013年9月《共同推进中原城市群建设战略合作框架协议》的签订和2014年中原城市群列入国家重点培育发展的跨省级行政区的国家级城市群后才得到有效解决，城市群内部城市与省内外城市间市场分割的差距逐步缩小。关中平原城市群内部城市与省内外城市间市场分割的差距在2014年前主要呈下降趋势，且长期保持在较低水平，但2015年后出现了反弹，尤其是2015年这一差距达到0.013 3。总体来看，随着城市群战略的不断深入推进，各城市群内部省界对市场分割的影响持续削减但依然存在，如何破除城市群内部不同行政区划带来的"边界效应"，仍是消除城市群内部市场分割的重要着力点。

（3）各城市群之间市场分割程度

本部分将进一步对各城市群之间市场分割水平进行测度与比较分析（见表4-2），以各城市群内部每个城市对其他城市群内部各城市的市场分割水平均值作为城市群间市场分割水平，结合前文中对各城市群内部市场分割整体水平的测度结果进行比较分析，更好地把握当前中国城市群市场分割的现状与发展趋势。

表 4-2　各城市群之间市场分割水平测度结果

各城市群对	2001	2003	2008	2012	2015	2019
京津冀—长三角	0.066 9	0.071 1	0.091 8	0.080 5	0.021 1	0.019 3
京津冀—长江中游	0.050 3	0.098 0	0.095 9	0.072 0	0.016 8	0.022 8
京津冀—中原	0.061 3	0.058 5	0.098 9	0.082 2	0.015 8	0.020 6
京津冀—成渝	0.078 7	0.061 5	0.064 5	0.112 9	0.025 2	0.027 6
京津冀—粤港澳	0.052 9	0.065 9	0.088 6	0.103 6	0.020 7	0.020 0
京津冀—关中平原	0.129 4	0.079 5	0.114 6	0.101 0	0.017 8	0.022 5
京津冀—哈长	0.118 4	0.076 2	0.089 4	0.084 5	0.016 0	0.021 1
京津冀—呼包鄂榆	0.053 5	0.088 1	0.081 3	0.106 3	0.025 5	0.020 4
长三角—长江中游	0.073 7	0.068 1	0.062 2	0.025 2	0.019 7	0.014 7
长三角—中原	0.077 2	0.053 4	0.051 1	0.022 9	0.015 8	0.011 3
长三角—成渝	0.130 1	0.068 2	0.050 7	0.030 1	0.029 8	0.021 4
长三角—粤港澳	0.071 1	0.046 3	0.055 5	0.025 5	0.018 3	0.015 8
长三角—关中平原	0.170 4	0.074 7	0.067 1	0.026 3	0.023 2	0.014 3
长三角—哈长	0.131 8	0.047 0	0.055 7	0.017 3	0.017 4	0.012 3
长三角—呼包鄂榆	0.062 1	0.070 9	0.064 0	0.022 5	0.029 8	0.010 8
长江中游—中原	0.064 6	0.063 8	0.057 9	0.026 6	0.014 5	0.011 1
长江中游—成渝	0.090 8	0.076 6	0.054 4	0.037 8	0.025 0	0.021 4
长江中游—粤港澳	0.048 0	0.056 5	0.049 2	0.034 1	0.018 7	0.018 9
长江中游—关中平原	0.152 1	0.089 5	0.063 1	0.026 9	0.021 7	0.013 7
长江中游—哈长	0.130 4	0.065 2	0.071 1	0.017 3	0.017 2	0.013 8
长江中游—呼包鄂榆	0.061 7	0.081 8	0.067 7	0.026 6	0.030 5	0.012 7
中原—成渝	0.085 7	0.059 2	0.054 3	0.033 0	0.023 9	0.020 4
中原—粤港澳	0.065 4	0.046 2	0.055 0	0.025 3	0.017 4	0.015 6
中原—关中平原	0.137 0	0.067 7	0.057 0	0.022 4	0.017 7	0.011 1
中原—哈长	0.132 7	0.042 4	0.058 1	0.017 3	0.013 1	0.010 8
中原—呼包鄂榆	0.072 9	0.080 2	0.064 8	0.018 4	0.028 8	0.008 3
成渝—粤港澳	0.090 8	0.055 8	0.049 3	0.034 8	0.028 3	0.022 3
成渝—关中平原	0.126 7	0.084 1	0.070 1	0.033 3	0.029 4	0.024 0
成渝—哈长	0.155 6	0.058 9	0.062 2	0.030 1	0.026 5	0.020 0
成渝—呼包鄂榆	0.113 3	0.091 2	0.051 3	0.027 7	0.046 5	0.026 4

表4-2（续）

各城市群对	2001	2003	2008	2012	2015	2019
粤港澳—关中平原	0.142 3	0.073 7	0.066 9	0.030 3	0.025 5	0.019 0
粤港澳—哈长	0.134 7	0.037 8	0.071 1	0.025 1	0.018 5	0.018 4
粤港澳—呼包鄂榆	0.065 1	0.102 8	0.069 8	0.026 2	0.033 5	0.018 8
关中平原—哈长	0.204 5	0.070 5	0.076 0	0.024 1	0.018 9	0.015 3
关中平原—呼包鄂榆	0.138 1	0.101 9	0.070 7	0.022 8	0.029 8	0.011 0
哈长—呼包鄂榆	0.127 6	0.072 2	0.066 9	0.021 5	0.029 5	0.012 8

数据来源：笔者基于相关数据计算整理

结合表4-2与图4-1来看，样本期内各城市群之间与城市群内部市场分割程度均有所下降，且具有相同的发展趋势。在2008—2009年，受到金融危机影响，各城市群间市场分割水平略有上升，2009年后各城市群间市场分割水平出现较大下降。但从市场分割指数大小来看，各城市群间市场分割水平普遍高于城市群内部，可见当前中国国内市场分割呈现出各城市群内部市场整合进程较快，而城市群之间市场一体化水平仍有待提升的情况，这一结果进一步验证了我国产品市场正迈向城市群范围内市场一体化的发展阶段。

从各城市群之间市场分割的发展趋势来看，地理距离所带来的贸易成本的高低是影响前期各城市群间市场分割的一个重要因素，作为相邻城市群的京津冀—中原、京津冀—呼包鄂榆、长三角—长江中游、长三角—长江中游、长江中游—中原、长江中游—成渝城市群对的市场分割水平在样本期的前期相较其他不相邻的城市群对而言处于较低水平，而后期随着城市群间交通基础设施的不断完善，这一因素的影响有所减弱，相邻城市间与不相邻城市群间市场分割的差距逐步缩小，各城市群之间市场分割值均下降至较低水平。此外，位于长江经济带范围内的三大城市群（长三角、长江中游、成渝）之间市场分割水平下降速度较快，到2019年长三角—长江中游、长三角—成渝、长江中游—成渝城市群间市场分割水平分别下降了80.50%、83.55%和76.43%，城市群间市场联系越发紧密。粤港澳大湾区与其他城市群的市场分割程度下降较大，到2019年与各城市群间市场分割普遍处于较低水平，尤其是发展较为滞后的哈长、关中平原城市群近年来市场分割水平下降较为迅速，从2001年的0.134 7、0.142 3下降至2019年的0.018 4、0.019 0。关中平原、哈长、呼包鄂榆城市群与其他城市群间的市场分割指数在前期处于较高水平，尤其是这三个城市群间市场分割水平较高，但近年来这三个城市群与其他城市群间市场分割水平也出现了较大下降，城市群间市场整合显著加快。

4.2　城市群内部市场分割影响因素的实证分析

从前文分析可知，9 个城市群在 2001—2019 年城市群内部市场分割均处于下降趋势，但各城市群市场分割具体发展趋势也存在较大差异，由此产生的问题是，哪些因素影响了各城市群内部市场分割水平？这些影响因素对不同城市群存在哪些差异？结合相关文献，本节接下来将对此进行实证分析和检验。

4.2.1　模型设定与变量说明

本书以 9 个城市群共 140 个城市数据构建计量模型分析市场分割的影响因素，模型具体形式如下：

$$\text{seg}_{it} = \alpha_1 \text{gov}_{it} + \alpha_2 \text{trade}_{it} + \alpha_3 \text{scale}_{it} + \alpha_4 \text{trans}_{it} + \alpha_5 \text{soe}_{it} + \delta_i + \varepsilon_{it} \qquad (4\text{-}1)$$

在模型（4-1）中，seg 表示各城市群内部市场分割指数，gov、trade、scale、trans、soe 分别表示影响市场分割的政府干预、对外贸易、经济规模、交通基础设施、国有化程度，δ 表示地区固定效应，ε 代表随机误差项，下标 i 为地区，t 为年份。

根据相关研究结果与理论，本书选取如下指标作为被解释变量。

（1）政府干预（gov）

政府对市场经济活动的直接干预是地区市场分割形成的重要影响因素，一方面，政府对经济的直接或间接干预越多，采取非经济手段加剧分割的可能性越大（刘昊和祝志勇，2020）；另一方面，也有研究认为随着现代政府体制改革的不断推进，经济发展的财政支出越大，表明政府更倾向于破除地方分割障碍，促进地区间交流融合（林毅夫和刘培林，2010）。此外，城市群内部各城市之间交流合作的加深也将弱化各地区实行市场分割的动力。因此，政府对市场的直接干预对市场分割的影响具有不确定性。本书以各地区财政支出占地区 GDP 比重作为衡量地区政府干预程度的指标。

（2）对外贸易（open）

对外贸易对市场分割的影响也存在不确定性，部分学者认为对外贸易的不断拓展会使得各地区尤其是沿海地区倾向于在国内市场实行市场分割而通过国际市场实现规模经济，加剧地区市场分割状况（陆铭和陈钊，2009）。但也有观点认为对外贸易的扩张有助于实现国内地区间贸易的增长，从而消除市场分割，以国内大循环为主体、国内国际双循环相互促进的新发展格局也提出要使得国内市场和国际市场更好地联通、促进。本书采用各地区进出口贸易额与地区 GDP 之比对其进行度量。

（3）经济规模（ms）

地区经济规模的扩大一方面意味着地区市场需求的提升，当本地区企业生产规模小于市场需求时，市场需求的提升将使得地区间贸易的增长，从而消除市场分割；另一方面，经济规模的提升也意味着地区更易依靠本地区市场实现规模经济，降低对其他地区市场的依赖程度，使得本地区实行市场分割有了更大可能。本书借鉴刘瑞明（2012）的做法采用人口密度与人均 GDP 的乘积，即各地区每平方公里土地的经济产出来衡量地区经济规模。

（4）交通基础设施（trans）

地区间贸易成本较高是导致地区间贸易下降和市场分割程度提高的重要影响因素，也是制约国内统一市场建设的重要因素（任志成 等，2014）。交通基础设施的完善有助于降低地区贸易成本，推进地区间贸易的扩张，进而消除地区间市场分割。鉴于公路是相邻地区间国内货物贸易的重要途径，本书用公路网密度（公路里程与地区面积之比）考察地区交通基础设施建设对市场分割的影响。

（5）国有化程度（soe）

地区国有企业不仅是地方财政收入的重要来源，也是地方政府维护本地区社会稳定的重要工具，承担了一系列如吸纳社会就业，建设重大工程等政策性负担。由此也带来地区政府与国有企业之间的利益捆绑，地方政府为保障国有企业的生存和发展，在实行市场分割方面存在较强的动力。因此，地区国有化程度的提升将加剧地区间市场分割。本书参照陈刚和李树（2013）的做法以国有单位在岗职工人数与地区城镇就业人数之比来衡量地区国有化程度的高低。

各变量数据主要来自各省市 2000—2020 年统计年鉴与统计公报，表 4-3 为各变量的描述性统计。

表 4-3　各变量描述性统计

变量	观测数	均值	标准差	最小值	最大值
seg（%）	2 660	0.033	0.028	0.004	0.344
gov	2 660	0.142	0.069	0.021	0.675
open	2 660	0.243	0.474	0.000	5.442
ms	2 660	0.300	0.733	0.002	13.484
trans	2 660	1.047	0.514	0.083	3.764
soe	2 660	0.481	0.199	0.049	0.986

4.2.2　实证结果分析

（1）基准回归结果

本书以控制了地区效应的面板固定效应模型分别对城市群内部市场分割的影响因素进行基准回归，回归结果如表 4-4 所示。

表 4-4　基准回归结果

变量	全部城市群	京津冀	长三角	长江中游	中原
gov	-0.167*** (0.013)	-0.106** (0.032)	-0.150*** (0.042)	-0.130*** (0.044)	-0.148*** (0.027)
open	-0.007** (0.003)	-0.004 (0.009)	-0.014* (0.007)	-0.033 (0.022)	-0.004 (0.014)
ms	-0.004** (0.001)	-0.269*** (0.008)	0.001 (0.004)	-0.009 (0.011)	-0.013 (0.018)
trans	-0.010*** (0.002)	0.008 (0.006)	-0.032*** (0.006)	-0.015*** (0.006)	-0.005 (0.003)
soe	0.032*** (0.005)	-0.029 (0.022)	0.030 (0.018)	0.019* (0.011)	0.058*** (0.013)
cons	0.055*** (0.004)	0.068*** (0.019)	0.084*** (0.010)	0.065*** (0.010)	0.024*** (0.010)
地区效应	控制	控制	控制	控制	控制
R^2	0.269	0.076	0.429	0.236	0.372
N	2 660	247	475	532	513

表4-4(续)

变量	成渝	粤港澳	关中平原	哈长	呼包鄂榆
gov	-0.049**	-0.022	-0.345***	-0.193***	-0.165
	(0.024)	(0.027)	(0.091)	(0.038)	(0.122)
open	0.036	0.001	0.042	-0.007	-0.001
	(0.029)	(0.001)	(0.130)	(0.004)	(0.028)
ms	-0.030*	-0.002***	-0.068	-0.161**	-0.058
	(0.017)	(0.000)	(0.049)	(0.063)	(0.050)
trans	-0.011***	-0.017***	-0.007	-0.007	0.010
	(0.004)	(0.003)	(0.015)	(0.004)	(0.014)
soe	0.032**	0.005	0.014	0.021	0.067*
	(0.012)	(0.003)	(0.033)	(0.022)	(0.025)
cons	0.036***	0.041***	0.122***	0.068***	0.012
	(0.012)	(0.006)	(0.037)	(0.012)	(0.034)
地区效应	控制	控制	控制	控制	控制
R^2	0.263	0.384	0.505	0.226	0.391
N	304	171	190	152	76

注:*、**、***分别代表10%、5%、1%的显著性水平,括号内为稳健标准误。

全部城市群内部城市的基准回归结果表明,政府干预、对外贸易、城市经济规模与交通基础设施水平的提升均显著降低了各城市市场分割水平,而城市国有化水平的提高则显著提升了各城市的市场分割水平。

但各城市群内部市场分割水平的影响因素存在较大差异。除粤港澳与呼包鄂榆城市群外,其余城市群政府干预程度的上升均显著抑制了地区市场分割,在这些城市群中各城市政府之间的合作及城市间产业分工的不断深化以及政府体制改革所带来的发展思路的转变助推了城市间贸易的增长,从而有助于区域市场整合。仅有长三角城市群对外贸易对地区市场分割具有显著的抑制作用,表明当前我国大部分城市群仍倾向于通过国际市场实现规模经济,而在国内市场中实行市场分割政策,国内市场与国际市场尚未联通;经济规模的扩大是京津冀、成渝、粤港澳与哈长城市群市场分割水平下降的重要推动力量,这些城市群庞大的经济规模所衍生出的庞大市场需求促进了地区间贸易的增长,从而降低了地区间市场分割;交通基础设施主要对位于南方的城市群市场分割水平起抑制作用,相较于北方多为平原地形,南方丘陵山脉地形所带来的交通限制对地区间贸易往来的阻碍作用较为突出，交通基础设施的完善降低了地区间贸易成本，推动了地区间贸易的发展，有助于消除市场分割，交通基础设施对京津冀与呼包鄂榆城市群市场分割主要起促进作用，与预期不符，其原因可能在于相对于较高的城市化水平，这两个城市群公路网密度仍显得不足，如京津冀城市群 2019 年整体公路网密度仅为 1.103 km/km²，尤其是承德市与张家口市公路网密度较低，地区间贸易成本仍较高；国有化程度对长江中游、中原、成渝与呼包鄂榆城市群的市场分割具有促进作用，表明这些城市群中各城市较高的国有化程度使得地区政府更倾向于通过实行市场分割政策保护本地区国有企业的发展，从而阻碍城市群市场一体化进程。

（2）稳健性检验

①考虑行政级别的差异。

由于不同城市行政级别的差异会影响城市间的可比性，因此本书将剔除各城市群中的直辖市、副省级与省会城市的数据来检验回归结果的稳健性，即剔除京津冀城市群中的北京市、天津市和石家庄市，长三角城市群中的上海市、南京市、杭州市和宁波市，长江中游城市群的武汉市、长沙市和南昌市，中原城市群的郑州市，成渝地区双城经济圈的重庆市、成都市，哈长城市群的哈尔滨市、长春市，关中平原城市群的西安市，粤港澳大湾区的广州市、深圳市，呼包鄂榆城市群的呼和浩特市共计 19 个城市的数据，回归结果见表 4-5。成渝地区双城经济圈交通基础设施变量与国有化水平变量的显著性有所下降，主要原因在于成渝两大城市是成渝双城经济圈内交通基础设施建设与国有企业聚集的重要区域，在多数年份公路里程与国有企业单位在岗职工人数占整个城市群总量的 50% 以上，剔除后交通基础设施与国有化水平的变化较大；此外京津冀城市群的交通基础设施和国有化水平、中原城市群的对外开放市场规模与交通基础设施变量由不显著变为显著。总体来看，各变量的系数符号与基准回归相比基本未发生明显变化，说明模型较为稳健性。

表 4-5　消除行政级别差异后回归结果

变量	全部城市群	京津冀	长三角	长江中游	中原
gov	−0.172 *** （0.014）	−0.164 *** （0.045）	−0.159 *** （0.045）	−0.114 ** （0.049）	−0.145 *** （0.028）
open	−0.010 *** （0.003）	−0.001 （0.033）	−0.015 ** （0.007）	−0.038 （0.024）	−0.046 ** （0.023）

表4-5(续)

变量	全部城市群	京津冀	长三角	长江中游	中原
ms	−0.012***	−0.077***	0.001	−0.050*	−0.064***
	(0.004)	(0.030)	(0.006)	(0.027)	(0.015)
trans	−0.008***	0.014*	−0.032***	−0.011	−0.005*
	(0.002)	(0.008)	(0.005)	(0.007)	(0.003)
soe	0.029***	−0.056**	0.023	0.020*	0.042***
	(0.006)	(0.023)	(0.014)	(0.012)	(0.011)
cons	0.057***	0.088***	0.086***	0.062***	0.034***
	(0.005)	(0.020)	(0.010)	(0.012)	(0.009)
地区效应	控制	控制	控制	控制	控制
R^2	0.267	0.104	0.426	0.225	0.396
N	2 299	190	380	475	494
变量	成渝	粤港澳	关中平原	哈长	呼包鄂榆
gov	−0.046*	−0.027	−0.337***	−0.178***	−0.226**
	(0.025)	(0.036)	(0.046)	(0.058)	(0.101)
open	0.010	0.002	−0.050	−0.006	−0.024
	(0.047)	(0.002)	(0.178)	(0.017)	(0.061)
ms	−0.150***	0.001	−0.308*	−0.259**	−0.131
	(0.037)	(0.003)	(0.164)	(0.117)	(0.086)
trans	0.000	−0.021***	0.010	−0.011	0.012
	(0.005)	(0.005)	(0.020)	(0.013)	(0.024)
soe	0.021	0.008	−0.009	0.021	0.061*
	(0.018)	(0.010)	(0.033)	(0.033)	(0.027)
cons	0.042***	0.042***	0.138***	0.072**	0.028
	(0.013)	(0.010)	(0.034)	(0.028)	(0.028)
地区效应	控制	控制	控制	控制	控制
R^2	0.280	0.410	0.499	0.221	0.433
N	266	133	171	114	57

②考虑极端值的影响。

为消除极端值对回归结果的影响，本书将对各变量数据进行99%缩尾处理，对模型进行重新估计，回归结果见表4-6。长三角、中原与关中平原城市群经济规模变量、长江中游的经济规模与对外开放变量由不显著变为显著，且在剔除极端值后各回归结果的模型拟合程度均有所提高，各变量的系数符号与基准回归相比基本未发生明显变化，说明模型较为稳健。

表 4-6　剔除极端值后回归结果

变量	全部城市群	京津冀	长三角	长江中游	中原
gov	-0.143*** (0.012)	-0.172*** (0.046)	-0.152*** (0.032)	-0.173*** (0.043)	-0.163*** (0.028)
open	-0.013*** (0.003)	-0.009 (0.013)	-0.018*** (0.005)	-0.040* (0.024)	-0.017 (0.019)
ms	-0.011*** (0.002)	-0.018** (0.009)	-0.006** (0.003)	-0.030** (0.012)	-0.038*** (0.012)
trans	-0.008*** (0.001)	0.009 (0.006)	-0.022*** (0.003)	-0.014*** (0.005)	0.004 (0.002)
soe	0.024*** (0.004)	-0.032 (0.019)	0.015 (0.009)	-0.014 (0.010)	0.040*** (0.010)
cons	0.054*** (0.004)	0.073*** (0.018)	0.080*** (0.006)	0.087*** (0.009)	0.033*** (0.008)
地区效应	控制	控制	控制	控制	控制
R^2	0.334	0.098	0.514	0.320	0.414
N	2 378	226	427	476	456

变量	成渝	粤港澳	关中平原	哈长	呼包鄂榆
gov	-0.046** (0.020)	-0.030 (0.034)	-0.317*** (0.041)	-0.107*** (0.041)	-0.131 (0.099)
open	0.027 (0.024)	0.002 (0.002)	0.067 (0.125)	-0.008 (0.011)	0.043 (0.059)
ms	-0.027* (0.014)	-0.002** (0.001)	-0.102** (0.049)	-0.157*** (0.050)	-0.047 (0.060)
trans	-0.011*** (0.003)	-0.020*** (0.004)	-0.001 (0.014)	-0.001 (0.008)	0.017 (0.021)
soe	0.027** (0.014)	0.004 (0.010)	0.006 (0.028)	0.005 (0.021)	0.079*** (0.026)
cons	0.027*** (0.010)	0.050*** (0.011)	0.116*** (0.027)	0.055*** (0.017)	-0.003 (0.029)
地区效应	控制	控制	控制	控制	控制
R^2	0.313	0.404	0.527	0.237	0.428
N	272	158	177	139	73

4.3 本章小结

市场分割仍是中国国内统一市场构建与国际国内双循环的新发展格局形成的重要阻碍。本章对我国市场分割测算方法进行了系统梳理与总结，随后通过相对价格法以我国9个跨省城市群140个城市居民消费价格分类指数对各城市群产品市场分割水平进行了测算，以此对城市群内部及各城市群之间市场分割的发展过程和趋势进行了分析，重点考察了城市群内部行政边界对城市群市场分割水平的影响，并对各城市群市场分割的影响因素进行了实证分析，主要得出了以下结论：

（1）样本期内9个城市群内部市场分割水平主要呈下降趋势，尤其是2014年以来各城市群内部市场分割指数长期保持在较低水平，城市群内部市场整合进程较快，但近年来也有部分城市群出现逆潮，市场分割呈上升趋势，总体来看南方城市群市场分割水平低于北方城市群。对城市群内部各城市与省内外城市之间市场分割的测度结果表明城市群内部不同行政区划所带来的"边界效应"对城市群市场分割的影响有所减弱但依然存在。

（2）相较于各城市群内部，城市群之间市场分割水平普遍较高，虽然近年来出现了较大幅度的下降，但仍普遍高于城市群内部城市间的市场分割水平。城市群内部市场一体化水平较高与城市群之间市场整合进程相对缓慢的这一现状表明中国产品市场正从以省内整合和省际分割为特征的地区性市场向以城市群内部整合和城市群之间分割为特征的区域性市场演进。

（3）各城市群内部市场分割影响因素的实证结果表明，政府干预与各城市经济规模的提升是消除京津冀、长三角、长江中游、中原、成渝、哈长与关中平原城市群市场分割的主要动力。粤港澳大湾区城市群市场一体化的迅速推进主要来自于市场规模的扩张和交通基础设施的完善，国有化程度下降促进了长江中游、中原、成渝与呼包鄂榆城市群市场分割水平的下降。

5 城市群经济高质量发展测度及其区域差异分析

高质量发展是中国"十四五"以及未来更长时期经济社会发展的主线，但当前中国对高质量发展的理论内涵与评价标准的研究并未达成共识，由于高质量发展概念的"模糊性"，我国在经济、社会、文化和生态等各个领域、各个层面高质量发展的衡量标准不尽相同。城市群作为我国新的空间经济单元，在区域和国家经济和社会发展中发挥着核心支撑作用。2019年我国国内生产总值的90%、人口的85%以上集中在21个城市群中，可以说，城市群能否实现经济高质量发展在很大程度上决定着全国经济高质量发展水平的高低。质量衡量的重要前提在于"定标"，确定了高质量的标准才能引领高质量的发展，因此，我国只有构建起科学、客观、可行的城市群经济高质量发展评价指标体系，才能更好把握当前中国城市群经济高质量发展现状，为城市群经济高质量发展指明前进方向。但以往对城市群这一层面的高质量发展研究较少，且对城市群经济高质量发展的研究多从单个城市视角出发构建评价指标体系，缺乏对城市群整体的考察。因此本章以中国城市群经济高质量发展作为研究对象，基于全局与局部的视角构建评价指标体系，对中国各城市群整体及城市群内部各城市经济高质量发展水平进行测度，分析城市群经济高质量发展的演变趋势与变化来源。

5.1　城市群经济高质量发展指标体系构建

城市群经济高质量发展应当是协同发展增强、发展动能转换、发展结构调整优化、发展可持续性增强与发展成果由人民共享的发展模式与状态。本书认为城市群经济高质量发展可以从协同发展、发展动能、发展结构、发展可持续性与发展成果共享五个维度进行考察。

（1）协同发展

城市群经济高质量发展的核心在于协同性的培育。城市群的协同发展主要表现为两方面，其一是城市群内各城市间的协同发展。以城市群作为整体进行协同发展的重点在于改变以往单个城市单打独斗的局面，通过打破以往的行政区域边界，抑制城市间的无序竞争，加强城市间的交流合作，强化产业协同和要素自由流动，缩小各城市经济发展差距和实现公共服务均等化，推进各城市共同发展。其二是实现城乡协同发展。在城市发展过程中尽管农村人口不断向城市流动，城镇化率逐步提升，但经济与人口在空间分布上尚未实现一致，城乡收入与消费差距过大，城市群经济高质量发展应当进一步缩小城乡差距，在集聚中走向平衡。

（2）发展动能

进入新常态以来，中国经济结构性矛盾凸显，经济增长速度逐步放缓，过去经济高速增长的传统动能作用颓势日显。以高新技术产业为代表的新经济正成为中国各城市群经济发展的主要动力，新经济的发展将促进新动能的产生，是高质量发展新动能的来源（任保平和宋雪纯，2020）。新经济主要表现为新技术、新产业和新模式的发展。新技术意味着要在关键领域进行技术突破，打破国外技术壁垒，不断提高自身创新能力；新产业的知识密集属性意味着创新人才的竞争，我们必须加快创新人才发展，提升社会人力资本水平；新模式的应用带来的技术变革将降低企业生产成本，提高产品质量和生产效率，提高企业的盈利能力。新经济的发展将带来城市群经济发展动能的转换，实现城市群创新发展，提高地区全要素生产率，以更少的投入获得更多的产出。

（3）发展结构

城市群将以往的以省界为边界的行政区经济扩展为城市群范围内的规模经济，将城市群内各城市原本各自独立的经济系统整合成城市群经济系统，这需要对城市群经济发展结构进行调整优化，在城市群内部各城市间实现合理分工与协作。当前中国城市群经济发展结构的主要问题一是各城市间产业结构趋同现象严重，产业结构高级化与合理化水平有待提升；二是城乡二元经济结构现象突出，城乡发展不平衡，第一产业劳动生产效率相对较低;三是对外开放结构有待进一步优化,中国经济对外开放的结构需进一步完善,我国亟需提升在全球产业链中的地位。

(4)发展可持续性

城市群发展过程中实现资源和环境代价的最小化,稳定高效,实现最优的投入产出比率,这是城市群经济高质量发展的重要内容。一方面,城市化水平的提升带来的是城市规模的扩张与城市污染问题的加剧,正在扩张的城市群正逐步成为"污染群",污染加速与环境破坏成为限制各城市群发展的"紧箍咒"。另一方面,复杂多变的国际形势以及国内矛盾的凸显使得中国经济发展面临较强的不确定性,价格水平和就业水平的波动降低了民众对经济稳定发展的预期,且随着人口红利的消失以及资源环境约束的趋紧,原有的大规模资源要素投入已无法实现。城市群的可持续发展既要降低能源消耗和环境污染,也要稳定价格和就业水平,提高要素资源投入产出效率,实现经济的集约高效发展。因此,实现城市群经济可持续性发展要求在城市群经济发展过程中既要节能环保,又要稳定高效。

(5)发展成果共享

高质量发展的根本目的是实现发展成果由人民共享。习近平总书记指出:"我们的人民热爱生活,期盼有更好的教育、更稳定的工作、更满意的收入、更可靠的社会保障、更高水平的医疗卫生服务、更舒适的居住条件、更优美的环境,期盼孩子们能成长得更好、工作得更好、生活得更好。人民对美好生活的向往,就是我们的奋斗目标。"城市群经济高质量发展要强化和保障人民获得感、幸福感,提高人民生活水平,完善城市基础设施建设,在文化、教育、医疗、交通、社会保障等方面满足人民群众的需求,让发展成果惠及全体人民,增进民生福祉。

在准确把握城市群高质量发展内涵基础上,本书构建包含协同发展、发展动能、发展结构、发展可持续性与发展成果共享五个维度的城市群经济高质量发展评价指标体系,将城市群视为一个整体对城市群经济高质量发展水平进行测度,客观评价中国各城市群经济高质量发展水平。对指标的选取一方面尽量做到少而精,减少指标间的相似性;另一方面主要以结果指标为主,避免投入指标与结果指标的混淆。由此本书构建了包含5个维度共32个指标的城市群经济高质量发展指标体系(见表5-1),以全面刻画中国城市群经济高质量发展的时空演变。

表 5-1　城市群经济高质量发展评价指标体系

一级指标	二级指标	三级指标	计算方法	属性
协同发展	区域协同	地区经济差距	城市人均 GDP/城市群首位城市人均 GDP	正向
		地区产业分工	空间分工	正向
		地区经济联系	修正后引力模型计算	正向
		地区公共服务差距	城市人均公共预算支出/城市群首位城市人均公共预算支出	正向
	城乡协同	城市化水平	城镇人口/总人口	正向
		城乡收入比	城乡村居民人均可支配收入比	逆向
		城乡消费比	城乡村居民人均消费比	逆向
发展动能	人力资本	人均受教育年限	小学受教育人数×6+中学受教育人数×12+大学及以上受教育人数×16	正向
	技术进步	人均专利占有量	专利授权数量/总人口	正向
		全要素生产率	SFA 方法计算	正向
	生产效率	资产收益率	规模以上工业企业利润额/总资产	正向
发展结构	产业结构	产业结构合理化	泰尔指数	逆向
		产业结构高级化	第三产业产值/第二产业产值	正向
	贸易结构	外贸依存度	进出口总额/GDP	正向
		外资利用水平	实际使用外资额/GDP	正向
	城乡结构	城乡二元对比系数	(第一产业增加值占比/第一产业就业人员占比)/(第二、三产业增加值占比/第二、三产业就业人员占比)	正向
		城乡二元反差系数	|第一产业增加值占比-第一产业就业人员占比|	逆向
发展可持续性	稳定高效	就业水平	城镇登记失业率	逆向
		通货膨胀率	消费者价格指数	逆向
		劳动生产率	GDP/全社会从业人数	正向
		资本生产率	GDP/固定资产投资额	正向
		土地生产率	GDP/占地面积	正向
	节能环保	单位产出废水排放	工业废水排放量/GDP	逆向
		单位 GDP 电耗	全社会用电量/GDP	逆向
		生活垃圾无害化	生活垃圾无害化处理率	正向
		城市绿化覆盖率	城市建成区绿化覆盖面积/城市建成区面积	逆向

表5-1(续)

一级指标	二级指标	三级指标	计算方法	属性
发展成果共享	人民生活	社会保障水平	社会保障支出/GDP	正向
		教育水平	教育经费支出/总人口	正向
		医疗水平	职业医师人数/万人	正向
	基础设施	交通设施	城市道路面积/城市总人口	正向
		网络设施	互联网接入用户数/总人口	正向
		文化设施	图书馆藏书量/总人口	正向

（1）协同发展

协同发展是城市群经济高质量发展的核心，该维度包含区域协同与城乡协同两方面。区域协同主要从城市群经济、产业、公共服务三个层面衡量区域协同发展水平，具体指标包括地区经济差距、地区产业分工、地区经济联系、地区公共服务差距。城乡协同主要从人口流动、收入、消费三个层面衡量，具体指标包括城市化水平、城乡收入比以及城乡消费比。

（2）发展动能

发展动能强劲与否是城市群经济高质量发展是否能够持续推进的关键，该维度包含人力资本、技术进步、生产效率三个方面进行测度，具体指标包括人均受教育年限、人均专利占有量、全要素生产率与资产收益率。

（3）发展结构

新结构经济学认为，一个国家或地区的禀赋及其结构在发展过程中会随着发展水平的变化而出现变化，因此对不同发展阶段的结构性特征进行考察是必要的，这些结构性特征取决于这一国家或地区要素禀赋结构的现状及其所带来的竞争力（林毅夫，2011）。因此本书选取产业结构、贸易结构与城乡结构三个方面来衡量城市群经济发展结构。产业结构方面包含产业结构合理化与产业结构高级化指标；贸易结构方面包含外贸依存度与外资利用水平指标；城乡结构方面包含城乡二元对比系数与城乡二元反差系数指标。

（4）发展可持续性

城市群发展的可持续性不仅要考虑在经济上的可持续性，更要关注在资源环境上的可持续性，由此本书从稳定高效与节能环保两方面衡量城市群发展可持续性。稳定高效方面包括就业、价格稳定与要素的利用效率高两方面，具体指标包括就业水平、通货膨胀率、劳动生产率、资本生产率和土地生产率；节能环保方面包括产出消耗与城市绿化两方面，具体指标包括单位产出废水排放、单位 GDP 电耗、生活垃圾无害化与城市绿化覆盖率。

（5）发展成果共享

发展成果由人民共享是城市群经济发展的出发点和落脚点。城市群经济高质量发展要能够提高人民生活水平，完善城市基础设施，便利人民生活。由此本书从人民生活与基础设施两方面对城市群发展成果共享水平进行衡量。人民生活方面具体指标包括社会保障水平、教育水平以及医疗水平；基础设施方面包括交通设施、网络设施与文化设施三个方面。

5.2　城市群经济高质量发展评价方法与指标来源

5.2.1　评价方法

本书采用主观与客观相结合的指标赋权方法对中国城市群经济高质量发展水平进行测度。在客观评价方法中，熵值法以各指标信息的熵权反映各指标在指标体系中的重要性，避免了人为因素的干扰，具有较强的客观性，但如何处理指标相关性所带来的信息重复影响，仍是指标赋权中的一个难题。本书借鉴孟生旺（1993）提出的根据指标间的相关系数矩阵得到反映指标间信息重复程度的独立性权数向量对信息熵权进行独立性调整，以信息熵权与独立性权数采用乘法合成基础指标的综合权重。杨耀武和张平（2021）认为同一维度内基础指标间存在较强的替代性，而维度间应实现均衡的发展，鉴于此本书在基础指标合成时采用加法原则，在维度指标合成时采用乘法原则。具体计算步骤如下：

（1）标准化处理

为消除指标间属性与量纲量级间的差异，本书首先要对各指标进行标准化处理，均值法可以保留原始指标各自的变异和相关程度（胡永宏，2012），因此本书采用均值法进行基础指标的标准化处理，对于逆向指标则在先对各基础指标取倒数后进行均值化。

（2）信息熵权的计算

首先计算各基础指标标准化后各城市群 i 占该指标 j 的权重：$P_{ij} = \dfrac{x_{ij}}{\sum\limits_{i=1}^{n} x_{ij}}$；再计算指标 j 的熵值：$E_j = -\dfrac{1}{\ln n} \sum\limits_{i=1}^{n} (P_{ij} \ln P_{ij})$，满足 $0 \leqslant E_j \leqslant 1$；然

后计算各指标的信息熵冗余度：$D_j = 1 - E_j$，满足 $0 \leqslant D_j \leqslant 1$；最后计算基础指标 j 的信息熵权：$W_j = \dfrac{D_j}{\displaystyle\sum_{i=1}^{n} D_j}$。

（3）独立性权数计算

首先计算各维度下基础指标的相关系数矩阵：$R = \begin{vmatrix} 1 & r_{12} & \cdots & r_{1m} \\ r_{21} & 1 & \cdots & r_{2m} \\ \vdots & \vdots & 1 & \vdots \\ r_{m1} & r_{m2} & \cdots & 1 \end{vmatrix}$，

将相关系数矩阵 R 中负数以 0 替代后按列求和从而得到反映指标间信息重复程度的行向量，再进行求倒数并归一化之后即可得到各基础指标的独立性权数 W_r，指标间重复程度越大，独立性权重越小，反之则越大。

（4）基础指标合成维度指标

将信息熵权与独立性权重相乘得到综合性权重，采用加法法则对各基础指标进行加总从而合成维度指标 $Y_i = \displaystyle\sum_{j=1}^{m} x_{ij} W_j W_r$。

（5）维度指标合成总指标

采用乘法法则将维度指标合成总指标，借鉴联合国开发计划署（UNDP）构造人类发展指数（human development index）过程中所采用的等权重方法，对各维度指标赋予相同的权重，计算公式为：$I = \sqrt[5]{\displaystyle\prod_{i=1}^{5} Y_i}$。

5.2.2 数据来源与计算说明

对于城市群高质量发展评价的时间起点选择，张跃胜等（2021）认为在城市发展的不同阶段，高质量发展的要求不同。李金昌（2019）认为 2007 年后中国进入创新发展阶段，发展理念逐步升华，更注重发展的平衡性、协调性和可持续性。另外基于各城市数据的可得性，本章以 2007 年作为中国城市群经济高质量发展评价的时间起点，对 2007—2019 年中国城市群经济高质量发展指数进行测度。评价对象为中国 9 个城市群，包含 141 个地级及以上城市，横跨中国 20 个省级行政区，到 2019 年这 9 个城市群总人口占全国的 55% 以上，经济总量占全国的 66% 以上，在一定程度上可以反映中国城市群发展的整体状况。

各指标原始数据主要来自2007—2019年《中国城市统计年鉴》以及各省、市统计年鉴和统计公报,对于缺失数据,笔者采用线性插值法进行插补,各项指标均以城市群为单位进行汇总计算。需要特别说明的是:

①地区产业分工。

地区产业分工水平借鉴 Duranton 和 Puga(2005)的研究,以城市功能分工指数进行测度,将各城市群内部所有城市分为中心城市与外围城市,并测度各城市群中心城市与外围城市间的功能分工,各城市群中心城市分别为北京市、天津市、上海市、武汉市、重庆市、成都市、郑州市、长春市、哈尔滨市、呼和浩特市、西安市、广州市、深圳市。测度方法为

$$\mathrm{FD}_t = \frac{\sum_{k=1}^{n} L_{ckf}(t) / \sum_{k=1}^{n} L_{ckz}(t)}{\sum_{k=1}^{n} L_{wkf}(t) / \sum_{k=1}^{n} L_{wkz}(t)} \tag{5-1}$$

式(5-1)中,$\mathrm{FD}(t)$ 表示城市群地区产业分工水平,$\sum_{k=1}^{n} L_{ckf}(t)$ 表示中心城市 c 在 t 年时从事生产性服务业 f 的总就业人数,$\sum_{k=1}^{n} L_{ckz}(t)$ 表示中心城市 c 在 t 年时从事制造业 z 的总就业人数,$\sum_{k=1}^{n} L_{wkf}(t)$ 表示除中心城市外其他城市 w 在 t 年时从事生产性服务业 f 的总就业人数,$\sum_{k=1}^{n} L_{wkz}(t)$ 表示外围城市 w 在 t 年时从事制造业 z 的总就业人数,$\mathrm{FD}(t)$ 大于1,说明城市群范围内中心城市发挥生产性服务功能与除中心城市外其他城市城市发挥制造功能之间分工较为明确;$\mathrm{FD}(t)$ 值越大,说明城市群范围内中心城市与除中心城市外其他城市城市间功能分工水平越高。

②地区经济联系。

笔者借鉴张跃等(2020)的研究,采用修正后的引力模型计算各城市与城市群范围内其他城市间经济联系平均后作为城市群整体水平,城市 i 与城市群内部其他城市间经济联系计算方法为

$$C = S_{ij} \times \sqrt{L_i \times \mathrm{GDP}_i} \times \sqrt{L_j \times \mathrm{GDP}_j} / d_{ij}^2 \tag{5-2}$$

式(5-2)中,S_{ij} 为城市 i、j 中城市 i 的经济权重,$S_{ij} = \mathrm{GDP}_i / (\mathrm{GDP}_i + \mathrm{GDP}_j)$,$L$ 为各城市人口数量,GDP 表示各城市的地区生产总值,d_{ij} 表示城市 i、j 间地理距离。C 值越大,表示城市 i、j 间经济联系越为紧密,要素

流动更为频繁。

③全要素生产率。

采用 SFA 方法计算全要素生产率，产出设定为实际 GDP，投入要素为从业人员数、固定资产投资额（经永续盘存法计算）。

④产业结构合理化。

笔者借鉴干春晖等（2011）的思路以泰尔指数反映产业结构的合理化程度，原始数据包括一、二、三产业产值与就业人数。泰尔指数的计算方法为

$$T_i = \sum_j \frac{Y_i}{Y} \ln\left(\frac{Y_i/Y}{W_i/W}\right) \tag{5-3}$$

式（5-3）中，Y 表示城市经济总产值，i 分别表示一、二、三产业，W 表示就业人数。T 值越大，表示地区产业合理化水平越低。

同时，各城市群整体经济发展差距与公共服务差距通过对城市群内部各城市数据进行平均以代表城市群整体水平。

5.3 城市群经济高质量发展的评价结果与分析

5.3.1 城市群整体经济高质量发展总体评价

根据上文所述测算方法，本书对中国 9 大城市群 2007—2019 年的城市群整体经济高质量发展指数进行测度，结果如表 5-2 所示。测度结果表明，样本期内 9 个城市群整体经济高质量发展指数均有所提升，9 个城市群整体经济高质量发展指数均值从 2007 年的 0.141 6 上升至 2019 年的 0.256 1，年均复合增长率达 5.06%，共有 7 个城市群整体经济高质量发展水平年均增长率在 5% 以上，其中增长速度最快的为京津冀城市群，城市群整体经济高质量发展指数从 2007 年的 0.149 1 增长至 2019 年的 0.300 6，年均增长 6.02%。各城市群中经济高质量发展指数最大的是粤港澳大湾区，长期位居 9 个城市群中的首位，且年均增长率达到 5.81%，仅次于京津冀城市群。但城市群间经济高质量发展差距总体呈扩大趋势，经济高质量发展水平最高的粤港澳大湾区与最低的城市群的群间极差从 2007 年的 0.129 3 扩大到 2019 年的 0.289 3，说明城市群间协调发展水平较低。

表 5-2　2007—2019 年中国 9 大城市群整体经济高质量发展水平测度结果

城市群	2007 年	2008 年	2009 年	2010 年	2011 年	2012 年	2013 年
京津冀城市群	0.149 1	0.160 1	0.165 2	0.185 2	0.198 4	0.209 1	0.212 9
长三角城市群	0.178 4	0.190 0	0.207 9	0.230 2	0.248 0	0.263 7	0.266 5
长江中游城市群	0.108 5	0.110 5	0.120 7	0.131 3	0.137 6	0.140 8	0.144 4
成渝城市群	0.112 5	0.124 1	0.136 0	0.144 9	0.159 1	0.157 1	0.158 1
中原城市群	0.101 6	0.105 7	0.115 1	0.123 3	0.130 9	0.130 7	0.134 9
哈长城市群	0.133 0	0.135 0	0.143 7	0.156 0	0.169 2	0.158 5	0.157 2
呼包鄂榆城市群	0.153 3	0.169 4	0.174 2	0.195 1	0.217 2	0.222 3	0.192 7
关中城市群	0.106 7	0.110 2	0.121 6	0.131 8	0.139 8	0.138 0	0.150 6
粤港澳大湾区	0.230 9	0.239 9	0.255 5	0.282 5	0.302 6	0.315 6	0.330 2
均值	0.141 6	0.149 5	0.160 0	0.175 6	0.189 2	0.192 9	0.194 2

城市群	2014 年	2015 年	2016 年	2017 年	2018 年	2019 年	年复合增长率/%
京津冀城市群	0.221 3	0.235 3	0.251 0	0.267 4	0.286 4	0.300 6	6.02
长三角城市群	0.267 1	0.286 6	0.299 4	0.314 5	0.339 3	0.345 9	5.67
长江中游城市群	0.149 7	0.163 5	0.177 8	0.186 9	0.199 2	0.205 2	5.45
成渝城市群	0.164 4	0.177 8	0.201 2	0.208 6	0.216 8	0.223 9	5.90
中原城市群	0.137 2	0.149 1	0.164 7	0.175 3	0.189 8	0.194 6	5.57
哈长城市群	0.155 9	0.160 6	0.164 6	0.170 6	0.169 0	0.165 6	1.83
呼包鄂榆城市群	0.183 8	0.197 8	0.220 8	0.189 4	0.208 1	0.205 2	2.46
关中城市群	0.156 7	0.172 1	0.193 7	0.192 5	0.201 0	0.209 2	5.78
粤港澳大湾区	0.325 2	0.350 5	0.368 6	0.399 2	0.432 9	0.454 9	5.81
均值	0.195 7	0.210 4	0.227 0	0.233 8	0.249 2	0.256 1	5.06

　　依据各城市群整体经济高质量发展水平与增长速度，本书将高于经济高质量发展水平和增长率均值的认定为高水平、高增长速度，反之为低水平、低增长速度。本书认为可将 9 个城市群分为 3 个梯队（见表 5-3），第一梯队具有高水平高增长速度特征，包括京津冀城市群、长三角城市群与粤港澳大湾区，这三个城市群为中国发展较为完善的城市群，发展时间长，城市群整体经济高质量发展水平与其他城市群相比处于领先地位，且年均复合增长率在 5.6% 以上，尤其是粤港澳大湾区，作为中国对外开放

最早的地区，城市群内部协同发展水平较高、发展动能转型较快，发展可持续性得到增强，整体经济高质量发展水平遥遥领先其他城市群。第二梯队具有低水平高增长速度特征，包括长江中游、中原、成渝与关中平原城市群，这些城市群位于中国中、西部地区，经济高质量发展初始水平较低，但发展速度较快，年均复合增长率在 5.4% 以上，是支撑中国城市群经济高质量发展的重要力量。第三梯队具有低水平低增长速度特征，包括哈长与呼包鄂榆城市群，东北地区多年来的经济停滞与人口流失，使得哈长城市群整体经济高质量发展水平趋于停滞，年复合增长率仅为 1.83%，在 2011—2014 年与 2017—2019 年甚至出现下降态势；呼包鄂榆城市群由于规划时间较晚，城市间协作联动仍有待加强，城市群整体经济高质量发展水平增长缓慢，年复合增长率仅为 2.46%。总体上，中国 9 个城市群整体经济高质量发展水平呈现出从东到西、从南到北递减的态势。

表 5-3   中国城市群经济高质量发展梯队划分

梯队	特征	城市群
第一梯队	高水平高增长速度	粤港澳大湾区、京津冀城市群、长三角城市群
第二梯队	低水平高增长速度	长江中游城市群、中原城市群、成渝城市群、关中平原城市群
第三梯队	低水平低增长速度	哈长城市群、呼包鄂榆城市群

5.3.2 各城市群整体经济高质量发展水平提升来源分析

本书在测度城市群整体经济高质量发展水平时通过乘法法则将维度指标合成为总指标，并依据杨耀武和张平（2021）的做法将各城市群整体经济高质量发展水平增长过程中各维度指标对城市群整体经济高质量发展水平提升的贡献度进行分解，进而探析各城市群整体经济高质量发展的动力来源。计算方法为：

首先对原有城市群经济高质量发展指标取自然对数：

$$\ln I = \frac{1}{5} \sum_{i=1}^{5} \ln(Y_i) \tag{5-4}$$

而后对式（5-4）进行微分后可将经济高质量发展的变化量近似计算为

$$\Delta I \approx \frac{1}{5} \left[\sum_{i=1}^{5} \left(\frac{\overline{I_t}}{Y_{i,t}} \Delta Y_{i,t} \right) \right] \tag{5-5}$$

其中 $\overline{I_t}$ 表示样本期内城市群整体经济高质量发展的平均值，$\overline{Y_{i,t}}$ 表示样本期内城市群整体经济高质量发展各维度的平均值。

据此本书对各城市群 2007—2019 年城市群整体经济高质量发展各维度指标对总指标提高的贡献进行分解，结果如表 5-4 和表 5-5 所示。从表 5-4 和表 5-5 可以看出，各城市群中五个维度指标的总贡献量与城市群整体经济高质量发展实际变动量基本保持在 10% 以内，说明各维度指标贡献对城市群整体经济高质量发展变化具有较强的解释力度。

表 5-4　各城市群各维度指标对城市群整体经济高质量发展提升的贡献量

维度	京津冀	长三角	长江中游	成渝	中原	哈长	呼包鄂榆	关中平原	粤港澳
协同发展	0.031 7	0.042 5	0.019 3	0.023 2	0.012 7	0.001 8	0.009 0	0.012 4	0.069 7
发展动能	0.049 7	0.055 0	0.033 5	0.028 8	0.020 3	0.014 7	0.022 2	0.027 9	0.088 2
发展结构	0.000 1	−0.010 4	−0.001 1	0.008 1	0.021 3	−0.019 1	−0.014 0	0.015 6	−0.004 3
发展可持续性	0.030 2	0.029 4	0.020 3	0.025 9	0.019 5	0.008 5	0.013 1	0.023 7	0.026 9
发展成果共享	0.030 9	0.037 1	0.018 9	0.020 5	0.018 5	0.026 7	0.025 5	0.019 2	0.038 5
各维度指标的总贡献量	0.142 6	0.153 8	0.090 9	0.106 5	0.092 2	0.032 6	0.055 7	0.098 8	0.219 0
高质量发展实际变动量	0.151 5	0.167 5	0.096 6	0.111 3	0.093 0	0.032 4	0.051 9	0.102 6	0.223 9
贡献量与实际变动偏差/%	−5.88	−8.18	−5.97	−4.33	−0.85	0.62	7.45	3.68	−2.20

表 5-5　各城市群各维度指标变动对城市群经济高质量发展提升的贡献率

单位:%

维度	京津冀	长三角	长江中游	成渝	中原	哈长	呼包鄂榆	关中平原	粤港澳
协同发展	22.26	27.60	21.18	21.74	13.75	5.40	16.08	12.56	31.83
发展动能	34.84	35.77	36.82	27.03	22.03	45.03	39.82	28.23	40.29
发展结构	0.03	−6.75	−1.16	7.62	23.06	−58.40	−25.04	15.77	−1.96
发展可持续性	21.21	19.24	22.35	24.33	21.14	26.08	23.43	24.02	12.26
发展成果共享	21.66	24.14	20.82	19.28	20.02	81.88	45.71	19.42	17.58
合计	100	100	100	100	100	100	100	100	100

由表 5-4 和表 5-5 的维度分解结果可知，第一梯队的 3 个城市群整体经济高质量发展水平提升的主要来源是发展动能的转换，对城市群整体经

济高质量发展提升的贡献率均在30%以上，而发展结构指标的贡献最小甚至为负；第三梯队的2个城市群整体经济高质量发展水平提升的主要来源是经济发展成果共享维度指标值的提高，发展结构对城市群整体经济高质量发展水平提升的贡献也主要为负；第二梯队的各城市群经济高质量发展水平提升的主要来源存在较大差异。下面进行具体分析：

第一梯队的3个城市群整体经济高质量发展水平提升的主要来源均为发展动能的转换。同时协同发展、发展可持续性、发展成果共享维度对3个城市群整体经济高质量发展水平提升也有较大贡献。其中粤港澳大湾区经济发展动能转换对本城市群整体经济高质量发展水平提升的贡献率最大，占40.29%，京津冀与长三角城市群发展动能转换对经济高质量发展水平提升的贡献率分别为34.84%与35.77%。3个城市群发展动能维度指标的增长主要来自于城市群整体创新能力的提升，人均专利占有量在9个城市群中位列前三甲且增长迅速。发展结构转换对3个城市群整体经济高质量发展水平提升的贡献较小，甚至长三角城市群与粤港澳大湾区发展结构对经济高质量发展的贡献率为负，其原因主要在于样本期内3个城市群外贸依存度与外资利用水平降低，尤其是近年来中美贸易战以及反全球化浪潮背景下国际贸易的全球萎缩，对位于东部沿海地区的这3个城市群的外贸结构产生了较大冲击，进而使得发展结构维度指标数值出现了较大幅度的下降。发展可持续性对3个城市群整体经济高质量发展水平提升的贡献较低，尤其是粤港澳大湾区发展可持续性的贡献率仅为12.26%，其原因在于样本期内3个城市群资本生产率快速下降，资本要素的利用效率降低，这说明3个城市群以往依靠扩大投资对经济发展的推动作用在逐渐减弱。

第二梯队的4个城市群整体经济高质量发展的提升来源略有不同。其中长江中游城市群、成渝地区双城经济圈与关中平原城市群整体经济高质量发展水平提升的主要来源是发展动能转换，与第一梯队的3个城市群相似。长江中游城市群与成渝地区双城经济圈的创新能力在样本期内实现了较大提升，样本期内人均专利占有量分别增长了10.91倍与7.14倍。在第二梯队的4个城市群中，仅有长江中游城市群发展结构的贡献率为负，其原因一方面是受国际贸易萎缩的影响，另一方面是城市群内部产业结构合理化水平下降，产业协调水平较低。成渝地区双城经济圈发展结构维度指标也在样本期内增长缓慢，对经济高质量发展的贡献率仅为7.62%，主要是由于样本期内产业合理化水平增长缓慢。关中平原城市群协同发展对经济高质量的贡献率较低，仅为12.56%，主要原因在于样本期内城市群内部各城市协同发展水平降低，城市群内部地区经济差距指标均值从 2007 年 0.517 3 下降至 2019 年的 0.456 7。中原城市群整体经济高质量发展水平提升的主要来源是发展结构的调整优化，与其他城市群相比，中原城市群发展结构的增长量和贡献率排在首位。其主要原因有：一是中原城市群国际贸易初始水平较低，受国外经济形势变化冲击较小，对外贸易水平实现了逆势上扬，贸易结构不断优化，对外开放水平提升；二是作为中国重要的粮食主产区，中原城市群第一产业劳动生产率稳步提升，城乡二元结构不断优化。但同时也应看到，中原城市群协同发展对经济高质量发展的贡献率仅为 13.75%，这一方面是由于中原城市群城市群内部地区经济发展差距缩小，整体经济差距指标从 2007 年 0.444 7 增长至 2019 年的 0.445 7，仅增长了 0.22%；另一方面，城市群内部地区公共服务差距不断扩大，各城市人均公共预算支出与城市群首位城市人均公共预算支出的比值从 2007 年的 0.446 4 缩小到 2019 年的 0.370 4。此外，第二梯队的 4 个城市群发展成果共享维度的提升相对较低，尤其是中原城市群与关中平原城市群，贡献率仅为 19.42% 与 20.02%。在发展过程中，中原城市群对人民美好生活需要的满足程度亟待提升，因为相较于经济增长，中原城市群的民生改善与社会治理水平提升缓慢，如中原城市群 2019 年每万人医师数与每万人藏书数在 9 个城市群中排名末尾。

第三梯队的两个城市群整体经济高质量发展主要来源为发展成果共享水平提升。其中哈长城市群发展成果共享对经济高质量发展的贡献率达81.88%，呼包鄂榆城市群发展成果共享对经济高质量发展的贡献率也达到了 45.71%，但这种提升的一部分属于对以往历史欠账的弥补，如呼包鄂榆城市群社会保障支出占 GDP 的比重从 2007 年的 1.19% 提升至 2019 年的 1.85%，但在 9 个城市群中仍排名较为靠后；哈长城市群人均教育支出从 2007 年的 434.87 元提升至 2019 年的 1 331.22 元，但在 9 个城市群中仍排名末尾。发展结构对第三梯队的两个城市群整体经济高质量发展水平提升的贡献率均为负，是第三梯队城市群整体经济高质量发展提升缓慢的主要原因。这其中既有如第一梯队城市群所面临的对外贸易萎缩，对外贸结构产生了较大冲击的缘故，也有两个城市群产业结构调整缓慢的缘故。哈长城市群产业结构合理化指标值从 2007 年的 2.074 7 下降至 2019 年的 0.193 2，呼包鄂榆城市群产业结构合理化指标值从 2007 年的 2.957 0 下降至 2019 年的 0.577 3，产业间协调程度出现较大幅度的下降。两个城市群协同发展对城市群整体经济高质量发展水平提升的贡献率较低，尤其是哈长城市群，仅为5.4%。哈长城市群中心城市与其他城市间的经济发展差距在近年来逐渐扩大，各城市人均 GDP 与城市群首位城市人均 GDP 的比值从 2007 年的 0.817 9 缩小到 2019 年的 0.542 2，中心城市对其他城市的辐射带动作用较弱，城市间协同发展水平较低。呼包鄂榆城市群作为规划较晚的城市群，城市群发育尚未成熟，城市间经济联系程度有待提升，城市群尚未融合成为一个整体，城市群协同发展水平提升缓慢。

5.3.3　各城市群内部城市经济高质量发展评价

5.3.1 节和 5.3.2 节对各城市群整体经济高质量发展进行了测度，而后通过维度分解探究各城市群整体经济高质量发展水平提升的来源，接下来将进一步对各城市群内部城市经济高质量发展水平进行测度，探析各城市群内部城市经济高质量发展变化过程。依旧以前文所述的城市群经济高质量发展指标体系和评价方法对 2007—2019 年 9 个城市群内部 141 个城市经济高质量发展水平进行测度，以各城市数据进行指标计算。需要特殊说明的是，由于地区产业分工水平指标仅能计算各城市群范围内产业分工水平，因此本书以各城市群产业分工水平作为各城市产业分工水平。各城市群内部城市经济高质量发展水平测度结果见表 5-6。

表 5-6　各城市群内部城市经济高质量发展测度结果（2007—2019 年）

城市群	城市	高质量发展测度				
		2007 年	2010 年	2015 年	2019 年	年均增长率/%
京津冀城市群	北京市	0.372 4	0.493 9	0.760 3	0.844 7	10.57
	天津市	0.208 2	0.258 3	0.364 9	0.371 6	6.54
	石家庄市	0.120 4	0.139 9	0.164 0	0.210 3	6.23
	承德市	0.098 7	0.108 6	0.115 2	0.134 2	3.00
	张家口市	0.084 1	0.104 3	0.112 5	0.137 4	5.28
	秦皇岛市	0.114 0	0.125 1	0.166 6	0.184 9	5.18
	唐山市	0.140 5	0.161 4	0.164 3	0.197 6	3.39
	廊坊市	0.105 8	0.137 9	0.181 6	0.241 6	10.69
	保定市	0.101 6	0.125 7	0.147 7	0.161 1	4.93
	沧州市	0.110 7	0.122 5	0.137 2	0.155 3	3.36
	衡水市	0.113 5	0.117 7	0.124 7	0.187 1	5.40
	邢台市	0.089 9	0.106 1	0.125 3	0.151 9	5.75
	邯郸市	0.095 6	0.111 3	0.127 7	0.155 5	5.22

表5-6(续)

城市群	城市	高质量发展测度				
		2007 年	2010 年	2015 年	2019 年	年均增长率/%
长三角城市群	上海市	0.358 8	0.450 1	0.511 8	0.704 0	8.02
	南京市	0.228 9	0.266 0	0.343 9	0.456 6	8.29
	无锡市	0.273 1	0.340 3	0.361 2	0.485 3	6.48
	常州市	0.165 1	0.223 0	0.281 0	0.340 8	8.87
	苏州市	0.273 8	0.385 7	0.469 0	0.577 8	9.25
	南通市	0.155 5	0.213 0	0.225 2	0.264 8	5.85
	盐城市	0.105 6	0.132 2	0.160 4	0.205 5	7.89
	扬州市	0.147 6	0.197 6	0.271 0	0.317 8	9.61
	镇江市	0.188 0	0.237 5	0.299 0	0.342 9	6.87
	泰州市	0.123 5	0.165 6	0.218 6	0.261 7	9.32
	杭州市	0.224 4	0.296 9	0.378 7	0.459 4	8.73
	宁波市	0.209 2	0.269 7	0.334 3	0.375 2	6.61
	嘉兴市	0.158 8	0.214 1	0.276 9	0.352 8	10.18
	湖州市	0.147 9	0.202 9	0.263 5	0.288 8	7.95
	绍兴市	0.174 1	0.226 8	0.316 9	0.309 4	6.48
	金华市	0.149 9	0.180 4	0.231 7	0.281 3	7.30
	舟山市	0.140 0	0.179 0	0.258 7	0.260 6	7.18
	台州市	0.143 8	0.174 1	0.218 0	0.265 5	7.05
	合肥市	0.123 1	0.173 4	0.229 6	0.281 2	10.70
	芜湖市	0.116 2	0.160 2	0.204 7	0.221 1	7.52
	马鞍山市	0.119 1	0.147 7	0.163 4	0.192 4	5.14
	铜陵市	0.136 1	0.171 4	0.179 7	0.165 5	1.80
	安庆市	0.079 5	0.099 8	0.124 5	0.153 1	7.72
	滁州市	0.083 3	0.098 0	0.135 4	0.192 0	10.87
	宣城市	0.075 9	0.105 9	0.126 6	0.166 4	9.93
长江中游城市群	武汉市	0.307 7	0.267 9	0.329 3	0.407 2	2.69
	黄石市	0.155 0	0.146 3	0.147 5	0.179 3	1.31
	鄂州市	0.120 9	0.153 2	0.219 5	0.234 2	7.81
	孝感市	0.098 6	0.109 4	0.124 9	0.144 4	3.87
	黄冈市	0.109 7	0.149 2	0.176 6	0.210 3	7.64
	咸宁市	0.101 6	0.125 7	0.152 6	0.171 6	5.74
	宜昌市	0.108 9	0.140 6	0.163 9	0.216 4	8.23

表5-6(续)

城市群	城市	高质量发展测度				
		2007 年	2010 年	2015 年	2019 年	年均增长率/%
	襄阳市	0.113 7	0.131 5	0.148 3	0.219 3	7.74
	荆门市	0.100 4	0.120 1	0.150 1	0.168 6	5.66
	荆州市	0.093 1	0.109 3	0.123 1	0.161 6	6.13
	长沙市	0.188 1	0.229 2	0.294 1	0.358 3	7.54
	株洲市	0.126 9	0.149 6	0.190 7	0.231 3	6.85
	湘潭市	0.138 4	0.176 7	0.210 7	0.216 0	4.68
	南昌市	0.143 2	0.163 2	0.200 8	0.246 1	5.99
	景德镇市	0.102 5	0.134 2	0.147 9	0.178 9	6.22
	九江市	0.099 2	0.125 9	0.151 8	0.179 6	6.76
	新余市	0.133 5	0.153 1	0.166 9	0.174 2	2.54
	鹰潭市	0.131 8	0.146 5	0.165 9	0.197 9	4.18
	宜春市	0.103 7	0.118 5	0.143 7	0.178 4	6.00
	衡阳市	0.107 6	0.173 8	0.161 0	0.163 9	4.36
	岳阳市	0.114 2	0.149 6	0.146 1	0.164 2	3.65
	常德市	0.117 2	0.128 5	0.155 0	0.215 6	7.00
	益阳市	0.091 6	0.123 6	0.135 4	0.168 0	6.95
	娄底市	0.101 8	0.114 8	0.122 2	0.148 0	3.79
	萍乡市	0.123 1	0.145 3	0.173 8	0.231 4	7.33
	上饶市	0.089 6	0.112 7	0.134 9	0.149 8	5.60
	吉安市	0.098 2	0.120 9	0.151 3	0.182 0	7.11
	抚州市	0.102 5	0.116 8	0.147 7	0.187 0	6.87
成渝地区双城经济圈	重庆市	0.122 8	0.156 9	0.235 6	0.261 4	9.40
	成都市	0.173 7	0.243 6	0.356 8	0.435 0	12.54
	自贡市	0.109 8	0.126 2	0.151 3	0.160 8	3.87
	泸州市	0.105 7	0.120 3	0.138 9	0.181 5	5.97
	德阳市	0.123 5	0.144 5	0.175 6	0.246 8	8.32
	绵阳市	0.112 3	0.143 7	0.175 0	0.234 7	9.08
	遂宁市	0.104 7	0.159 7	0.169 7	0.190 5	6.83
	内江市	0.102 7	0.116 1	0.139 3	0.174 4	5.81
	乐山市	0.117 5	0.125 0	0.144 1	0.166 7	3.49
	南充市	0.108 9	0.125 3	0.155 7	0.182 3	5.61
	眉山市	0.101 9	0.117 8	0.146 6	0.187 3	6.98

表5-6(续)

城市群	城市	高质量发展测度				
		2007 年	2010 年	2015 年	2019 年	年均增长率/%
	宜宾市	0.110 5	0.122 8	0.132 1	0.155 6	3.40
	广安市	0.101 5	0.121 7	0.141 6	0.158 4	4.67
	达州市	0.093 9	0.106 6	0.121 1	0.156 4	5.54
	雅安市	0.099 8	0.108 5	0.154 7	0.166 9	5.61
	资阳市	0.146 8	0.143 3	0.168 8	0.167 4	1.17
中原城市群	郑州市	0.167 5	0.188 7	0.256 2	0.354 8	9.32
	开封市	0.113 6	0.123 1	0.142 9	0.184 0	5.16
	洛阳市	0.122 4	0.135 0	0.149 3	0.212 7	6.15
	平顶山市	0.108 7	0.128 8	0.138 6	0.158 5	3.82
	安阳市	0.111 6	0.130 5	0.136 1	0.170 1	4.37
	鹤壁市	0.111 6	0.135 2	0.160 3	0.172 5	4.55
	新乡市	0.112 9	0.122 1	0.145 1	0.171 7	4.34
	焦作市	0.131 9	0.142 8	0.152 8	0.195 0	3.99
	濮阳市	0.114 6	0.140 4	0.164 2	0.155 9	3.00
	许昌市	0.120 1	0.152 0	0.153 2	0.202 4	5.71
	漯河市	0.126 5	0.153 3	0.170 3	0.182 2	3.67
	三门峡市	0.128 0	0.146 8	0.149 4	0.170 9	2.79
	南阳市	0.101 8	0.113 4	0.128 8	0.154 8	4.34
	商丘市	0.101 8	0.117 9	0.123 8	0.161 6	4.89
	信阳市	0.098 2	0.114 2	0.136 9	0.192 2	7.99
	周口市	0.109 3	0.127 1	0.139 9	0.170 2	4.64
	驻马店市	0.100 5	0.116 1	0.128 2	0.166 5	5.48
	长治市	0.139 2	0.157 2	0.145 9	0.180 0	2.45
	晋城市	0.134 3	0.162 7	0.148 6	0.184 2	3.10
	运城市	0.111 2	0.117 6	0.115 7	0.144 2	2.47
	蚌埠市	0.098 8	0.120 1	0.186 0	0.182 5	7.06
	淮北市	0.103 7	0.150 3	0.155 2	0.201 5	7.86
	阜阳市	0.097 1	0.119 8	0.131 3	0.150 6	4.59
	宿州市	0.070 9	0.099 7	0.121 4	0.166 4	11.22
	亳州市	0.103 1	0.145 5	0.166 2	0.170 7	5.46
	聊城市	0.119 6	0.144 1	0.157 5	0.205 5	5.98
	菏泽市	0.098 0	0.129 0	0.149 5	0.202 1	8.85

表5-6(续)

城市群	城市	高质量发展测度				
		2007 年	2010 年	2015 年	2019 年	年均增长率/%
哈长城市群	长春市	0.173 3	0.204 8	0.247 7	0.254 9	3.92
	吉林市	0.140 6	0.178 8	0.173 9	0.172 2	1.87
	四平市	0.107 1	0.125 2	0.132 6	0.157 3	3.91
	辽源市	0.137 8	0.169 5	0.174 7	0.130 6	−0.43
	松原市	0.142 7	0.168 7	0.163 8	0.112 6	−1.76
	哈尔滨市	0.171 5	0.211 9	0.246 2	0.277 3	5.14
	齐齐哈尔市	0.331 9	0.170 5	0.186 8	0.172 8	−4.00
	大庆市	0.215 3	0.202 6	0.209 6	0.201 3	−0.54
	牡丹江市	0.198 9	0.178 7	0.265 3	0.212 2	0.56
呼包鄂榆城市群	呼和浩特	0.168 6	0.186 5	0.203 3	0.231 1	3.09
	包头市	0.168 9	0.188 3	0.194 8	0.195 1	1.29
	鄂尔多斯市	0.185 2	0.406 8	0.302 1	0.255 3	3.15
	榆林市	0.126 0	0.148 7	0.145 1	0.168 0	2.78
关中平原城市群	西安市	0.182 7	0.213 3	0.308 0	0.380 8	9.03
	宝鸡市	0.118 2	0.132 8	0.154 8	0.179 3	4.31
	咸阳市	0.087 1	0.122 5	0.151 0	0.181 3	9.02
	商洛市	0.108 1	0.125 1	0.131 6	0.177 5	5.34
	渭南市	0.130 0	0.137 6	0.117 9	0.134 1	0.26
	铜川市	0.148 0	0.166 6	0.169 4	0.172 1	1.36
	临汾市	0.142 9	0.132 9	0.127 3	0.186 5	2.54
	天水市	0.152 0	0.143 2	0.147 3	0.155 0	0.16
	平凉市	0.108 9	0.116 0	0.113 8	0.172 6	4.87
	庆阳市	0.169 1	0.165 6	0.162 7	0.192 3	1.15
粤港澳大湾区	广州市	0.267 5	0.305 8	0.388 2	0.518 8	7.83
	深圳市	0.476 2	0.615 9	0.767 9	0.876 4	7.00
	珠海市	0.250 7	0.290 3	0.382 1	0.472 1	7.36
	佛山市	0.206 0	0.252 0	0.322 1	0.389 2	7.41
	惠州市	0.147 0	0.171 4	0.230 3	0.249 1	5.79
	东莞市	0.287 2	0.376 4	0.360 5	0.469 6	5.29
	中山市	0.207 3	0.256 5	0.333 5	0.376 4	6.79
	江门市	0.161 3	0.179 0	0.206 7	0.237 4	3.93
	肇庆市	0.113 9	0.141 9	0.188 3	0.221 0	7.84

接下来本书将依次对各城市群内部城市经济高质量发展水平进行分析，京津冀城市群中经济高质量发展水平增长最快的是廊坊市，从2007年的0.1058增长至2019年的0.2416，年均增长10.69%。廊坊市地处北京市和天津市两大城市之间，地理位置得天独厚，京津冀协调发展战略更进一步加快了其发展。经济高质量发展水平增长最慢的城市为承德市，从2007年的0.0987增长至2019年的0.1342，年均仅增长3.00%，主要原因在于经济发展动能转换缓慢，样本期内人力资本提升缓慢，资本收益率持续走低。从高质量发展水平来看，作为京津冀城市群中两大中心城市的北京市和天津市经济高质量发展水平最高且增速较快，尤其是北京市，年均增速仅次于廊坊，达到10.57%，与其他城市的差距在不断扩大，经济高质量发展水平最高的北京市与城市群内部经济高质量发展水平最低的城市间差距从2007年的0.2883扩大至2019年的0.7105。

长三角城市群范围内各城市经济高质量发展表现为同步发展状态，从增长速度来看，除铜陵市外，其他城市年均增长速度均保持在5%以上，可见各城市经济高质量发展均保持较快增长速度。增长速度前三甲依次为滁州市、合肥市、嘉兴市，增速分别为10.87%、10.7%、10.18%，这三个城市均为样本初期经济高质量发展水平较低的城市，但在样本期内实现了高速增长，与其他城市间的差距有所减小。从经济高质量发展水平来看，未出现如京津冀城市群中北京市一家独大的局面，上海市、南京市、无锡市、苏州市、杭州市经济高质量发展均处于较高水平且差距较小，当前城市群范围内经济高质量发展水平较低的城市主要位于安徽省内，除合肥市与芜湖市外其他城市2019年经济高质量发展水平均低于0.2，主要原因在于这些城市加入长三角城市群的时间较晚，与城市群内部其他省份城市间经济联系尚不紧密，加快推进这些城市经济高质量发展是实现长三角城市群整体经济高质量水平提升的有效手段。

长江中游城市群范围内经济高质量发展水平增长最快的三个城市依次为宜昌市、鄂州与襄阳市，增速分别为9.05%、8.05%、8.71%，三个城市经济高质量发展处于较低水平但样本期内实现了快速增长。长沙市作为中心城市之一，经济高质量发展水平仍实现了高速增长，增速在各城市中位居第5位，与武汉市的差距显著缩小。作为省会城市的武汉市、长沙市与南昌市与省内其他城市间的经济高质量发展水平差距明显，以这三个中心城市为核心形成的三大都市圈内部城市也是长江中游城市群范围内经济高质量发展水平较高且增长速度较快的区域，如武汉都市圈的鄂州市与黄冈市，长株潭城市群的株洲市与湘潭市，环鄱阳湖城市群的九江市与萍乡市等。但也应看到，这三个省会城市经济高质量发展水平较高，主要依靠自身政治经济地理位置优势与政策倾斜，三个城市与省内其他城市间经济高质量发展水平的差距在样本期内呈不断扩大趋势，且到 2019 年南昌市与其他两个省会城市间的经济高质量发展水平差距较大。作为江西省经济发展的领头羊，南昌市无论是经济体量还是发展速度均低于武汉市与长沙市，如何实现南昌市经济高质量发展水平快速提升以带动省内其他城市发展是江西省在经济发展过程中必须重点考虑的问题。作为中心城市的武汉市经济高质量发展水平提升缓慢，年均增长率仅为 2.69%，远低于长沙市的 7.54% 和南昌市的 5.99%，其主要原因在于武汉市发展结构尤其是产业结构转型升级缓慢，产业合理化水平有所下降。

成渝地区双城经济圈内部重庆市与成都市作为中心城市经济高质量发展均保持较快增速，样本期内年均增长速度为 9.40% 与 12.54%，且中心城市对经济圈范围内其他城市带动作用较为明显，除自贡市、乐山市、宜宾市与资阳市外，其他城市经济高质量发展增速均在 5% 以上，但重庆市与成都市间经济高质量发展水平差距从 2007 年的 0.050 9 扩大至 2019 年的 0.173 6，其主要原因在于与成都市相比，重庆市产业合理化水平较低，作为大城市、大农村，重庆市农业发展地理劣势较大，农业人口众多，农业规模化经营受限，从而使重庆市第一产业劳动生产率水平较低。加快农业现代化发展，推进适度规模化经营与特色农业发展是提升重庆市产业合理化水平的重要方向。同时值得注意的是，处于成都市与重庆市之间的资阳市的经济高质量发展水平年均增速仅为 1.17%，没有发挥自身地理优势，这也从侧面反映了成都市与重庆市两大城市间长期背向发展，空间发展战略缺乏充分对接。经济圈范围内经济高质量水平增长速度最快的城市为绵阳市，年均增速高达 9.08%，主要原因在于城市经济发展动能的转换，样本期内城市创新能力显著提升，人均专利占有量从 2007 年的 0.836 5 件/人提升至 2019 年的 12.018 8 件/人。

中原城市群中作为中心城市的郑州市一家独大，经济高质量发展水平始终处于城市群首位，2019 年仅有郑州市一个城市经济高质量发展水平在 0.3 以上，年均增长速度达 9.32%，仅次于宿州市，位列第 2 位。郑州市经济高质量发展主要动力为发展动能的快速转换，尤其是技术进步对经济高质量发展的贡献较为突出,人均专利占有量从 2007 年的 3.111 7 件/人上升至 2019 年的 38.184 8 件/人。此外中原城市群中经济高质量发展速度最快的是宿州市,年均增长速度达 11.22%,位于山西省境内的长治市、晋城市与运城市经济高质量发展水平较低且提升缓慢,年均增速仅为 2.45%、3.10% 与 2.47%,其主要原因在于这些城市经济协同发展水平较低,与城市群其他城市间经济差距与公共服务差距不断扩大。

哈长城市群大部分城市经济高质量发展趋于停滞,辽源市、松原市、齐齐哈尔市、大庆市经济高质量发展水平甚至在样本期内呈下降态势,其中齐齐哈尔市下降最大,经济高质量发展水平从 2007 年的 0.305 2 下降至 2019 年的 0.156 6,年均下降 4.00%,吉林市与牡丹江市经济高质量发展增长缓慢,年均仅增长 1.87% 与 0.56%,仅有作为中心城市的长春市与哈尔滨市经济高质量发展水平在样本期内有所提升,年均增长率为 3.92% 与 5.14%。尽管哈长城市群内部各城市经济高质量发展差距较小,但除中心城市外其他城市经济高质量发展趋于停滞的局面进一步反映出东北地区经济振兴的艰难过程,发展动能转换缓慢,工业企业资产收益率下降,产业结构转型升级困难,同质化竞争严重,产业合理化水平降低,对外开放质量亟需提升,外贸外资增长缓慢,这些问题的长期存在是阻碍哈长城市群内部各城市经济高质量发展水平提升的主要原因。

呼包鄂榆城市群内部各城市间经济高质量发展水平差距较小,作为中心城市的呼和浩特市经济高质量发展水平在 2019 年仅为 0.231 1,尚处于较低水平,对其他城市的辐射带动作用尚不明显。从增长速度来看,各城市经济高质量发展增速均处于较低水平,增长速度均低于 4%,尤其是包头市样本期内经济高质量发展年均增速仅为 1.29%。阻碍呼包鄂榆城市群内部各城市经济高质量发展水平快速提升的主要因素是各城市发展结构的调整较为缓慢,产业结构高级化与合理化水平增长缓慢,对外贸易受国际形势影响出现较大下降,尤其是包头市实际利用外资额从 2007 年的 6.16 亿美元下降至 2019 年的 1.81 亿美元,地区经济开放性水平仍有待提升。

关中平原城市群中西安市作为中心城市,经济高质量发展水平高且增速较快,经济高质量发展水平年均增长 9.03%,位居城市群内部第 1 名,在样本期内西安市经济协同发展、发展动能、发展可持续性与发展成果共享水平均有较大提升,与关中平原城市群内部其他城市间的差距不断扩大,其与关中平原城市群内部经济高质量发展水平最低的城市间差距从

2007 年的 0.095 6 扩大至 2019 年的 0.246 7。城市群内部渭南市、铜川市、天水市与庆阳市经济高质量发展提升缓慢，年均增长速度均在 2% 以下，其中天水市与渭南市经济高质量发展年均增速仅为 0.16% 与 0.26%。总体来看，在关中平原城市群中，西安市呈一枝独秀之态，其余城市经济高质量发展水平较低且多数城市增长速度缓慢，中心城市与外围城市间经济高质量发展两极分化现象突出。

粤港澳大湾区作为中国发展最为成熟的城市群之一，各城市经济高质量发展水平较高，呈多中心发展趋势，广州市、深圳市、珠海市、佛山市、东莞市与中山市发展水平高且提升速度较快，尤其是广州市经济高质量发展指数的年均增长速度为 7.83%，仅次于肇庆市。惠州市、江门市与肇庆市的经济高质量发展指数较小，到 2019 年这 3 个城市经济高质量发展指数仍低于 0.25，与其他城市差距较大。尤其是江门市，发展水平低且增长缓慢，年均增速仅为 3.93%。总体来看，粤港澳大湾区各城市经济协同发展、发展动能、发展可持续性与发展成果共享水平均有较大提升，但经济发展结构维度指标的下降也使粤港澳大湾区内部各城市经济高质量发展存在较大隐患，粤港澳大湾区主要为外向型经济，受国际环境影响较大，加大了城市群经济所面临的风险，加剧了城市群经济高质量发展的不稳定性。

5.3.4 各城市经济高质量发展区域差异分析

从上文分析中不难看出，不论是同一城市群还是不同城市群，各城市间经济高质量发展水平高低不齐，存在较大的区域差异，因此本书接下来将对各城市经济高质量发展的区域差异及其来源进行分析。Dagum（1997）提出的基尼系数及其分解方法能有效解决地区差异中的分解和样本描述问题，在地区差异研究中被广泛应用，本书在分析各城市经济高质量发展的区域差异时也采用这一方法。Dagum 基尼系数定义为

$$G = \frac{\sum_{i=1}^{k} \sum_{j=1}^{k} \sum_{h=1}^{n_i} \sum_{r=1}^{n_j} |y_{ij} - y_{hr}|}{2n^2\mu} \tag{5-6}$$

式（5-6）中，i，h 为城市群，j，r 为城市，n 为城市数量，k 为城市群数量，μ 为所有城市经济高质量发展均值。

本书据此对中国 9 个城市群 2007—2019 年经济高质量发展基尼系数进行计算与分解，将城市经济高质量发展的差异分解为群内差异、群间差异与超变密度，具体测算结果如表 5-7、表 5-8、表 5-9 所示。

表 5-7　2007—2019 年各城市经济高质量发展的群内差异

年份	2007 年	2008 年	2009 年	2010 年	2011 年	2012 年	2013 年
京津冀城市群	0.227 7	0.225 2	0.238 1	0.250 4	0.257 1	0.272 2	0.293 3
长三角城市群	0.212 2	0.215 8	0.210 5	0.211 3	0.210 2	0.208 9	0.199 4
长江中游城市群	0.139 7	0.137 7	0.112 9	0.115 9	0.115 7	0.118 4	0.126 1
成渝城市群	0.081 5	0.101 4	0.089 7	0.105 8	0.107 8	0.117 5	0.126 3
中原城市群	0.081 7	0.088 6	0.079 6	0.076 5	0.072 8	0.081 6	0.094 2
哈长城市群	0.175 6	0.114 8	0.081 8	0.073 1	0.104 3	0.107 8	0.128 5
呼包鄂榆城市群	0.068 6	0.105 4	0.149 6	0.208 5	0.145 4	0.108 7	0.137 5
关中城市群	0.119 1	0.118 2	0.084 6	0.097 8	0.090 3	0.105 4	0.129 8
粤港澳大湾区	0.223 3	0.241 4	0.226 7	0.240 6	0.253 0	0.268 5	0.230 1
年份	2014 年	2015 年	2016 年	2017 年	2018 年	2019 年	均值
京津冀城市群	0.303 1	0.319 3	0.334 7	0.375 0	0.324 5	0.297 9	0.286 0
长三角城市群	0.195 3	0.203 9	0.207 4	0.217 1	0.214 8	0.220 3	0.209 8
长江中游城市群	0.125 1	0.128 5	0.132 5	0.128 2	0.133 5	0.132 7	0.126 7
成渝城市群	0.130 4	0.137 5	0.131 6	0.128 9	0.143 8	0.145 6	0.119 1
中原城市群	0.087 7	0.081 5	0.080 0	0.077 7	0.078 4	0.086 0	0.082 0
哈长城市群	0.122 2	0.118 8	0.091 7	0.115 7	0.120 2	0.153 8	0.116 0
呼包鄂榆城市群	0.107 9	0.141 8	0.160 2	0.088 3	0.083 2	0.087 7	0.122 6
关中城市群	0.136 5	0.148 9	0.140 3	0.120 2	0.132 1	0.133 7	0.119 8
粤港澳大湾区	0.236 3	0.224 0	0.225 0	0.214 8	0.218 6	0.233 6	0.233 5

表 5-8　2007—2019 年各城市经济高质量发展的群间差异均值

城市群	A 与 B	A 与 C	A 与 D	A 与 E	A 与 F	A 与 G	A 与 H	A 与 I	B 与 C
群间差异	0.304 7	0.226 5	0.250 9	0.223 5	0.255 4	0.125 2	0.215 3	0.266 2	0.110 2
城市群	B 与 D	B 与 E	B 与 F	B 与 G	B 与 H	B 与 I	C 与 D	C 与 E	C 与 F
群间差异	0.105 4	0.251 8	0.200 3	0.162 2	0.167 6	0.163 4	0.262 5	0.198 4	0.178 7

表5-8（续）

城市群	C与G	C与H	C与I	D与E	D与F	D与G	D与H	D与I	E与F
群间差异	0.185 0	0.184 6	0.135 8	0.227 1	0.251 5	0.128 3	0.125 9	0.109 0	0.158 6
城市群	E与G	E与H	E与I	F与G	F与H	F与I	G与H	G与I	H与I
群间差异	0.177 1	0.377 4	0.255 5	0.358 7	0.365 3	0.384 8	0.289 0	0.274 1	0.359 7

注：为便于描述，本表对9个城市群进行编号，A代表京津冀城市群、B代表长三角城市群、C代表长江中游城市群、D代表成渝城市群、E代表中原城市群、F代表哈长城市群、G代表呼包鄂榆城市群、H代表关中平原城市群、I代表粤港澳大湾区。

表5-9 各城市经济高质量发展区域差异来源的分解

年份	2007年	2008年	2009年	2010年	2011年	2012年	2013年
总体差异	0.200 3	0.198 4	0.190 7	0.205 4	0.207 9	0.222 3	0.225 9
贡献率	100%	100%	100%	100%	100%	100%	100%
群内差异	0.020 7	0.021 2	0.019 6	0.020 2	0.020 4	0.021 3	0.021 8
贡献率	10.33%	10.70%	10.27%	9.86%	9.81%	9.59%	9.64%
群间差异	0.117 0	0.113 0	0.114 3	0.127 9	0.131 2	0.145 3	0.143 0
贡献率	58.44%	56.97%	59.94%	62.30%	63.13%	65.36%	63.29%
超变密度	0.062 5	0.064 1	0.056 8	0.057 2	0.056 3	0.055 7	0.061 2
贡献率	31.23%	32.34%	29.79%	27.84%	27.06%	25.05%	27.07%
年份	2014年	2015年	2016年	2017年	2018年	2019年	均值
总体差异	0.225 1	0.227 7	0.222 9	0.224 8	0.225 9	0.228 3	0.215 8
贡献率	100%	100%	100%	100%	100%	100%	100%
群内差异	0.021 6	0.022 1	0.022 2	0.022 8	0.022 7	0.023 3	0.021 5
贡献率	9.57%	9.71%	9.97%	10.16%	10.05%	10.21%	9.98%
群间差异	0.142 4	0.141 5	0.133 3	0.132 8	0.138 8	0.138 4	0.132 2
贡献率	63.24%	62.13%	59.81%	59.09%	61.41%	60.62%	61.27%
超变密度	0.061 2	0.064 1	0.067 4	0.069 1	0.064 5	0.066 6	0.062 0
贡献率	27.19%	28.16%	30.22%	30.75%	28.54%	29.17%	28.75%

（1）各城市经济高质量发展水平的总体差异。2007—2019年各城市经济高质量发展水平的总体差异主要呈先降后升的发展趋势（见表5-9），样本期内各城市经济高质量发展的总体差异均值为0.215 8，2007—2009年略有下降，到2009年达到最低值0.190 7，2009年后又逐渐上升，至2012年突破0.22后，总体差异保持在0.22~0.23上下波动，到2019年达到最高值0.228 3。总体来看，2007—2019年各城市间经济高质量发展水

平的总体差异值有所提高，可见样本期内各城市间经济高质量发展水平的总体差异扩大，城市间经济高质量发展协同水平较低，城市间协同发展战略仍有待进一步深化。

（2）各城市经济高质量发展水平的群内差异。由表5-7可知，处于城市群经济高质量发展第一梯队的3个城市群的群内差异最大，其中京津冀城市群内部各城市间经济高质量发展的群内差异最大，样本期内均值为0.286 0。其次为粤港澳大湾区与长三角城市群，其内部各城市间经济高质量发展群内差异均值分别为0.233 6与0.209 8。这说明这三个城市群内部城市间经济高质量发展存在较大差异。第二、三梯队的6个城市群群内差异均值在0.15以下，可见这些城市群内部各城市间经济高质量发展差距相对较小，其中中原城市群经济高质量发展的群内差异均值最低，为0.082 0。进一步考察各城市群经济高质量发展的群内差异变化趋势可以发现：京津冀、粤港澳与呼包鄂榆城市群群内差异主要呈先升后降趋势，京津冀城市群群内差异从2007年的0.227 7上升至2017年的0.375 0，此后开始下降，但总体而言群内差异仍有所扩大。粤港澳大湾区区内差异从2007年的0.223 3上升至2012年的0.268 5，此后开始下降，总体上未出现群内差异，未出现显著缩小。呼包鄂榆城市群群内差异在2007—2010年出现了快速增长，从2007年的0.068 6上升至2010年的0.208 5，此后有所下降，但仍高于2007年的群内差异值，群内差异略有扩大。长三角与中原城市群群内差异较为稳定，未出现较为明显的递减或递增趋势。成渝地区双城经济圈群内差异主要呈上升趋势，群内差异从2007年的0.081 5上升至2019年的0.145 6。长江中游、哈长与关中平原城市群群内差异主要呈先降后升趋势。其中长江中游与关中平原城市群2007—2011年群内差异主要呈下降趋势，2012—2019年主要呈上升趋势，但长江中游城市群群内差异总体而言略有下降，而关中平原城市群群内差异总体而言略有上升；哈长城市群2007—2010年群内差异主要呈下降趋势，2011—2019年主要呈上升趋势，群内差异总体而言略有下降。

（3）各城市经济高质量发展的群间发展差异。表5-8描述了中国各城市2007—2019年经济高质量发展群间差异的均值，主要表现出以下特征：其一，处于中国城市群经济高质量发展水平第一梯队的3个城市群内部城市经济高质量发展与其他城市群内部城市的群间差距较大，尤其是粤港澳大湾区内部城市与其他8个城市群内部城市的群间差距最大，样本期内群间差异均值为 0.243 6。其二，样本期内第一梯队的 3 个城市群内部城市与第二梯队的 4 个城市群内部城市经济高质量发展水平的群间差距均值为 0.200 9，第一梯队的 3 个城市群内部城市与第三梯队的 2 个城市群内部城市经济高质量发展的群间差距均值为 0.233 6。其三，第二梯队的 4 个城市群内部城市与第三梯队的 2 个城市群内部城市的群间差距较小，样本期内群间差距均值为 0.216 7，低于群间差距总体值 0.222 7。可见，城市群内部城市经济高质量发展的群间差异主要体现在第一梯队的 3 个城市群内部城市经济高质量发展水平与其他城市群内部城市间的差异较大，城市群间两极分化较为严重。因此，其他城市群应推动城市群间协同发展，缩小与京津冀、长三角、粤港澳三大城市群之间的差距。

（4）各城市经济高质量发展水平的区域差异来源。表 5-10 对各城市经济高质量发展水平的区域差异进行了分解，可以看出，群间差异的数值和贡献率最高，样本期内各城市经济高质量发展的群间差异均值为 0.132 2，远高于群内差异的均值 0.021 5 与超变密度的均值 0.062 0。在变化趋势上，各城市的群间差异呈现出先上升后下降再上升的变化趋势；超变密度则与之相反，表现出先下降后上升再下降的变化趋势；群内差异则略有上升但幅度较小，未出现明显下降或上升趋势。在对总体差异的贡献率上，各城市经济高质量发展的群间差异对总体差异的贡献率在各年份均至少在 58% 以上，样本期内均值为 61.27%；其次是超变密度，贡献率均值为 28.75%；群内差异的贡献率最低，均值仅为 9.98%。由此可见，群间差异是各城市经济高质量发展总体差异的主要来源。

5.4　本章小结

本章基于以城市群为整体与其内部城市为互动关系的视角，构建了包含协同发展、发展动能、发展结构、发展可持续性与发展成果共享五个维度的城市群经济高质量发展评价指标体系，采用主观与客观相结合的指标赋权方法对长江中游、京津冀、哈长、成渝、长三角、中原、关中平原、呼包鄂榆与粤港澳大湾区 9 个城市群整体与城市群内部城市 2007—2019 年经济高质量发展水平进行测算，并通过指标分解探析各城市群整体经济高质量发展的主要来源，通过 Dagum 基尼系数对中国城市群经济高质量发展区域差异进行分解，基本结论如下：

其一，样本期内中国城市群整体经济高质量发展水平主要呈上升态势，但城市群间整体经济高质量发展水平差距不断扩大。在群际层面上，9个城市群可划分为三大梯队：高水平高增长速度特征的第一梯队，包括粤港澳大湾区、京津冀与长三角城市群；低水平高增长速度特征的第二梯队，包括长江中游、成渝、中原与关中平原城市群；低水平低增长速度特征的第三梯队，包括哈长和呼包鄂榆城市群。城市群经济高质量发展空间上呈现出从东到西、从南到北的梯度递减态势。

其二，从城市群经济高质量发展水平提升来源来分析，发展动能转换是第一梯队城市群整体经济高质量发展水平提升的主要来源；第二梯队中长江中游、成渝与关中平原城市群整体经济高质量发展水平提升主要来源与第一梯队同为发展动能转换，中原城市群经济高质量发展主要来源于发展结构的调整优化；第三梯队的呼包鄂榆与哈长城市群经济高质量发展水平提升的主要来源为发展成果共享水平的提高。

其三，样本期内各城市经济高质量发展水平存在较大差异。总体来看，各城市群中心城市经济高质量发展处于较高水平，且除武汉市外其他中心城市皆保持了较高的增长速度，但非中心城市经济高质量发展水平与增长速度参差不齐。哈长与呼包鄂榆城市群内部多数城市经济高质量发展处于较低水平且增长缓慢甚至出现下降态势。另外，其他城市群中位于安徽省、山西省与甘肃省的部分城市经济高质量发展水平增长较为缓慢。

其四，从城市经济高质量发展水平的区域差异来分析，样本期内城市经济高质量发展的总体差异有所扩大，城市间经济高质量发展的总体协同性较低。从城市经济高质量发展的群内差异来看，第一梯队的3个城市群群内差异较大，第二、三梯队的6个城市群群内差异相对较小，京津冀、粤港澳、呼包鄂榆城市群群内差异呈先升后降趋势，长三角与中原城市群群内差异较为稳定，成渝地区双城经济圈群内差异主要呈上升趋势，长江中游、哈长与关中平原城市群群内差异主要呈先降后升趋势，总体来看城市群内部城市间经济高质量发展的协同性下降；从群间差异来看，第一梯队的3个城市群与第二、三梯队的6个城市群群间差异较大，第二、三梯队的6个城市群群间差异较小，城市群两极分化较为严重；从差异来源看，城市经济高质量发展水平的区域差异主要来源是群间差距，实现城市群经济高质量发展的协同提升的重心在于缩小城市群间差距。

6 市场分割影响城市群经济高质量发展的实证检验

改革开放四十多年来，中国经济运行的体制机制经历了一个由计划经济向市场经济渐进式转变的过程。在这个过程中，经济分权和国家治理能力及体系的制度改革在驱动地方政府积极推动当地经济增长的同时，也导致地方政府倾向于通过市场分割对当地经济进行保护，使得国内市场难以实现整合，规模经济的潜力无法得到最大的发挥。当前随着中国经济转向高质量发展阶段，市场分割问题成为影响中国经济高质量发展的重要因素，2021年12月17日召开的中央全面深化改革委员会第二十三次会议中提出要"加快建设高效规范、公平竞争、充分开放的全国统一大市场，建立全国统一的市场制度规则，促进商品要素资源在更大范围内畅通流动……要结合区域重大战略、区域协调发展战略实施，优先开展统一大市场建设工作，发挥示范引领作用"。本章从市场分割这一角度，实证检验其对城市群经济高质量发展的总体影响及其影响机制，从而针对"市场分割对经济增长的影响"这一问题进行综合分析，重点考察这一影响的地区异质性。

6.1 市场分割影响城市群经济高质量发展的总体效应检验

6.1.1 研究设计

（1）计量模型设定

本书利用中国9个城市群整体及其141个城市2007—2019年的数据构

建计量模型，检验市场分割对城市群整体与各城市经济高质量发展的影响，包括静态估计和动态估计。由于城市总体样本数据为短面板数据，所以本书采用静态估计和动态估计，由于城市群整体与分城市群数据既存在短面板数据也存在长面板数据（矩估计在小样本情况下无效），所以本书采用静态估计。

①静态估计。

模型具体形式如下：

$$QEG_{it} = \beta_1 SEG_{it} + \beta_2 Z_{it} + \lambda_i + \mu_t + \varepsilon_{it} \tag{6-1}$$

模型（6-1）为基准回归模型，其中，下标 i 为地区；t 为年份；QEG 表示城市群经济高质量发展指标；SEG 代表商品市场分割程度；Z 表示除市场分割外的其他控制变量，包括政府干预程度、交通基础设施水平、劳动力禀赋、居民消费水平、金融水平等；λ_i 表示地区的固定效应；μ_t 表示时间固定效应；ε_{it} 表示随机误差项。

②动态估计。

地方政府的市场分割行为不仅对当期产生影响，也有可能由于时间惯性产生滞后影响，如政府政策、补助的长期性影响等。城市群经济高质量发展也会在一定程度上反向影响市场分割，一般来说经济越发达的地方市场分割的程度越小，具有逆向因果关系。另外，考虑到本书的城市群经济高质量发展指标体系内容较为丰富，与控制变量之间可能存在联系，这些问题的存在都将使得模型可能存在内生性问题。基于此，本书采用矩估计方法，以被解释变量的滞后期作为工具变量，进行系统矩估计（SYS—GMM），具体模型如下：

$$QEG_{it} = \beta_0 QEG_{i,\,t-k} + \beta_1 SEG_{it} + \beta_3 Z_{it} + \lambda_t + \mu_t + \varepsilon_{it} \tag{6-2}$$

模型（6-2）为动态回归模型，在静态回归模型的基础上加入被解释变量的滞后项作为解释变量，k 为滞后期数，通过这一模型来考察城市群经济高质量发展及其他解释变量的前期变化对当期城市群经济高质量发展的影响。

（2）变量说明

①被解释变量：经济高质量发展水平（QEG）。

采用第 5 章构建的城市群经济高质量发展评价指标体系的测度结果来衡量。

②核心解释变量：市场分割程度（SEG）。

通过相对价格法以各城市居民消费价格分类指数为原始数据进行测度。

③控制变量。

参考国内外经济高质量发展的已有研究，选取以下控制变量：

第一，交通基础设施（INFRA）。

一方面，交通基础设施建设能够强化各城市间的经济联系，促进中心城市的产业、技术向外围城市溢出，为地区间企业交流与协作提供了条件，这有助于落后地区实现经济快速发展，提高经济发展质量。另一方面，交通基础设施的完善也强化了中心城市的经济集聚效应，缺乏竞争优势的中小城市会因此失去产业，生产要素也会向中心城市流动，这将抑制经济发展质量的提升。因此，交通基础设施对经济高质量发展的影响存在不确定性，本书通过各城市公路通车里程与地区陆地面积之比来反映各城市交通基础设施水平。

第二，劳动力禀赋（LFE）。

在国内市场分割导致资源要素无法自由流动的情况下，各城市劳动力禀赋是经济高质量发展的重要源泉，尤其是在中国当前处于老龄化社会的背景下，"高龄少子化"问题日渐突出，劳动年龄人口数逐年下降，劳动力要素禀赋的差异成为导致城市群经济高质量发展水平存在差异的重要原因。本书采用各城市城镇就业人员占城市人口总量的比重衡量劳动力禀赋。

第三，政府干预（GOV）。

地方政府能够通过产业政策等宏观调控手段影响资源配置进而对区域经济高质量发展产生较大影响。一方面，地方政府通过明确本地区比较优势和竞争优势，实施差异化产业政策，积极发展地区特色产业，推动生产要素从本地区低生产率产业流向高生产率的产业，能够实现区域产业结构的合理化进而提升经济高质量发展水平（张跃 等，2020）。另一方面，政府对经济的直接或间接干预越多，采取非经济手段获得短期利益的可能性越大，易造成各城市产业趋同与恶性竞争，阻碍各城市经济发展效率提升，扩大城市间经济发展差距，从而降低经济高质量发展水平。本书以各城市财政支出占地区GDP比重作为衡量政府干预程度的指标。

第四，消费水平（COM）。

消费是经济增长的重要驱动力，消费需求规模的扩大必然伴随着消费需求结构的转型，从而推动产业结构转型升级，也能引起宏观经济内外均衡效应，保障经济平稳健康发展，当前多数研究认为中国消费需求偏低，而投资需求偏高（顾六宝、肖红叶，2005），这一结构已经严重影响经济发展质量。本书以各城市全社会商品零售额占 GDP 的比重来衡量各地区消费水平。

第五，金融水平（FIN）。

金融是推进城市群形成和发展的重要影响因素，城市群内部金融集聚通过有助于推动城市群中心城市辐射效应的发挥，促进产业结构优化升级（陈雅琳，2017），进而带动城市群整体经济增长和实现可持续发展。本书用各城市存贷款规模与 GDP 之比衡量各城市金融水平。

（3）数据来源与描述性统计

本书选取中国 2007—2019 年 9 个城市群及其内部 141 个地级及以上城市为样本，如无特殊说明，各变量数据主要来自各省及各地级市 2007—2019 年统计年鉴与统计公报、《中国城市统计年鉴》、EPS 数据库。表 6-1 和表 6-2 分别报告了各变量的描述性统计和相关性统计结果，表 6-2 中各变量之间的相关系数较小，表明各变量不存在严重的多重共线性问题。

表 6-1　变量的描述性统计

	变量	样本量	均值	标准差	最小值	最大值
城市群 整体层面	QEG	117	0.198	0.072	0.102	0.455
	SEG	117	0.029	0.015	0.007	0.074
	INFRA	117	1.005	0.372	0.236	1.681
	LFE	117	0.318	0.217	0.093	1.144
	GOV	117	0.148	0.033	0.084	0.213
	COM	117	1.742	1.452	0.116	7.783
	FIN	117	2.684	0.809	1.211	5.032
城市层面	QEG	1 833	0.177	0.130	0.060	1.239
	SEG	1 833	0.026	0.022	0.004	0.284
	INFRA	1 833	1.244	0.458	0.159	3.764
	LFE	1 833	0.290	0.321	0.043	4.237
	GOV	1 833	0.163	0.070	0.052	0.675
	COM	1 833	0.111	0.161	0.002	1.585
	FIN	1 833	2.169	0.967	0.588	7.506

表 6-2　变量的相关系数矩阵

	变量	SEG	INFRA	LFE	GOV	COM	FIN
城市群 整体层面	SEG	1.000	−0.250	−0.348	−0.300	−0.380	−0.283
	INFRA	−0.250	1.000	0.085	0.319	0.641	0.349
	LFE	−0.348	0.085	1.000	−0.298	0.411	0.435
	GOV	−0.300	0.319	−0.298	1.000	0.158	0.482
	COM	−0.380	0.641	0.411	0.158	1.000	0.545
	FIN	−0.283	0.349	0.435	0.482	0.545	1.000
城市层面	SEG	1.000	−0.192	−0.144	−0.093	−0.134	−0.138
	INFRA	−0.192	1.000	0.104	−0.180	0.194	0.052
	LFE	−0.144	0.104	1.000	−0.225	0.513	0.430
	GOV	−0.093	−0.180	−0.225	1.000	−0.096	0.159
	COM	−0.134	0.194	0.513	−0.096	1.000	0.702
	FIN	−0.138	0.052	0.430	0.159	0.702	1.000

　　为更直观地反映市场分割与经济高质量发展之间的关系，本书绘制了样本期内市场分割与城市群整体和各城市城市经济高质量发展的散点图（见图 6-1、图 6-2），其中横轴为市场分割指数（SEG），纵轴为城市群整体和各城市经济高质量发展水平（QEG），从中可以看出市场分割与城市群整体和各城市经济高质量发展之间存在负相关关系，这为前文理论分析和计量模型构建提供了初步的经验支持。

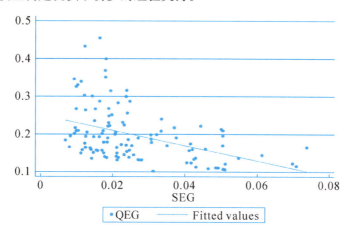

图 6-1　市场分割与城市群整体经济高质量发展的散点图

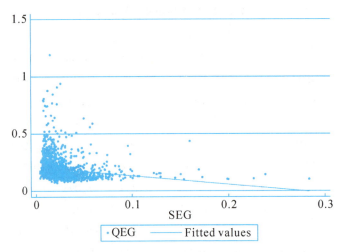

图 6-2　市场分割与城市经济高质量发展的散点图

6.1.2　实证结果分析

（1）城市群层面样本估计

①基准回归。

为检验城市群内部市场分割对城市群整体经济高质量发展水平的影响，本书以各城市群为单位构建面板数据，以城市群内所有城市市场分割指数均值表示城市群内部市场分割水平，各变量均以城市群整体为单位进行计算。

首先采用双向固定效应模型对市场分割影响城市群整体经济高质量发展进行实证检验，回归结果见表 6-3。其中，第（1）列为未加入控制变量的回归结果，结果表明市场分割对城市群整体经济高质量发展具有显著抑制作用，而在第（2）列中加入控制变量后，市场分割对城市群整体经济高质量发展仍具有显著影响且模型拟合程度有了较大提升，市场分割水平每提高 1 个单位，城市群整体经济高质量发展水平将降低 0.127 个单位，这与图 6-1 中与城市群整体经济高质量发展的散点图分布规律一致，在一定程度上验证了第 3 章的研究假设 1。城市群内部市场分割水平的下降意味着各城市间行政壁垒的消减，使得城市群范围内的商品与要素流动成为可能，有助于城市群范围内企业能够根据各城市群的比较优势进行合理集聚，实现规模报酬递增和技术溢出效应，同时城市群内部市场分割水平的下降也使要素资源得到合理配置，市场机制能够通过价格和成本信号实现企业的"优胜劣汰"，提高要素资源的利用效率，从而推进城市群整体经济高质量发展水平的提升。

在控制变量中，劳动力禀赋、消费与金融水平的提升对城市群整体经济高质量发展具有显著的提升作用，各城市群作为中国经济发展的中心区域，具有较强的人才吸引力，人口集聚趋势较为突出，劳动力资源禀赋的增加为各城市群经济发展提供了劳动力要素供给，为各城市群整体经济高质量发展奠定了基础；消费与金融水平的提升带来的消费和资金管理模式的变更推动了城市群产业结构升级，对城市群整体经济高质量发展水平提升具有推动作用。

表6-3　固定效应回归结果

变量	（1）	（2）
SEG	-1.389^{***} （0.234）	-0.127^{***} （0.136）
INFRA		-0.016 （0.013）
LFE		0.233^{***} （0.020）
GOV		0.096 （0.114）
COM		0.015^{***} （0.003）
FIN		0.013^{**} （0.006）
常数项	0.234^{***} （0.007）	0.069^{***} （0.018）
地区效应	Yes	Yes
时间效应	Yes	Yes
N	117	117
R^2	0.248	0.845

注：*、**、***分别代表10%、5%、1%的显著性水平，括号内为标准误，下同。

②全面广义最小二乘法回归。

由于城市群整体面板数据属于长面板数据，需要考虑误差项ε可能存在的异方差与自相关关系，因此本书首先对"不同个体的扰动方差均相等""不存在组内自相关及组间自相关"等假设进行检验。结果表明，误

差项 ε 存在显著的不同个体的扰动方差不相等，存在组内自相关或组间自相关。为纠正以上问题，本书采用全面的可行广义最小二乘法（FGLS）进行估计，估计结果见表6-4。

表6-4　FGLS估计结果

变量	（1）	（2）
SEG	−0.322*** （0.042）	−0.082*** （0.020）
INFRA		0.030*** （0.006）
LFE		0.107*** （0.013）
GOV		0.199*** （0.032）
COM		0.020*** （0.001）
FIN		−0.001 （0.002）
常数项	0.230*** （0.016）	0.091*** （0.012）
地区效应	Yes	Yes
时间效应	Yes	Yes
N	117	117

表6-4中第（1）、（2）列分别为未加入和加入控制变量后市场分割对城市群整体经济高质量发展的影响的估计结果，与表6-3固定效应结果相比，表6-4在纠正误差项 ε 存在的异方差与自相关问题后各变量系数的显著性有了较大提升。市场分割对城市群整体经济高质量发展的影响系数在1%的显著性水平下为负，与固定效应回归结果相同，且系数的显著性水平提升。这再一次验证了市场分割会抑制城市群整体经济高质量发展这一观点。

从控制变量来看，交通基础设施、劳动力禀赋、政府干预、消费水平对城市群整体经济高质量发展均具有显著的正向影响。交通基础设施的改善对城市群整体经济高质量发展具有显著的提升作用，城市间交通基础设施水平的提升促进了城市间企业的交流合作，推动了各城市群中心城市产业和技术向周边中小城市的溢出，从而有助于实现城市间协同发展，提升经济高质量发展水平。政府干预有助于城市群整体经济高质量发展，表明当前中国城市群内部地方政府对经济的干预抑制了城市群范围内的产业同质化。"有效市场"与"有为政府"的有机结合使得各城市能够抑制市场失灵，通过差异化产业政策引导城市经济转型升级，实现城市群范围内产业结构合理化，推动城市群整体经济高质量发展。消费水平的提升通过需求引致的创新和生产规模扩大实现了规模报酬递增，推动了城市群范围内企业间的分工，有利于城市群整体经济高质量发展。

（2）城市层面样本估计

①基准回归。

本书接下来从城市层面对市场分割影响城市经济高质量发展进行实证检验，回归结果见表6-5。在逐个加入控制变量后，模型拟合优度不断提升，且各列中市场分割对各城市经济高质量发展具有显著的抑制作用，在加入全部控制变量后的第（6）列中，市场分割每提高1个单位，城市经济高质量发展水平将降低0.091个单位，这表明市场分割程度越高的城市，其经济高质量发展水平越低。这与图6-2中市场分割与经济高质量发展的散点图分布规律一致，结合上节实证结果显示的市场分割对城市群整体经济高质量发展也具有负面影响，可以看到市场分割无论对城市群整体还是城市群内部城市经济高质量发展均具有负面影响，从而有效验证了本书的研究假设1。此外，与城市群整体层面回归结果（-0.127）相比，市场分割对城市经济高质量发展影响的回归结果更大（-0.091），可见市场分割对城市群整体经济高质量发展的负面影响更为强烈，这验证了本书的研究假设2。各城市市场分割一方面扭曲了价格信号，造成了供需双方的信息不对称，从而使要素市场资源配置发生扭曲，无法实现最优配置；另一方面，当各城市实行市场分割时，企业规模报酬递增与技术溢出也受到抑制，不利于城市经济高质量发展。与此同时，市场分割对于不同经济发展水平的城市的影响具有差异性，从而导致城市群范围内各城市经济发展差距扩大，区域协同发展水平降低，对城市群整体经济高质量发展的抑制作用更强。

表6-5　城市层面固定效应回归结果

变量	（1）	（2）	（3）	（4）	（5）	（6）
SEG	-0.666***	-0.457***	-0.376***	-0.258***	-0.100**	-0.091**
	(0.057)	(0.056)	(0.053)	(0.055)	(0.042)	(0.041)

表6-5(续)

变量	（1）	（2）	（3）	（4）	（5）	（6）
INFRA		0.099*** (0.007)	0.078*** (0.007)	0.066*** (0.007)	0.025*** (0.005)	0.017*** (0.005)
LFE			0.107*** (0.008)	0.101*** (0.008)	0.020*** (0.006)	0.017*** (0.006)
GOV				0.241*** (0.032)	0.135*** (0.025)	−0.009 (0.031)
COM					0.423*** (0.012)	0.393*** (0.012)
FIN						0.022*** (0.007)
常数项	0.194*** (0.002)	0.065*** (0.009)	0.058*** (0.009)	0.033*** (0.009)	0.074*** (0.007)	0.062*** (0.007)
地区效应	Yes	Yes	Yes	Yes	Yes	Yes
时间效应	Yes	Yes	Yes	Yes	Yes	Yes
N	1 833	1 833	1 833	1 833	1 833	1 833
R^2	0.074	0.180	0.257	0.280	0.584	0.599

②动态面板回归结果。

为尽量避免潜在的内生性的影响，本书主要通过系统矩估计（SYS—GMM）进行动态回归，以滞后一阶和二阶被解释变量作为解释变量，同时选取各被解释变量的最多二阶滞后项作为工具变量，估计结果见表6-6。自相关检验表明模型均只存在一阶自相关而不存在二阶自相关，符合矩估计成立的前提，同时 sargan 检验结果表明模型不存在过度识别问题，说明工具变量选取是有效的。

表6-6　动态面板估计结果

变量	（1）	（2）
L.QEG	0.949*** (0.001)	0.820*** (0.004)
SEG	−0.021*** (0.007)	−0.010** (0.004)
INFRA		−0.002** (0.001)

表6-6(续)

变量	（1）	（2）
LFE		0.027***
		（0.001）
GOV		−0.062***
		（0.006）
COM		0.050***
		（0.002）
FIN		0.010***
		（0.000）
常数项	−0.013***	0.383***
	（0.052）	（0.084）
地区效应	Yes	Yes
时间效应	Yes	Yes
AR1	−1.735*	−1.804*
	（0.083）	（0.071）
AR2	1.041	1.132
	（0.298）	（0.258）
Sargan test	132.187	138.849
	（0.249）	（1.000）
N	1 692	1 692

注：AR、Sargan 检验括号里的数分别为 prob>z、prob>F（chiz）的值，下同。

表6-6 中第（1）、（2）列分别为未加入和加入控制变量后市场分割对城市经济高质量发展的影响，滞后一期的 QEG 系数为正且显著，说明各城市经济高质量发展具有明显的惯性特征。第（2）列中市场分割对城市经济高质量发展的影响系数显著为负，与基准回归结果一致，表明回归结果具有较好的稳健性。陆铭和陈钊（2009）认为市场分割与地区经济增长间存在倒 U 形关系，即地区市场分割程度存在一个临界点，在低于这一临界点时，地方政府采取市场分割的手段能推动当地经济的增长，因此"为增长而竞争"的激励模式会促使地方政府积极实行市场分割行为。但倘若将经济增长进一步拓展至经济高质量发展，我们可以发现，市场分割在促进地区经济增长的同时是以牺牲经济发展质量为代价的，市场分割水平的提升不利于各城市实现经济高质量发展；因此，要纠正地方政府的市场分割行为，就必然要调整政府行为的激励模式，从以经济增长为目标导向转为

以实现高质量发展为目标导向，修正地方政府竞争的目标函数，构建为高质量发展而竞争的机制，改革地方政府绩效评价体系，从而弱化地方政府实行市场分割的利益激励，推动国内市场一体化水平继续提升。

从控制变量来看，劳动力禀赋、消费水平和金融水平变量均显著为正，表明其对城市经济高质量发展具有明显的促进作用，可见提高各城市劳动力禀赋、推动居民消费水平和金融水平提升是提高城市经济高质量水平的重要途径。

③异质性分析。

第一，中心城市与非中心城市的异质性分析。

各城市群的中心城市在产业、人口、资本方面具有较强的吸引力，消除市场分割能够进一步推动要素资源向中心城市聚集，实现产业集聚与规模经济；而对于非中心城市而言，消除市场分割虽然能够从大城市"借用规模"分享集聚效应促进经济增长，但也有可能加剧中心城市对非中心城市的虹吸作用，非中心城市的资金、产业、人口的流失将使其经济高质量发展面临巨大挑战；因此，本书认为市场分割对中心城市与非中心城市经济高质量发展可能存在差异化影响。为验证这一观点，接下来本书将对城市群中心城市与非中心城市市场分割对经济高质量发展的影响通过SYS—GMM估计进行分别动态回归。中心城市包括北京市、天津市、上海市、南京市、杭州市、宁波市、重庆市、成都市、武汉市、长沙市、南昌市、郑州市、长春市、哈尔滨市、呼和浩特市、西安市、广州市与深圳市共计18个城市，非中心城市共计有123个城市。具体回归结果见表6-7。

表6-7　中心城市与非中心城市的动态面板估计结果

变量	中心城市	非中心城市
L.QEG	0. 753 *** （0. 049）	0. 883 *** （0. 006）
SEG	−0. 234 *** （0. 057）	−0. 013 ** （0. 006）
INFRA	−0. 090 *** （0. 031）	0. 003 *** （0. 001）
LFE	−0. 058 *** （0. 009）	−0. 001 （0. 001）
GOV	0. 718 *** （0. 204）	−0. 027 *** （0. 004）

表6-7(续)

变量	中心城市	非中心城市
COM	0.062** (0.026)	0.045*** (0.006)
FIN	0.007** (0.003)	0.007*** (0.000)
常数项	0.095*** (0.034)	0.020*** (0.001)
地区效应	Yes	Yes
时间效应	Yes	Yes
AR1	-2.125** (0.034)	-4.192*** (0.000)
AR2	0.302 (0.763)	-1.116 (0.264)
Sargan test	15.163 (0.815)	120.598 (1.000)
N	216	1 476

从表6-7结果来看，市场分割对中心城市经济高质量发展的影响系数显著为负，市场分割每提升1%，中心城市经济高质量发展水平将下降0.124%；非中心城市市场分割对经济高质量发展的影响系数与中心城市相比较小，市场分割每提升1%，非中心城市经济高质量发展将下降0.013%；中心城市市场分割系数在1%的水平下显著，而非中心城市市场分割系数仅在5%的水平下显著，表明与中心城市相比，非中心城市市场分割对经济高质量发展的负面影响更弱，这验证了本书提出的研究假设3，即市场分割对发达城市与落后城市经济高质量发展具有差异化影响，对发达城市经济高质量发展的负面影响更加突出。新经济地理学认为，非中心城市市场分割水平的下降使得本城市要素资源向中心城市集聚，集聚经济的循环累积因果效应下将形成自我强化趋势，即中心-外围结构一旦形成，就会出现强者愈强、弱者愈弱的"马太效应"，从而扩大中心城市与非中心城市的经济发展差距，抑制非中心城市经济高质量发展水平的提升，削减市场分割下降对经济高质量发展的促进作用。从城市群的发展来看，经济发达城市对不发达城市产生虹吸作用，是城市群形成和发展的必然阶段。为避免非中心城市的产业与人口的过度流失，非中心城市要以自身特

色产业为支撑，实现与中心城市的功能错位，优势互补。

（2）分城市群的异质性分析

为了验证在地区异质性存在的情况下，市场分割对各城市群的影响是否存在差异，本书接下来将对9个城市群市场分割对城市经济高质量发展的影响进行分别回归。由于京津冀、哈长、呼包鄂榆、关中平原城市群与粤港澳大湾区的数据属于长面板数据，因此本书采用全面的可行广义最小二乘法（FGLS）对这些城市群的数据进行估计，而对长三角、长江中游、成渝与中原城市群则通过系统矩估计（SYS-GMM）进行回归。同时，为消除内生性问题，本书将解释变量和控制变量均滞后一期。具体回归结果见表6-8、表6-9。

表6-8　各城市群回归结果（FGLS）

变量	京津冀	哈长	呼包鄂榆	关中平原	粤港澳
L.SEG	-0.088 *** (0.009)	0.050 * (0.030)	0.371 *** (0.576)	0.026 * (0.013)	-0.654 *** (0.090)
L.INFRA	-0.014 *** (0.003)	0.026 *** (0.006)	0.083 *** (0.024)	0.003 (0.004)	0.027 ** (0.013)
L.LFE	0.121 *** (0.007)	0.075 *** (0.016)	-0.032 (0.025)	0.047 *** (0.016)	-0.001 (0.010)
L.GOV	-0.109 *** (0.013)	-0.151 *** (0.047)	-0.065 (0.135)	0.102 *** (0.014)	0.439 *** (0.085)
L.COM	0.494 *** (0.021)	0.239 *** (0.035)	0.370 *** (0.069)	0.491 (0.033)	0.548 *** (0.037)
L.FIN	0.061 *** (0.002)	0.005 * (0.003)	-0.011 *** (0.003)	-0.000 (0.002)	0.038 *** (0.004)
常数项	-0.079 (0.060)	0.089 *** (0.012)	0.079 *** (0.015)	0.071 *** (0.006)	-0.085 *** (0.029)
地区效应	Yes	Yes	Yes	Yes	Yes
时间效应	Yes	Yes	Yes	Yes	Yes
N	156	108	48	120	108

表 6-9　各城市群回归结果（SYS-GMM）

变量	长三角	长江中游	成渝	中原
L.QEG	0.366*** (0.046)	0.750*** (0.079)	0.682*** (0.179)	0.997*** (0.044)
SEG	−0.181** (0.077)	−0.066** (0.026)	−0.149* (0.091)	−0.109** (0.049)
INFRA	0.031 (0.021)	−0.015 (0.017)	0.024** (0.010)	−0.027*** (0.004)
LFE	0.050** (0.026)	0.023*** (0.006)	0.063* (0.033)	−0.007 (0.013)
GOV	0.068 (0.075)	0.017 (0.050)	−0.076 (0.097)	−0.031 (0.050)
COM	0.192*** (0.019)	0.061 (0.046)	0.075 (0.090)	0.088*** (0.012)
FIN	0.013*** (0.002)	0.013*** (0.004)	0.009 (0.015)	0.013*** (0.003)
常数项	0.007 (0.024)	0.025 (0.081)	−0.011 (0.141)	0.045*** (0.003)
地区效应	Yes	Yes	Yes	Yes
时间效应	Yes	Yes	Yes	Yes
AR1	−1.089* (0.076)	−2.044** (0.041)	−3.810*** (0.000)	−2.511** (0.012)
AR2	0.972 (0.331)	1.319 (0.187)	−0.148 (0.882)	1.366 (0.172)
Sargan test	19.189 (1.000)	20.625 (1.000)	9.569 (1.000)	17.765 (0.949)
N	300	336	192	324

　　各城市群回归结果中，京津冀、粤港澳大湾区、长三角、长江中游、中原城市群与成渝地区双城经济圈内部市场分割对经济高质量发展的影响系数符号和显著性与总体回归保持一致，即在这些城市群中市场分割与城市经济高质量发展表现为负相关关系，消除市场分割将有助于城市经济高质量发展水平的提升。京津冀、粤港澳大湾区与长三角城市群作为中国发展较早、经济较为发达的三大城市群，城市群内部城市间交流较为频繁，交通基础设施互联互通水平较高，城市间市场分割处于较低水平，这进一步推进了各城市间商品与要素的自由流动，实现了资源的合理有效配置，

推进了各城市间的协同发展，各城市间产业分工与合作较为合理，城市间经济发展差距缩小，经济高质量发展水平提高。中原城市群与成渝地区双城经济圈作为中国中、西部地区重要的城市群，近年来城市群内部各城市尤其是中心城市实现了快速发展，城市间市场分割水平的降低更有力地推动了城市群内中心城市向周边城市的知识技术溢出，促进了城市群内部各城市实现经济高质量发展。

哈长、关中平原与呼包鄂榆城市群市场分割影响系数符号与总体样本回归相反，即在这三个城市群中市场分割与城市经济高质量发展主要呈正相关关系，即对于四个城市群的内部城市而言，适度的市场分割对各城市经济高质量发展具有促进作用。其中呼包鄂榆城市群市场分割的系数在1%的水平下显著为正，且其数值最大，说明呼包鄂榆城市群的市场分割水平的下降在一定程度下抑制了城市经济高质量发展。呼包鄂榆城市群由于规划时间较晚，城市间协作联动仍有待加强，作为中心城市的呼和浩特市2019年GDP为2 710亿元，在4个城市中属于最低水平，各城市间经济发展差距较小，中心城市的经济辐射带动作用较弱，且包头市、鄂尔多斯市、榆林市产业结构相似度较高，主要为采矿业与制造业，各城市倾向于实行市场分割以保障本城市产业发展、提升本城市企业竞争力，这在一定程度上提升了城市经济高质量发展水平。呼包鄂榆城市群市场整合进程缓慢，2019年城市群内部市场分割均值较2007年仅下降了12.81%，年均仅下降1.07%，其需要加强城市群内部各城市间交流协作，打破城市群范围内市场分割的"囚徒困境"，促进城市群内要素资源的合理配置和知识技术的空间溢出。哈长和关中平原城市群发育尚不成熟，城市群范围内中心城市与非中心城市的差距较大，同时这一差距逐步扩大，即中心城市对非中心城市主要以虹吸效应为主。在这种情况下，一方面非中心城市有更强的实施市场分割的助力，非中心城市的技术与资金较为缺乏，本城市企业难以与中心城市的企业竞争，适度的市场分割将保障本城市企业获得稳定的本地市场需求，保护本城市产业与企业的发展，减小企业所面临的竞争压力，为企业营造良好的发展环境，激励企业为扩大市场份额采取技术研发、引进、改造等方式提高企业生产率，进而实现城市产业结构的升级，提高分工地位。另一方面，"熊彼特假说"认为较强的市场竞争将使得企业创新所获得的经济租金消散，企业的创新动力弱化。适度的市场分割使本城市所面临的来自其他城市的企业的竞争降低，减少企业创新所获得的经济租金的消耗，强化企业的创新动力，激励企业实施技术创新，提高企业生产率，从而推动本城市具有竞争力的产业集群和企业集群的发展，推动城市经济发展动能转换与产业结构优化升级，因此在这两个城市群中市场分割程度的提高反而提升了城市经济高质量发展水平。

各控制变量中，金融水平（FIN）对除呼包鄂榆外其他城市群内部城市经济高质量发展均起促进作用，交通基础设施（INFRA）对除关中平原、长三角与长江中游城市群外的其他城市群内部各城市经济高质量发展起促进作用，劳动力禀赋（LFE）显著提升了除呼包鄂榆城市群、粤港澳大湾区与中原城市群外的其他城市群内部各城市经济高质量发展，消费水平（COM）对除关中平原城市群、长江中游城市群与成渝地区双城经济圈外的其他城市群内部各城市经济高质量发展具有显著促进作用。由此可见，金融水平的提高、交通基础设施的改善、劳动力禀赋和居民消费水平的提升是各城市实现经济高质量发展的重要推动力量。政府干预（GOV）对关中平原城市群和粤港澳大湾区具有显著的促进作用，但对京津冀与哈长城市群具有显著的抑制作用，可见这两个城市群内部各地方政府要转变对市场的干预方式，各城市之间应继续加强交流合作，政府各部门也要转变职能，减少对市场的直接干预，强化事中事后监管，优化地区营商环境。

6.1.3　稳健性检验

（1）考虑极端值的影响

为消除极端值对回归结果的影响，本书将对经济高质量发展与市场分割的数据进行1%缩尾处理，回归结果见表6-10，第（1）、（2）列对城市群整体数据重新进行FGLS回归的结果，第（3）、（4）列对城市层面数据重新进行固定效应回归的结果。从结果来看，各变量影响系数符号与显著性水平均未发生明显变化，核心解释变量市场分割的影响系数与显著性水平均有所提升，且在剔除极端值后城市层面的固定效应中模型拟合优度提升，说明模型回归结果较为稳健。

表 6-10 剔除极端值后回归结果

变量	城市群层面（FGLS）		城市层面（固定效应）	
	（1）	（2）	（3）	（4）
SEG	−0.371***	−0.083***	−0.811***	−0.095***
	（0.033）	（0.024）	（0.057）	（0.041）
INFRA		0.038***		0.039***
		（0.005）		（0.004）
LFE		0.099***		0.026***
		（0.014）		（0.005）
GOV		0.233***		0.020
		（0.029）		（0.025）
COM		0.020***		0.310***
		（0.001）		（0.010）
FIN		−0.001		0.015***
		（0.002）		（0.006）
常数项	0.231***	0.080***	0.195***	0.052***
	（0.016）	（0.011）	（0.002）	（0.006）
地区效应	Yes	Yes	Yes	Yes
时间效应	Yes	Yes	Yes	Yes
N	117	117	1 833	1 833
R^2	—	—	0.107	0.636

（2）差分矩估计

为检验动态面板估计结果的稳健性，本书采用差分矩估计（DIFF-GMM）对城市层面数据进行重新估计，估计结果见表 6-11。从 AR（1）、AR（2）检验和 sargan 检验结果来看，其符合差分矩估计成立的前提，且不存在过度识别的问题，说明差分矩估计的结果是有效的。与动态矩估计（SYS-GMM）回归结果相比，核心解释变量市场分割的影响系数有所提升，但显著性水平未发生较大变化，说明模型回归结果具有稳健性。

表 6-11 差分矩估计结果

变量	（1）	（2）
L.QEG	0.696***	0.637***
	（0.008）	（0.003）
SEG	−0.205***	−0.035***
	（0.014）	（0.004）

表6-11(续)

变量	(1)	(2)
INFRA		0.010***
		(0.001)
LFE		0.009***
		(0.001)
GOV		−0.015***
		(0.004)
COM		0.112***
		(0.002)
FIN		0.011***
		(0.000)
常数项	−0.037***	0.021***
	(0.001)	(0.001)
地区效应	Yes	Yes
时间效应	Yes	Yes
AR1	−1.718*	−1.774*
	(0.086)	(0.076)
AR2	0.937	1.110
	(0.349)	(0.267)
Sargan test	113.063	137.640
	(0.268)	(1.000)
N	1 551	1 551

6.2 市场分割对城市群经济高质量发展的影响机制实证检验

上一节主要讨论了市场分割对城市群经济高质量发展的总体影响，结果显示市场分割对城市群经济高质量发展具有抑制作用，市场分割行为的消除将促进经济高质量发展水平的提升。在第3章理论机制研究中，本书就市场分割如何影响城市群经济高质量发展进行了影响机制分析，并探究了市场分割影响城市群经济高质量发展作用机制的理论逻辑，因此本节将通过单一与多重中介效应模型实证检验市场分割对城市群经济高质量发展的影响及作用机制，即消除市场分割究竟会带来什么正向作用？这种正向作用如何影响城市群经济高质量发展？市场分割又是如何通过这些正向作用来影响城市群经济高质量发展的？从而检验前文研究假设的正确性。根据第3章的理论分析，市场分割对城市群经济高质量发展的影响路径可概括为市场竞争效应和市场规模效应。

6.2.1 研究设计

（1）模型设定

①总体效应模型。

本节旨在检验市场分割对城市群整体与城市经济高质量发展的影响机制。本书采用面板固定效应模型对这一影响进行检验，也是对市场分割影响城市群整体与城市群内部城市经济高质量发展的总体效应进行的实证检验。模型具体形式如下：

$$QEG_{it} = \beta_1 SEG_{it-1} + \beta_3 Z_{it-1} + \lambda_i + \mu_t + \varepsilon_{it} \tag{6-3}$$

式（6-3）中 i 表示城市，t 表示年份，δ_t 表示地区的固定效应，ε_{it} 表示随机误差项，X 表示控制变量集合。考虑到模型可能存在内生性问题，本书对模型中的解释变量与控制变量均进行了滞后一期处理，以消除二者间可能存在的反向因果关系（董嘉昌 等，2020）。

②中介效应模型。

根据前文对影响机制的分析，市场分割主要通过市场规模效应和市场竞争效应两个渠道影响城市群整体与城市群内部城市经济高质量发展，因此，本书通过单一中介效应与多重中介效应模型实证检验市场规模效应和市场竞争效应对市场分割影响城市群整体与城市群内部城市经济高质量发展的中介效应，具体模型如下：

$$MS_{it} = \alpha_0 + \alpha_1 seg_{it-1} + \alpha_2 X_{it-1} + \lambda_i + \mu_t + \varepsilon_{it} \tag{6-4}$$

$$MC_{it} = \beta_0 + \beta_1 seg_{it-1} + \beta_2 X_{it-1} + \lambda_i + \mu_t + \varepsilon_{it} \tag{6-5}$$

$$QEG_{it} = \eta_0 + \eta_1 seg_{it-1} + \eta_2 MS_{it} + \eta_4 X_{it-1} + \lambda_i + \mu_t + \varepsilon_{it} \tag{6-6}$$

$$QEG_{it} = \varphi_0 + \varphi_1 seg_{it-1} + \varphi_2 MC_{it} + \varphi_4 X_{it-1} + \lambda_i + \mu_t + \varepsilon_{it} \tag{6-7}$$

$$QEG_{it} = \varphi_0 + \varphi_1 seg_{it-1} + \varphi_2 MS_{it} + \varphi_3 MC_{it} + \varphi_4 X_{it-1} + \lambda_i + \mu_t + \varepsilon_{it} \tag{6-8}$$

本书通过逐步回归法来验证上述模型的有效性，式（6-4）主要考察市场分割对市场规模的影响，式（6-5）考察市场分割对市场竞争的影响，式（6-6）、式（6-7）分别考察控制市场规模与市场竞争后市场分割对城市群整体与城市群内部城市经济高质量发展的影响。式（6-4）、式（6-6）所构成的单一中介效应模型中，市场分割对城市群整体与城市群内部城市经济高质量发展的中介效应路径为"市场分割→市场规模→城市群经济高质量发展"，中介效应大小为 $\alpha_1\eta_2$。式（6-5）、式（6-7）所构成的单一中介效应模型中，市场分割对城市群整体与城市群内部城市经济高质量发展的中介效应路径为"市场分割→市场竞争→城市群经济高质量发展"，中介效应大小为 $\alpha_1\phi_2$。式（6-4）、式（6-5）、式（6-8）构成的多重中介效应模型中，将两条中介效应路径同时纳入模型中，市场分割同时通过市场竞争效应和市场规模效应两个渠道影响城市群整体与城市群内部城市经济高质量发展的中介效应大小，其中介效应大小分别为 $\alpha_1\varphi_2$ 和 $\beta_1\varphi_3$。

（2）变量说明与数据来源

①被解释变量：经济高质量发展水平（QEG）。

采用第 5 章构建的城市群经济高质量发展评价指标体系进行测度。

②核心解释变量：市场分割程度（SEG）。

通过相对价格法以各城市各类别居民消费价格指数为原始数据进行测度。

③中介变量。

第一，相对市场规模（MS）。参照黄玖立、李坤望（2006）的方法，将各城市市场规模设定为

$$MS_{it} = GDP_{it}/D_{it} + \sum_{i \neq j1} GDP_{jt}/D_{ij} \tag{6-9}$$

其中：GDP_{it} 为城市 i 第 t 期的国内生产总值；D_{ii} 为城市 i 的市内距离，具体测算方法为：$D_{ii} = 2\sqrt{S_i/\pi}/3$，$S_i$ 为城市 i 的陆地面积；GDP_{jt} 表示城市 j 第 t 期的国内生产总值；D_{ij} 为城市 i 与城市 j 的直线距离。

第二，市场竞争（MC）。借鉴杨勇等（2017）的方法，以市场竞争强度衡量市场竞争，测度方法为

$$MC_{it} = \frac{N_i/G_i}{\sum_{i=1}^{n} N_i / \sum_{i=1}^{n} G_i} \tag{6-10}$$

式（6-10）中 N_i 为 i 城市工业企业数量，G_i 为 i 城市工业生产总值，n 为城市群中城市数量，即 MC 指数含义为城市 i 的单位工业产出的企业数量除以所在城市群范围内所有城市单位工业产出的企业数量，MC 指数越大，

表明城市相对城市群内部其他城市单位产出企业数量较多，反映了城市企业间竞争更为激烈，市场竞争越强。

中介变量数据主要来自 2007—2019 年中国城市统计年鉴与各省市统计年鉴。

④控制变量。

参考国内外经济高质量发展的已有研究，选取以下控制变量：

第一，交通基础设（INFRA）：以各城市公路通车里程与地区陆地面积之比来反映各城市交通基础设施水平。

第二，劳动力禀赋（LFE）：采用各城市城镇就业人员占城市人口总量的比重衡量劳动力禀赋。

第三，政府干预（GOV）：以各城市财政支出占地区 GDP 比重作为衡量政府干预程度的指标。

第四，消费水平（COM）：以各城市全社会商品零售额占 GDP 的比重来衡量。

第五，金融水平（FIN）：用各城市存贷款规模与 GDP 之比衡量。

各变量数据主要来自各省及各地级市 2007—2019 年统计年鉴与统计公报、《中国城市统计年鉴》与 EPS 数据库。

表 6-12 报告了各变量的描述性统计。

表 6-12　变量的描述性统计

	变量	样本量	均值	标准差	最小值	最大值
城市群 整体层面	QEG	117	0.198	0.072	0.102	0.455
	SEG	117	0.026	0.015	0.007	0.074
	INFRA	117	1.005	0.372	0.236	1.681
	LFE	117	0.318	0.217	0.093	1.144
	GOV	117	0.148	0.033	0.084	0.213
	COM	117	1.742	1.452	0.116	7.783
	FIN	117	2.684	0.809	1.211	5.032
	MS	117	0.734	0.731	0.019	3.638
	MC	117	0.872	0.229	0.404	1.398

表6-12(续)

	变量	样本量	均值	标准差	最小值	最大值
	QEG	1 833	0.177	0.130	0.060	1.239
	SEG	1 833	0.026	0.022	0.004	0.284
	INFRA	1 833	1.244	0.458	0.159	3.764
	LFE	1 833	0.290	0.321	0.043	4.237
城市层面	GOV	1 833	0.163	0.070	0.052	0.675
	COM	1 833	0.111	0.161	0.002	1.585
	FIN	1 833	2.169	0.967	0.588	7.506
	MS	1 833	0.123	0.070	−0.254	0.420
	MC	1 833	1.180	0.524	0.102	5.475

6.2.2 实证结果分析

（1）城市群层面实证分析

本书首先检验市场分割对城市群整体经济高质量发展的作用机制，依照前文做法，以各城市群为单位构建面板数据，以城市群内所有城市市场分割指数均值表示城市群内部市场分割水平，各变量均以城市群整体进行重新计算，中介变量城市群层面的相对市场规模为城市群内部各城市相对市场规模加总，城市群层面的市场竞争为城市群内部各城市市场竞争均值。

①总体效应分析。

本书首先对市场分割影响城市群整体经济高质量发展的总体效应进行估计，在对解释变量与控制变量均进行了滞后一期处理后，固定效应模型回归结果如表6-13所示。表6-13第（1）列为未加入控制变量的回归结果，结果表明市场分割对城市群整体经济高质量发展仍具有显著抑制作用；而在第（2）列中加入控制变量后，市场分割对城市群整体经济高质量发展的影响仍具有显著负向影响且模型拟合程度有了较大提升。各变量系数符号与显著性与本书第6章城市群层面基准回归结果基本保持一致，具体分析在此不再赘述。

表 6-13　固定效应回归结果

变量	(1)	(2)
L.SEG	−1.131*** (0.237)	−0.247* (0.137)
L.INFRA		0.036 (0.032)
L.LFE		0.155*** (0.035)
L.GOV		0.440 (0.162)
L.COM		0.016** (0.004)
L.FIN		0.006 (0.009)
常数项	0.233*** (0.007)	0.007 (0.028)
地区效应	Yes	Yes
时间效应	Yes	Yes
N	108	108
R^2	0.188	0.850

注: *、**、*** 分别代表10%、5%、1%的显著性水平，括号内为标准误，下同。

②中介路径检验。

本书通过多重中介效应模型来检验市场分割影响城市群整体经济高质量发展的中介机制，回归结果见表6-14。表6-14第1列以市场规模为被解释变量，市场分割的系数显著为正，市场分割水平每提高1%，城市群整体市场规模将缩小0.255%，说明市场分割抑制了城市群整体市场规模的扩大，将一个统一的城市群"大市场"分割成了独立的各城市"小市场"。第2列以市场竞争为被解释变量，市场分割的系数显著为负，市场分割水平每提高1%，城市群整体市场竞争强度将降低8.977%，表明市场分割会降低城市群范围内企业面临的市场竞争，使落后企业无法通过市场机制进行淘汰。第3列以城市群整体经济高质量发展为被解释变量，市场规模和市场竞争的系数均显著为正，即城市群范围内市场规模扩张与市场竞争的加剧均有助于缩小提升城市群整体经济高质量发展水平。综合表6-14的实证结果来看，各列中市场规模、市场竞争与市场分割的估计系数结果均至少在 10% 的水平下显著，即市场分割不仅自身会对城市群整体经济高质量发展产生影响，还会通过市场规模与市场竞争两个中介渠道影响城市群整体经济高质量发展；市场规模与市场竞争均起部分中介作用，表明市场规模和市场竞争是市场分割影响城市群整体经济高质量发展的重要传导机制。这验证了本书的研究假设 4 与研究假设 5。通过比较各中介效应大小及其占总体中介效应的比重发现，市场规模对城市群整体经济高质量发展的中介效应（1.543）与市场竞争（0.254）相比更为突出，说明通过消除市场分割以扩大城市群整体市场规模来实现企业规模递增和知识技术外溢性是实现城市群整体经济高质量发展的重要路径。

表 6-14　多重中介效应模型的估计结果

	被解释变量		
	MS	MC	QEG
L.SEG	-0.255^{*} (1.298)	-0.090^{**} (4.239)	0.150^{*} (0.105)
MS			1.495^{***} (0.190)
MC			0.697^{***} (0.003)
L.INFRA	0.414^{***} (0.058)	0.155^{***} (0.006)	0.069^{***} (0.024)
L.LFE	0.460^{***} (0.125)	0.667^{***} (0.009)	-0.130^{***} (0.039)
L.GOV	-4.323^{***} (0.808)	-0.433 (0.429)	0.092 (0.120)
L.COM	0.455^{***} (0.018)	0.005^{**} (0.001)	0.002 (0.003)
L.FIN	-0.037 (0.034)	0.005^{*} (0.002)	0.009 (0.007)
常数项	0.205 (0.123)	0.039^{***} (0.124)	0.001 (0.023)
地区效应	Yes	Yes	Yes
时间效应	Yes	Yes	Yes
N	108	108	108
R^2	0.958	0.858	0.926
Sobel 检验	$Z=-3.323$	$Z=-4.921$	MS、MC 显著
中介效应/总效应	1.543	0.254	MS、MC 部分中介

（2）城市层面实证分析

本书接下来将通过单一和多重中介效应模型对市场分割影响城市经济高质量发展的中介路径进行检验。本书首先依次单独检验市场规模变量与市场竞争变量的单一中介效应，然后通过多重中介效应模型检验市场分割通过同时影响市场规模和市场竞争两个中介变量来对城市经济高质量发展产生影响的中介效应。

①总体效应分析。

本书首先实证检验市场分割影响城市经济高质量发展的总体效应，总体效应回归结果如表6-15所示。表6-15第（1）列为仅有市场分割变量与城市经济高质量发展的回归结果，第（2）列为加入控制变量的结果。从模型拟合程度来看，在加入控制变量后模型拟合程度从0.064提高到0.398，说明各变量选取是有效的。表6-15第（2）列的结果表明市场分割对城市经济高质量发展具有显著的抑制作用。各变量系数符号与显著性与本书上节城市层面回归结果基本保持一致，具体分析在此不再赘述。

表6-15　总体效应回归结果

变量	（1）	（2）
L.SEG	−0.574** (0.056)	−0.324*** (0.090)
L.INFRA		−0.020*** (0.005)
L.LFE		0.003 (0.008)
L.GOV		−0.113*** (0.031)
L.COM		0.347*** (0.020)
L.FIN		0.015*** (0.003)
常数项	0.196*** (0.002)	0.245*** (0.010)
地区效应	Yes	Yes
时间效应	Yes	Yes
N	1 692	1 692
R^2	0.064	0.398

②市场规模的单一中介效应。

表 6-16 报告了只以市场规模为中介变量的中介模型回归结果。第（1）、（2）列以市场规模为被解释变量，市场分割的系数显著为负，市场分割水平每提高 1%，城市市场规模将缩小 0.453%、0.182%，说明市场分割对城市市场规模具有负向影响，市场分割水平的下降使得各城市间要素资源的自由流动成为可能，不同维度的规模资源的引入会加速社会分工，提升社会专业化程度，从而扩大城市市场规模。第（3）、（4）列均以城市经济高质量发展为被解释变量，市场规模的系数显著为正，说明扩大城市市场规模有助于实现城市企业规模报酬递增和知识技术在城际间的溢出，从而推动城市经济高质量发展。

表 6-16　中介效应识别——市场规模效应

	被解释变量			
	MS	MS	QEG	QEG
L.SEG	−0.453 *** (0.047)	−0.182 *** (0.031)	−0.170 (0.104)	−0.282 *** (0.090)
MS			0.946 *** (0.053)	0.231 *** (0.070)
L.INFRA		0.022 *** (0.002)		−0.025 *** (0.005)
L.LFE		0.064 *** (0.003)		−0.012 (0.009)
L.GOV		−0.055 *** (0.011)		−0.010 *** (0.031)
L.COM		0.072 *** (0.007)		0.331 *** (0.021)
L.FIN		0.003 *** (0.001)		0.014 *** (0.003)
常数项	0.057 *** (0.002)	0.000 *** (0.004)	0.224 *** (0.005)	0.244 *** (0.010)
地区效应	Yes	Yes	Yes	Yes
时间效应	Yes	Yes	Yes	Yes
N	1 692	1 692	1 692	1 692
R^2	0.054	0.602	0.173	0.402
Sobel 检验	Z=−8.566	Z=−2.852	显著	显著
中介效应/总效应	0.716	0.130	部分中介	部分中介

综合表6-16的结果来看，在加入控制变量后市场规模与市场分割的估计系数结果在1%的水平下显著，表明市场规模对市场分割影响城市经济高质量发展具有部分中介效应，即市场分割不仅自身会对城市群内部城市经济高质量发展产生直接的负面影响，还会通过市场规模这一中介渠道影响城市群内部城市经济高质量发展，表现为"市场分割水平下降——城市市场规模扩大——城市经济高质量发展水平提升"。且Sobel检验结果表明市场规模的中介效应显著存在，市场规模是市场分割影响城市群内部各城市经济高质量发展的重要传导机制。

③市场竞争的单一中介效应。

表6-17为只以市场竞争为中介变量的中介模型回归结果。第（1）、（2）列以市场竞争为被解释变量，市场分割的系数显著为负，市场分割水平每提高1%，城市市场竞争强度将下降0.301%、0.165%，说明市场分割对城市市场竞争具有负向影响。市场分割水平的不断下降和市场机制的不断完善使得本城市企业面临的来自其他城市企业的竞争加剧，同时本城市能够依据自身比较优势承接中心城市的产业转移，淘汰低生产率的企业，市场得以通过竞争机制实现"优胜劣汰"，激发企业竞争意识，激发企业竞争活力。第（4）列以经济高质量发展为被解释变量，市场竞争的系数显著为正（1.094），说明强化市场竞争有助于推动城市经济高质量发展，市场竞争的加剧能够实现要素资源合理配置，实现地区间产业合理分工，促进城市经济高质量发展。

表6-17　中介效应识别——市场竞争效应

	被解释变量			
	MC	MC	QEG	QEG
L.SEG	-0.301^{***} (0.274)	-0.165^{***} (0.021)	0.053^{*} (0.102)	-0.144^{*} (0.088)
MC			0.018^{*} (0.001)	1.094^{***} (0.096)
L.INFRA		0.015^{***} (0.001)		-0.036^{***} (0.005)
L.LFE		0.025^{***} (0.002)		-0.024^{***} (0.008)
L.GOV		-0.054^{***} (0.008)		-0.052^{*} (0.030)

表6-17(续)

	被解释变量			
	MC	MC	QEG	QEG
L.COM		0.017*** (0.005)		0.329*** (0.020)
L.FIN		0.062*** (0.001)		0.009*** (0.003)
常数项	0.096*** (0.001)	0.037*** (0.002)	0.104*** (0.009)	0.176** (0.011)
地区效应	Yes	Yes	Yes	Yes
时间效应	Yes	Yes	Yes	Yes
N	1 692	1 692	1 692	1 692
R^2	0.067	0.451	0.217	0.441
Sobel 检验	Z=-9.696	Z=-3.633	显著	显著
中介效应/总效应	0.911	0.557	部分中介	部分中介

综合表6-17的结果来看，各列中市场竞争与市场分割的估计系数结果在10%的水平下显著，表明市场竞争对市场分割影响城市群内部各城市经济高质量发展具有部分中介效应，即市场分割不仅对城市群内部各城市经济高质量发展具有直接的负面影响，还能通过市场竞争这一中介路径影响城市群内部各城市经济高质量发展，这一路径表现为"市场分割水平下降→城市市场竞争强化→城市经济高质量发展水平提升"。且 Sobel 检验结果表明市场竞争的中介效应具有显著性，中介路径显著存在。综上所述，市场竞争是市场分割影响城市群内部各城市经济高质量发展的重要传导机制。

④市场规模与市场竞争的多重中介效应。

本书通过多重中介效应模型来检验市场分割和市场竞争共同对市场分割影响城市经济高质量发展的传导机制，表6-18报告了多重中介模型回归结果。第（1）、（2）列结果与上文结果一致，市场分割对城市市场规模与市场竞争存在显著的负面影响，市场分割水平每提高1%，城市市场规模与市场竞争强度将下降0.589%和0.165%。第（3）列以经济高质量发展为被解释变量，市场规模、市场竞争与市场分割的估计系数结果在10%的水平下显著，即市场分割不仅自身会对城市群内部各城市经济高质量发展产生影响，还会通过市场规模与市场竞争两个中介渠道影响城市群内部各城市经济高质量发展。Sobel 检验结果也表明市场规模与市场竞争的中介效应均具有显著性，市场规模与市场竞争均在市场分割影响城市经济高质量发展中具有部分中介效应，市场分割水平的下降会扩大城市市场规模和强化城市市场竞争，从而提升城市经济高质量发展水平。

表6-18　多重中介效应模型的估计结果

	被解释变量		
	MS	MC	QEG
L.SEG	-0.589*** (0.068)	-0.165*** (0.022)	-0.061* (0.088)
MS			0.178*** (0.031)
MC			0.961*** (0.098)
L.INFRA	-0.012*** (0.003)	0.015*** (0.001)	-0.036*** (0.005)
L.LFE	-0.016*** (0.006)	0.025*** (0.002)	-0.024*** (0.008)
L.GOV	-0.200*** (0.024)	-0.054*** (0.008)	-0.096*** (0.031)
L.COM	-0.041*** (0.016)	0.017*** (0.005)	0.324*** (0.020)
L.FIN	-0.006*** (0.002)	0.056*** (0.008)	0.008*** (0.003)
常数项	0.182*** (0.008)	0.062*** (0.003)	0.217*** (0.013)
地区效应	Yes	Yes	Yes
时间效应	Yes	Yes	Yes
N	1 692	1 692	1 692
R^2	0.161	0.451	0.452
Sobel 检验	Z=-5.950	Z=-4.708	MS、MC 显著
中介效应/总效应	0.323	0.488	MS、MC 部分中介

通过比较各中介效应可知，市场竞争对城市经济高质量发展的中介效应占比为 0.488，远高于市场规模中介效应占比的 0.323，说明通过消除城市市场分割来强化市场竞争，实现要素资源的合理配置和城市间的合理分

工是实现城市经济高质量发展的主要路径。结合表6-14中城市群层面市场规模与市场竞争的多重效应回归结果可知，市场规模与市场竞争对市场分割影响城市群整体与城市群内部城市经济高质量发展均具有部分中介效应，即市场分割会通过市场规模效应与市场竞争效应影响经济高质量发展，这验证了本书的研究假设4与研究假设5。

（3）异质性分析

①中心城市与非中心城市的异质性分析。

前文理论分析中提出中心城市与非中心城市市场分割对经济高质量发展存在差异化影响，本章6.1节的实证结果也表明市场分割对中心城市经济高质量发展的抑制作用强于非中心城市。本书将进一步对中心城市与非中心城市市场分割对经济高质量发展的影响机制进行检验。表6-19、表6-20为对中心城市与非中心城市的实证检验结果，中心城市市场分割对市场规模与市场竞争的影响均具有显著性；Sobel检验结果表明市场规模与市场竞争的中介效应均显著，即市场分割不仅对中心城市经济高质量发展具有直接的负面影响，还会通过市场规模与市场竞争这两条中介路径影响中心城市经济高质量发展，表现为"市场分割水平下降→中心城市市场规模提升→经济高质量发展水平提升"和"市场分割水平下降→中心城市市场竞争强化→城市经济高质量发展水平提升"。其中，市场竞争的中介效应占比为0.285，远高于市场规模中介效应占比的0.121，与城市总体回归结果保持一致，即强化中心城市内部市场竞争，是实现中心城市经济高质量发展水平提升的主要路径。表6-20各列中市场规模、市场竞争与市场分割的估计系数结果在10%的水平下显著，且Sobel检验结果表明两条中介路径均显著存在，与总体样本不同的是非中心城市市场分割与市场规模为正相关关系（0.068），同时市场规模对经济高质量发展为促进作用（0.023），从而使得市场规模对非中心城市市场分割影响经济高质量发展的中介效应主要为遮掩效应（-0.006）。由此可以看出，这一效应的存在是导致市场分割对中心与非中心城市具有差异性影响的重要原因。非中心城市市场分割水平的提升会通过弱化城市市场竞争抑制城市经济高质量发展，但也能通过保障本城市市场规模推动城市经济高质量发展。本书认为其原因在于非中心城市市场分割水平的提升阻碍了要素资源向中心城市的过度集聚，避免了产业的过度流失，为本城市企业产品销售提供稳定市场，保障了非中心城市市场规模，从而促进了非中心城市经济高质量发展。

表 6-19　中心城市城市多重中介效应模型的估计结果

	QEG	MS	MC	QEG
L.SEG	-0.285 ** (0.429)	-0.148 *** (0.206)	-0.082 ** (0.094)	-0.170 ** (0.419)
MS				0.232 * (0.141)
MC				0.994 *** (0.309)
L.INFRA	-0.271 *** (0.020)	0.030 ** (0.009)	0.003 (0.004)	-0.267 *** (0.020)
L.LFE	-0.135 *** (0.017)	0.008 (0.008)	0.018 *** (0.004)	-0.150 *** (0.017)
L.GOV	1.219 *** (0.224)	-0.042 (0.108)	-0.116 ** (0.005)	1.325 *** (0.221)
L.COM	0.484 *** (0.052)	0.001 (0.025)	0.064 *** (0.001)	0.420 *** (0.054)
L.FIN	0.036 *** (0.009)	-0.003 (0.004)	0.003 (0.002)	0.033 *** (0.008)
常数项	0.181 *** (0.069)	26.507 *** (2.808)	-1.308 *** (1.277)	23.494 *** (6.798)
地区效应	Yes	Yes	Yes	Yes
时间效应	Yes	Yes	Yes	Yes
N	216	216	216	216
R^2	0.657	0.466	0.507	0.678
Sobel 检验	—	Z=-3.404	Z=-2.973	MS、MC 显著
中介效应/总效应	—	0.121	0.285	MS、MC 部分中介

表 6-20　非中心城市城市多重中介效应模型的估计结果

	QEG	MS	MC	QEG
L.SEG	-0.253 *** (0.071)	0.068 *** (0.029)	-0.145 ** (0.021)	-0.123 * (0.070)
MS				0.023 ** (0.066)
MC				0.911 *** (0.093)

表6-20(续)

	QEG	MS	MC	QEG
L.INFRA	0.001 (0.004)	0.020 *** (0.002)	0.012 *** (0.001)	−0.009 ** (0.004)
L.LFE	0.028 *** (0.008)	0.063 *** (0.003)	0.027 *** (0.002)	0.004 (0.009)
L.GOV	−0.085 ** (0.029)	−0.067 *** (0.012)	−0.060 *** (0.008)	−0.032 (0.028)
L.COM	0.526 *** (0.033)	0.219 *** (0.013)	0.103 *** (0.010)	0.437 *** (0.035)
L.FIN	0.016 *** (0.004)	0.012 *** (0.001)	0.011 *** (0.001)	0.007 * (0.004)
常数项	0.181 *** (0.010)	−0.012 *** (0.004)	0.058 *** (0.003)	0.127 *** (0.011)
地区效应	Yes	Yes	Yes	Yes
时间效应	Yes	Yes	Yes	Yes
N	1 476	1 476	1 476	1 476
R^2	0.354	0.678	0.575	0.399
Sobel 检验	—	Z=1.317	Z=−5.623	MS、MC 显著
中介效应/总效应	—	−0.006	0.520	MS、MC 部分中介

②分城市群的异质性分析

为进一步考察各城市群内部城市市场分割通过市场规模与市场竞争两个渠道影响经济高质量发展的中介效应是否存在地区异质性，本节对各城市群分别进行中介效应检验。首先检验各城市群内部市场分割对城市经济高质量发展的总体效应，同样采用固定效应模型进行回归，结果如表6-21所示，该结果与本章6.1节中城市层面样本估计的地区异质性分析回归结果一致，京津冀城市群、粤港澳大湾区、长三角城市群、长江中游城市群、中原城市群与成渝地区双城经济圈内部市场分割对城市经济高质量发展主要为抑制作用，而哈长、呼包鄂榆与关中平原城市群内部市场分割与城市经济高质量发展为促进作用，具体分析在此不再赘述。

表 6-21　各城市群总体效应估计结果

变量	京津冀	哈长	呼包鄂榆	关中平原	粤港澳	长三角	长江中游	成渝	中原
L.SEG	-0.168* (0.147)	0.096* (0.081)	0.701** (0.759)	0.107 (0.179)	-2.990** (1.373)	-0.355* (0.196)	-0.152** (0.071)	-0.807** (0.200)	-0.230* (0.130)
L.INFRA	0.013 (0.011)	-0.075** (0.036)	0.141 (0.089)	0.146*** (0.013)	0.104* (0.054)	0.037*** (0.007)	0.002 (0.007)	0.010 (0.010)	0.024*** (0.007)
L.LFE	0.056 (0.042)	0.188 (0.126)	0.092 (0.140)	-0.168* (0.087)	0.231*** (0.020)	0.229*** (0.016)	0.033*** (0.011)	-0.158* (0.088)	0.120*** (0.045)
L.GOV	-0.087 (0.087)	-0.062 (0.162)	-1.451** (0.547)	0.103* (0.053)	1.566* (0.795)	-0.137*** (0.040)	0.338*** (0.044)	0.090 (0.067)	0.480*** (0.070)
L.COM	0.410*** (0.038)	-0.349** (0.150)	0.771 (0.638)	0.488*** (0.103)	0.392*** (0.099)	0.183*** (0.020)	0.145*** (0.030)	0.296*** (0.051)	0.054 (0.058)
L.FIN	0.035*** (0.007)	0.029* (0.017)	0.045 (0.016)	-0.031*** (0.008)	0.036 (0.027)	0.009*** (0.004)	-0.000 (0.004)	-0.006 (0.010)	-0.008 (0.007)
常数项	-0.093*** (0.017)	2.303*** (0.486)	0.278*** (0.097)	0.143*** (0.024)	31.833** (12.364)	0.151*** (0.017)	0.146*** (0.013)	0.244*** (0.025)	0.204*** (0.029)
地区效应	Yes	Yes	Yes	Yes	Yes	Yes	Yes	Yes	Yes
时间效应	Yes	Yes	Yes	Yes	Yes	Yes	Yes	Yes	Yes
N	156	108	48	120	108	300	336	192	324
R^2	0.937	0.229	0.702	0.638	0.818	0.867	0.278	0.328	0.303

接下来本书进一步对各城市群内部市场分割影响城市经济高质量发展的多重中介效应进行检验，结果如表6-22、表6-23、表6-24所示。从检验结果可知各城市群内部市场分割影响城市经济高质量发展的中介效应存在较大差异，本书对此进行逐个分析。

京津冀城市群中市场分割对市场规模的影响具有显著性且表现为抑制作用，但市场分割对市场竞争的影响不具有显著性；且 Sobel 检验结果表明市场规模的中介效应显著而市场竞争的中介效应不显著，表明京津冀城市群中市场分割主要通过市场规模这一中介路径影响城市经济高质量发展。而后在加入市场规模与市场竞争两个中介变量后，市场分割的系数仍显著为负，说明市场规模具有部分中介效应，表现为"市场分割水平下降→城市市场规模提升→经济高质量发展水平提升"，即市场分割水平的下降能够通过扩大市场规模这条路径提升京津冀城市群内部城市经济高质量发展。

哈长城市群中市场分割对市场规模与市场竞争的影响也均具有显著性且表现为负向影响，Sobel 检验结果表明两条中介路径均显著存在，即市场分割不仅自身会对哈长城市群内部城市经济高质量发展产生影响，还会通过市场规模与市场竞争两条中介路径影响城市经济高质量发展，在加入市场规模与市场竞争两个中介变量后，市场分割的系数仍显著为正，说明市场规模与市场竞争对经济高质量发展均表现为部分中介效应。但哈长城市群内部城市市场竞争对经济高质量发展的影响显著为负，由此导致市场分割的下降虽然强化了市场竞争，反而抑制了城市群经济高质量发展水平的提升。这也导致哈长城市群中市场分割对城市经济高质量发展具有促进作用。本书认为其主要原因在于哈长城市群位于中国东北地区，产业结构相似度较高，以重工业为主，且国有化程度较高，市场分割在强化各城市企业市场竞争水平的提升、实现资源优化整合和淘汰落后产能的同时，不可避免地遭受着阵痛，经济发展速度放缓，产业结构转型升级困难，人民生活水平增长缓慢，从而导致城市经济高质量发展水平提升缓慢。市场规模的中介效应表现为"市场分割水平下降→城市市场规模提升→经济高质量发展水平提升"，可见市场分割水平下降通过扩大市场规模提升了城市经济高质量发展水平，但其中介效应值小于市场竞争的负向作用。

呼包鄂榆城市群中市场分割对市场规模具有显著负向影响，但对市场竞争的影响不显著，且 Sobel 检验结果表明市场竞争的中介效应不显著，可见呼包鄂榆城市群中市场分割主要通过市场规模这一中介路径影响城市经济高质量发展，且市场分割对城市经济高质量发展的直接效应显著且为正（0.933），这说明市场规模这一中介路径仅具有部分中介效应，表现为"市场分割水平下降→城市市场规模提升→经济高质量发展水平提升"。但各城市也会通过保障本城市企业需求从而促进城市经济高质量发展的提升，且直接效应系数大于市场规模的中介效应，由此导致呼包鄂榆城市群中市场分割对城市经济高质量发展的总体效应显著为正。

关中平原城市群内部城市市场分割对市场竞争具有显著负向影响，但对市场规模的影响不显著，且 Sobel 检验结果表明市场竞争的中介路径显著存在但市场规模的中介路径不显著，在加入市场规模与市场竞争两个中介变量后，市场分割的系数仍显著为正（0.169），这说明市场竞争这一中介路径仅具有部分中介效应，表现为"市场分割水平下降→城市市场竞争加剧→经济高质量发展水平提升"。本书认为其主要原因在于关中平原城市群中心城市与其余城市经济发展水平相差较大，作为中心城市的西安市2019 年 GDP 为 9 321 亿元，是第二名宝鸡市的 4.19 倍，较大的经济发展差距使得中心城市具有较强的集聚能力，这会使周边城市的要素资源向中心城市集聚，周边城市将失去产业优势，出现"中心—外围"格局，此时市场分割水平的提升反而阻碍了要素资源向中心城市的过度集聚，避免了非中心城市产业的过度流失，从而促进了非中心城市经济高质量发展。

粤港澳大湾区内部城市市场分割对市场规模与市场竞争的影响均具有显著性且表现为负相关关系，且 Sobel 检验结果表明市场规模与市场竞争的两条中介路径均显著存在，市场分割对城市经济高质量发展的直接效应也显著为负（−2.262），这说明粤港澳大湾区内部城市市场分割通过市场规模与市场竞争两条中介路径影响城市经济高质量发展，且均具有部分中介效应，市场分割水平的下降通过扩大城市市场规模和加剧城市市场竞争从而推动城市经济高质量发展，市场规模的中介效应大于市场竞争的中介效应。

长三角城市群与粤港澳大湾区相似，城市群内部城市市场分割对市场规模与市场竞争的影响均具有显著性且表现为负向影响，且 Sobel 检验结果表明市场规模与市场竞争的两条中介路径均显著存在，在加入市场规模与市场竞争两个中介变量后，市场分割的系数仍在 10% 的水平下显著为负（−0.031），这表明长三角城市群内部城市市场分割主要通过市场规模与市场竞争两条中介路径影响城市群经济高质量发展，且均具有部分中介效应，市场分割水平的下降通过扩大城市市场规模和加剧城市市场竞争来推动城市经济高质量发展，且市场规模的中介效应（0.590）大于市场竞争的中介效应（0.322），这说明通过消除市场分割，扩大城市市场规模，是实现长三角城市群内部各城市经济高质量发展的主要路径。

长江中游城市群内部城市市场分割对市场规模与市场竞争的影响也均具有显著性且表现为负向影响，Sobel 检验结果表明两条中介路径均显著存在，即市场分割不仅自身会对城市群内部城市经济高质量发展产生影响，还会通过市场规模与市场竞争两条中介路径影响城市经济高质量发展，在加入市场规模与市场竞争两个中介变量后，市场分割的系数仍在 10% 的水平下显著为负（-0.135），可见市场规模与市场竞争这两条中介路径仅具有部分中介效应。通过比较各中介效应发现，长江中游城市群内部城市市场规模对城市经济高质量发展的中介效应占比为 0.065，高于市场竞争中介效应占比的 0.052，说明消除市场分割，扩大城市市场规模，是实现长江中游城市群内部各城市经济高质量发展的主要路径。

成渝地区双城经济圈内部城市市场分割对市场规模、市场竞争均具有显著负向影响，但只有市场竞争对城市经济高质量发展起显著的促进作用，这表明仅有市场竞争这一路径的中介效应均显著存在，Sobel 检验结果也证明了这一观点，市场分割水平的下降能够通过扩大市场规模这条路径提升城市经济高质量发展水平。在加入市场规模与市场竞争两个中介变量后，市场分割的系数仍在 5% 的水平下显著为负，说明市场竞争中介变量具有部分中介效应，市场竞争的中介效应占比为 0.602。

中原城市群中市场分割与市场规模、市场竞争均为显著负向影响，但只有市场规模对城市经济高质量发展具有显著的正向影响，即市场分割水平的下降主要通过扩大市场规模这条路径提升经济高质量发展水平，Sobel 检验结果也表明这一中介路径显著存在，在加入市场规模与市场竞争两个中介变量后，市场分割的系数仍在 10% 的水平下显著为负（-0.117），说明这市场规模这一中介变量具有部分中介效应，市场规模的中介效应占比为 0.577。

表 6-22 各城市群多重中介效应模型的估计结果 1

	京津冀城市群			哈长城市群			呼包鄂榆城市群		
	MS	MC	QEG	MS	MC	QEG	MS	MC	QEG
L.SEG	-0.562* (0.154)	-0.009 (0.026)	-0.060* (0.151)	-0.363* (2.315)	-0.031*** (0.010)	0.066* (0.255)	-0.034*** (0.007)	-0.131 (0.083)	0.933*** (0.817)
MS			0.183** (0.077)			0.014* (0.011)			4.301** (6.219)
MC			0.600 (0.500)			-1.117** (0.024)			0.658*** (0.015)
L.INFRA	-0.078*** (0.011)	0.008*** (0.002)	0.023* (0.013)	0.139 (0.339)	0.005*** (0.002)	-0.070* (0.038)	0.004 (0.002)	0.029*** (0.010)	0.107*** (0.101)
L.LFE	0.278*** (0.044)	0.014* (0.008)	-0.003 (0.048)	6.085*** (1.205)	0.033*** (0.005)	0.143 (0.160)	0.002 (0.004)	-0.004 (0.015)	0.088 (0.143)
L.GOV	-0.725*** (0.092)	0.138*** (0.016)	-0.029 (0.117)	11.180*** (1.545)	0.017** (0.007)	-0.194 (0.203)	0.045*** (0.014)	0.043 (0.006)	-1.671** (0.622)
L.COM	-0.267*** (0.040)	0.084*** (0.007)	0.415*** (0.055)	4.012*** (1.425)	0.038*** (0.006)	-0.361** (0.179)	0.100*** (0.016)	0.044 (0.070)	0.313 (0.895)
L.FIN	-0.009 (0.007)	-0.006*** (0.001)	0.037*** (0.007)	-0.645*** (0.165)	-0.003*** (0.001)	0.034* (0.020)	-0.002*** (0.000)	-0.003* (0.002)	0.055*** (0.020)
常数项	0.290 (0.018)	0.050*** (0.003)	0.013 (0.038)	31.161*** (4.633)	0.105*** (0.020)	2.000*** (0.627)	0.002 (0.003)	0.053*** (0.011)	0.236* (0.125)
地区效应	Yes	Yes	Yes	Yes	Yes	Yes	Yes	Yes	Yes
时间效应	Yes	Yes	Yes	Yes	Yes	Yes	Yes	Yes	Yes
N	156	156	156	108	108	108	48	48	48

市场分割对城市群经济高质量发展的影响研究

表6-22（续）

	京津冀城市群			哈长城市群			呼包鄂榆城市群		
	MS	MC	QEG	MS	MC	QEG	MS	MC	QEG
R^2	0.530	0.881	0.939	0.590	0.818	0.242	0.861	0.440	0.708
Sobel检验	$Z=1.936$	$Z=0.245$	MS 显著	$Z=-2.375$	$Z=1.481$	MS、MC 显著	$Z=-2.894$	$Z=-1.051$	MS 显著
中介效应/总效应	0.613	0.028	MS 部分中介	-0.051	0.361	MS、MC 部分中介	0.208	0.123	MS 部分中介

表6-23　各城市群多重中介效应模型的估计结果2

	关中平原城市群			粤港澳大湾区			长三角城市群		
	MS	MC	QEG	MS	MC	QEG	MS	MC	QEG
L.SEG	-0.034 (0.037)	-0.084 * (0.047)	0.169 * (0.178)	-0.320 * (0.407)	-0.146 *** (0.062)	-2.262 * (1.324)	-0.501 ** (0.133)	-0.463 *** (0.111)	-0.031 * (0.189)
MS			-0.415 (0.449)			1.246 *** (0.316)			0.418 *** (0.086)
MC			0.908 ** (0.354)			2.257 * (2.071)			0.247 ** (0.102)
L.INFRA	0.029 *** (0.003)	0.015 *** (0.003)	0.144 *** (0.019)	-0.020 (0.016)	-0.002 (0.002)	0.125 ** (0.051)	0.033 *** (0.005)	0.004 (0.004)	0.022 *** (0.007)
L.LFE	-0.003 (0.018)	0.105 *** (0.023)	-0.265 *** (0.094)	0.020 *** (0.006)	0.000 (0.001)	0.206 *** (0.020)	0.141 *** (0.011)	0.086 *** (0.009)	0.149 *** (0.019)
L.GOV	-0.028 ** (0.011) (0.034)	0.052 *** (0.014)	0.068 (0.056)	-1.290 *** (0.236)	-0.028 (0.036)	3.111 *** (0.849)	0.045 * (0.027)	-0.065 *** (0.023)	-0.139 *** (0.038)

表6-23（续）

	关中平原城市群			粤港澳大湾区			长三角城市群		
	MS	MC	QEG	MS	MC	QEG	MS	MC	QEG
L.COM	0.155***(0.021)	0.094***(0.027)	0.467***(0.124)	0.100***(0.029)	-0.002***(0.004)	0.262***(0.098)	0.040***(0.014)	-0.030***(0.012)	0.174***(0.020)
L.FIN	-0.007***(0.002)	-0.012***(0.002)	-0.023**(0.009)	0.034***(0.008)	0.001***(0.001)	-0.005(0.027)	-0.014***(0.002)	0.004**(0.002)	0.014***(0.004)
常数项	-0.009*(0.005)	0.044***(0.006)	0.099***(0.029)	-24.856***(3.663)	10.542***(0.559)	38.994***(25.587)	0.017(0.012)	0.094***(0.010)	0.120***(0.018)
地区效应	Yes	Yes	Yes	Yes	Yes	Yes	Yes	Yes	Yes
时间效应	Yes	Yes	Yes	Yes	Yes	Yes	Yes	Yes	Yes
N	120	120	120	108	108	108	300	300	300
R^2	0.746	0.511	0.659	0.790	0.915	0.844	0.676	0.488	0.884
Sobel检验	Z=0.519	Z=-1.393	MC显著	Z=-3.303	Z=-1.963	MS,MC显著	Z=-2.951	Z=-2.054	MS,MC显著
中介效应/总效应	0.132	-0.710	MC部分中介	0.133	0.110	MS,MC部分中介	0.590	0.322	MS、MC部分中介

表6-24 各城市群多重中介效应模型的估计结果3

	长江中游城市群			成渝地区双城经济圈			中原城市群		
	MS	MC	QEG	MS	MC	QEG	MS	MC	QEG
L.SEG	-0.023**(0.021)	-0.003**(0.012)	-0.135**(0.058)	-0.167***(0.030)	-0.146***(0.030)	-0.444**(0.197)	-0.140***(0.024)	-0.046**(0.022)	-0.117*(0.135)
MS			0.428***(0.163)			-0.730(0.618)			0.946***(0.309)

表6-24（续）

	长江中游城市群			成渝地区双城经济圈			中原城市群		
	MS	MC	QEG	MS	MC	QEG	MS	MC	QEG
MC			2.392*** (0.223)			3.325*** (0.620)			-0.418 (0.336)
L.INFRA	0.027*** (0.002)	0.010*** (0.002)	-0.033*** (0.007)	0.014*** (0.002)	0.004** (0.002)	0.008 (0.012)	0.011*** (0.001)	0.012*** (0.001)	0.019** (0.008)
L.LFE	0.032*** (0.003)	0.009*** (0.003)	-0.002 (0.011)	0.040*** (0.013)	-0.004 (0.013)	-0.118 (0.084)	0.049*** (0.008)	0.035*** (0.008)	0.088* (0.047)
L.GOV	0.127*** (0.013)	0.101*** (0.100)	0.043 (0.043)	0.004 (0.010)	0.027*** (0.010)	0.005 (0.063)	0.018 (0.013)	0.085*** (0.012)	0.498*** (0.074)
L.COM	0.050*** (0.009)	0.035*** (0.006)	0.039 (0.026)	-0.027*** (0.008)	0.027*** (0.008)	0.186*** (0.056)	0.090*** (0.011)	0.072*** (0.010)	-0.001 (0.066)
L.FIN	-0.001 (0.001)	-0.000*** (0.001)	0.001 (0.003)	0.003* (0.002)	0.000 (0.002)	-0.005 (0.009)	0.000 (0.001)	-0.007*** (0.001)	-0.011 (0.007)
常数项	-0.034*** (0.004)	0.047*** (0.003)	0.048*** (0.017)	-0.029*** (0.003)	0.072*** (0.004)	0.005 (0.050)	0.037*** (0.005)	0.035*** (0.005)	0.183*** (0.032)
地区效应	Yes	Yes	Yes	Yes	Yes	Yes	Yes	Yes	Yes
时间效应	Yes	Yes	Yes	Yes	Yes	Yes	Yes	Yes	Yes
N	336	336	336	192	192	192	324	324	324
R^2	0.698	0.464	0.521	0.536	0.374	0.452	0.728	0.548	0.325
Sobel 检验	Z=-4.611	Z=-4.347	MS、MC 显著	Z=1.138	Z=-3.569	MC 显著	Z=-2.690	Z=0.992	MS 显著
中介效应/总效应	0.065	0.052	MS、MC 部分中介	-0.151	0.602	MC 部分中介	0.577	-0.084	MS 部分中介

6.2.3 稳健性检验

（1）考虑极端值的影响

为消除极端值对城市层面回归结果的影响，本书将对市场分割及市场规模、市场竞争变量数据进行99%截尾处理，总体效应与中介效应的回归结果见表6-25。表6-25第（1）列为总体效应回归结果，第（2）、（3）、（4）列为多重中介效应回归结果。通过表6-25我们可以看出，不论是总体效应还是中介效应，其回归结果中市场分割的系数符号与前文中回归结果相比均未发生明显变化，市场分割与城市经济高质量发展仍为负相关关系，中介变量市场规模与市场竞争系数符号也未发生明显变化，市场分割通过市场规模与市场竞争两条中介路径共同影响城市经济高质量发展，两条路径均通过了 Sobel 检验且检验结果更为显著，均具有部分中介效应，市场竞争中介效应大于市场规模的中介效应，与前文结果保持一致，说明模型回归结果较为稳健。且在剔除极端值后，中介效应模型中市场分割对城市经济高质量发展的直接效应更为显著。

表6-25　去除极端值后总体效应与多重中介效应回归结果

	被解释变量			
	QEG	MS	MC	QEG
L.SEG	−0.549 *** (0.125)	−0.282 *** (0.035)	−0.279 *** (0.027)	−0.202 * (0.125)
MS				0.226 ** (0.100)
MC				1.015 *** (1.012)
L.INFRA	−0.026 *** (0.005)	0.015 *** (0.001)	0.009 *** (0.000)	−0.038 *** (0.005)
L.LFE	0.007 (0.008)	0.063 *** (0.002)	0.284 *** (0.002)	−0.036 *** (0.010)
L.GOV	−0.086 *** (0.033)	−0.032 *** (0.009)	−0.266 *** (0.007)	−0.052 (0.032)
L.COM	0.392 *** (0.021)	0.044 *** (0.006)	0.143 *** (0.005)	0.368 *** (0.021)
L.FIN	0.011 *** (0.003)	0.001 *** (0.001)	0.002 *** (0.001)	0.008 *** (0.003)

表6-25(续)

	被解释变量			
	QEG	MS	MC	QEG
常数项	0.249 *** (0.013)	0.025 *** (0.004)	0.083 *** (0.003)	0.159 *** (0.016)
地区效应	Yes	Yes	Yes	Yes
时间效应	Yes	Yes	Yes	Yes
N	1 581	1 581	1 581	1 581
R^2	0.413	0.642	0.469	0.452
Sobel 检验	—	Z=−2.154	Z=−6.235	MS、MC 显著
中介效应/总效应	—	0.116	0.516	MS、MC 部分中介

（2）更换中介变量

本书对中介变量进行重新衡量，借鉴刘瑞明（2012）的做法，采用人口密度与人均 GDP 的乘积即各城市每平方公里土地的经济产出来衡量城市市场规模；采用樊纲的市场化指数对各城市市场竞争程度进行度量，该指数反映了各地区市场化改革的总体进程，市场化水平越高，表明该地区市场制度完善，市场竞争也越激烈。樊纲的市场化指数每隔几年更换一次指数计算的基期年份，每次更换基期后的指数与更换基期前的指数不直接可比，而中国市场化指数数据库的市场化指数已经过进一步的技术衔接处理，使不同时间段的指数能跨年度可比，可进行跨年度分析，具体回归结果见表6-26。回归结果表明，在替换中介变量后，市场规模与市场竞争的单一中介效应结果中市场分割与市场规模、市场竞争间的负相关关系没有发生改变，市场规模与市场竞争的中介效应依旧存在且均为部分中介效应，验证了本书结论的有效性。

表 6-26　更换中介变量后中介效应回归结果

	更换 MS 后		更换 MC 后	
	MS	QEG	MC	QEG
L.SEG	−0.659 ** (0.569)	−0.302 *** (0.088)	−16.874 *** (2.095)	−0.123 * (0.088)
MS		0.034 *** (0.004)		

表6-26(续)

	更换 MS 后		更换 MC 后	
	MS	QEG	MC	QEG
MC				0.012 *** (0.001)
L.INFRA	0.112 *** (0.029)	−0.016 *** (0.004)	0.911 *** (0.114)	−0.031 *** (0.005)
L.LFE	1.948 *** (0.048)	0.070 *** (0.010)	3.060 *** (0.183)	−0.034 *** (0.008)
L.GOV	0.892 *** (0.197)	−0.082 *** (0.031)	−3.649 *** (0.739)	−0.068 ** (0.031)
L.COM	1.826 *** (0.129)	0.410 *** (0.021)	1.813 *** (0.475)	0.326 *** (0.020)
L.FIN	−0.083 *** (0.020)	0.012 *** (0.003)	0.270 *** (0.076)	0.012 *** (0.003)
常数项	−0.362 *** (0.020)	0.229 *** (0.010)	8.235 *** (0.284)	0.147 *** (0.014)
地区效应	Yes	Yes	Yes	Yes
时间效应	Yes	Yes	Yes	Yes
N	1 692	1 692	1 692	1 692
R^2	0.684	0.427	0.498	0.445
Sobel 检验	Z=−4.703	MS 显著	Z=−6.656	显著
中介效应/总效应	0.070	MS 部分中介	0.621	部分中介

（3）Bootstrap 中介效应检验方法

传统中介效应的检验方法主要为分步法（Baron et al.，1986），但分步法难以识别遮掩效应的存在，且在存在多个中介变量时检验力较低。而 Bootstrap 法的检验力高于分步法，且 Bootstrap 法是检验多重中介效应模型的较好方法（温忠麟和叶宝娟，2014）。因此为确定中介效应是否显著存在，本书进一步利用 Bootstrap 法对多重中介效应进行检验，抽样次数为 1 000 次，结果如表 6-27 所示。从结果来看，各中介效应的置信区间均不包含 0，即系数乘积显著，说明各中介效应均显著存在，各中介效应值均显著为负，即市场分割通过各中介路径主要对城市群经济高质量发展起抑制作用；通过比较各中介效应及其占总体中介效应的比重发现，市场分割通过市场竞争这一中介路径对城市群内部各城市经济高质量发展的影响更大，是主要中介路径，这与前文结论一致，说明回归结果具有稳健性。

表 6-27 多重中介效应的 Bootstrap 法检验结果

中介效应类型	中介效应值	95%置信区间	抽样次数
总体中介效应	−0.263 *** (0.045)	[−0.362, −0.186]	1 000
MS 中介效应	−0.105 *** (0.028)	[−0.169, −0.060]	1 000
MC 中介效应	−0.159 *** (0.032)	[−0.233, −0.104]	1 000

注：*、**、*** 分别代表10%、5%、1%的显著性水平，括号内为 boot se 值，下同。

Bootstrap 法对于中介效应的检验实际上是从总体中有放回的随机重复抽取样本的检验，抽样次数的差别可能会导致检验结果不同。因此，为保证实证结果的稳健性，本书进一步在总体样本中进行抽样次数为 2 000、5 000 和 10 000 次的多重中介效应检验，检验结果见表6-28。各中介效应值与显著性均未发生改变，说明回归结果具有稳健性。

表 6-28 不同抽样次数下的多重中介效应 Bootstrap 法检验结果

中介效应类型	2 000 次抽样		5 000 次抽样		10 000 次抽样	
	中介效应值	95%置信区间	中介效应值	95%置信区间	中介效应值	95%置信区间
总体中介效应	−0.263 *** (0.044)	[−0.357, −0.187]	−0.263 *** (0.044)	[−0.363, −0.191]	−0.263 *** (0.045)	[−0.364, −0.190]
MS 中介效应	−0.105 *** (0.028)	[−0.164, −0.059]	−0.105 *** (0.027)	[−0.168, −0.060]	−0.105 *** (0.027)	[−0.166, −0.059]
MC 中介效应	−0.159 *** (0.032)	[−0.231, −0.104]	−0.159 *** (0.033)	[−0.231, −0.104]	−0.159 *** (0.032)	[−0.234, −0.106]

6.3 本章小结

本章首先以全国9个城市群整体及城市群内部141个城市的面板数据，通过静态回归和动态回归实证检验了市场分割对城市群整体与各城市经济高质量发展的总体影响及其影响机制，并重点考察了在这一影响中中心城市与非中心城市、各城市群内部地区异质性的存在。主要得出了以下结论：

（1）市场分割对城市群经济高质量发展具有负向影响。不论是对城市群整体还是对各城市而言，市场分割的消除都能促进经济高质量发展水平的提升。可见推进城市群内部市场一体化进程，建设全国统一市场，是实现城市群经济高质量发展的重要推动力。

（2）市场分割对城市经济高质量发展的影响存在异质性。中心城市与非中心城市的异质性实证结果表明，市场分割对中心城市与非中心城市经济高质量发展的影响存在差异，对中心城市经济高质量发展的负面影响强于非中心城市。市场分割对城市经济高质量发展的分城市群异质性实证结果表明，京津冀、粤港澳大湾区、长三角、长江中游、成渝和中原城市群内部市场分割对经济高质量发展具有负面影响，市场分割的提升会抑制这些城市群内部城市实现经济高质量发展；而呼包鄂榆、哈长、关中平原城市群内部市场分割对经济高质量发展主要起促进作用，市场分割的提升会推动这些城市群内部城市实现经济高质量发展。

（3）市场分割水平的下降会通过扩大区域市场规模和强化区域市场竞争对提升城市群整体与城市群内部各城市经济高质量发展水平起促进作用。市场分割与市场规模、市场竞争间存在负相关关系，这也导致了市场分割对城市群经济高质量发展起抑制作用。从中介效应的大小来看，市场规模对城市群整体经济高质量发展的中介效应更为突出，说明通过消除市场分割以扩大城市群整体市场规模来实现企业规模报酬递增和经济外部性是实现城市群整体经济高质量发展的重要路径。市场竞争对城市经济高质量发展的中介效应更为突出，说明通过消除市场分割以优化各城市营商环境、加强城市内部市场竞争来实现资源的合理配置和城市间合理分工是实现城市群内部城市经济高质量发展的重要路径。中心城市回归结果与总体样本回归结果一致，市场规模与市场竞争中介路径显著存在，均具有部分中介效应，且市场竞争的中介效应占比更大，市场分割主要通过降低中心城市市场竞争来抑制经济高质量发展；而非中心城市市场规模与市场竞争两条中介路径也均显著存在，市场竞争的中介路径表现为"市场分割水平下降→城市市场竞争强化→经济高质量发展水平提升"，但市场规模的中介路径表现为"市场分割水平提升→城市市场规模提升→经济高质量发展水平提升"，即市场规模这一中介路径具有遮掩效应。由此可以看出这一效应的存在是导致市场分割对中心与非中心城市具有差异性影响的重要原因。

（4）对各城市群的异质性分析结果表明，哈长、粤港澳大湾区、长三角和长江中游城市群内部市场规模与市场竞争两条中介路径均显著存在，且除哈长城市群外其余城市群内部市场分割的下降会通过扩大市场规模与加剧市场竞争提高城市经济高质量发展水平；哈长城市群内部城市市场规模效应与总体样本一致，但市场分割下降带来的市场竞争的加剧反而会抑制城市经济高质量发展。京津冀、呼包鄂榆和中原城市群仅通过市场规模这一条中介路径影响城市经济高质量发展，且均只具有部分中介效应。其中呼包鄂榆城市群内部市场分割对城市经济高质量发展的直接效应显著为正，且直接效应系数大于市场规模的中介效应，由此导致呼包鄂榆城市群内部市场分割对城市经济高质量发展总体效应显著为正。关中平原城市群和成渝地区双城经济圈内部市场分割仅通过市场竞争这一条中介路径影响城市经济高质量发展，其中关中平原城市群市场分割对城市经济高质量发展的直接效应显著为正，且直接效应系数大于市场竞争的中介效应，由此导致关中平原城市群内部市场分割对城市经济高质量发展总体效应显著为正。各城市群内部市场分割通过不同的作用机制对城市群内部城市经济高质量发展产生影响是地区异质性存在的重要原因。

7 市场分割影响城市群经济高质量发展的空间溢出效应分析

前一章对市场分割影响城市群经济高质量发展的总体效应和影响机制进行了探讨，实证检验了市场分割会通过市场规模与市场竞争两条中介路径对城市群经济高质量发展产生影响；那么，各城市之间市场分割与经济高质量发展是否存在空间依赖，市场分割对城市群经济高质量发展的影响是否存在空间溢出效应？这是本章主要研究的问题。

7.1 城市群内部市场分割与经济高质量发展空间相关性的理论分析

已有研究认为各城市之间的市场分割是一种策略互动行为，是地方政府及地方工作人员为其政治及经济利益而进行相互博弈时的政策工具，尤其是从政治晋升博弈视角来看，由于政治晋升博弈属于零和博弈，在博弈中得到晋升的人数有限，一个工作人员得到晋升将阻碍其他同级工作人员的晋升（周黎安，2004），因此其在努力提高自身绩效的同时，降低竞争对手的绩效也能够实现自身排名的提高（刘小勇，2013）。而中国政治晋升的重要考核标准就是地区经济增长水平，这使得参与博弈的工作人员不仅有动力发展本地区经济，也让其有动力阻碍竞争对手所在地区经济发展，由此便带来了地区间的地方保护与市场分割行为。各城市会根据其他城市市场分割政策的实施力度来调整本城市市场分割的政策实施力度以保护自身利益，由此便导致地方政府在市场分割上陷入"囚徒困境"（邓明，2014），各城市间市场分割存在较强的空间依赖性。

新经济地理学理论认为，随着时间的推移，工业生产会更倾向于向初始规模较大的区域集聚，而这一集聚又进一步扩大了这一区域的市场规模，即其在集聚经济的循环累积因果效应下将形成自我强化趋势，两区域间工业分布将呈现出"中心—外围"格局。城市群之所以能够成为支撑国家经济发展的重要载体，原因在于城市群内部各构成单元（各城市）间通过相互联系互动，发挥出了单一城市无法比拟的合力，这一合力形成了城市群范围内的空间经济格局，因此城市群的形成过程本质上是城市之间深度交流、分工协作、持续融合的集聚过程（尹虹潘，2019）。各城市间交流合作的加强必然导致各城市经济高质量发展水平在空间上存在较大的相关性（周艳霞，2017）。不论是城市群发展初期城市间形成的高低聚集，还是城市群发展成熟阶段城市间高高聚集的空间分布，均表明城市群间存在明显的空间相关性。如刘楷琳和尚培培（2021）提出，中国各城市群经济高质量发展水平具有城市群间较为发达城市群高高聚集，较为落后城市群低低聚集以及城市群内部从中心城市向周边城市的阶梯式递减分布的空间关联特征。

市场分割与城市群经济高质量发展的空间依赖性表明，我们在考察市场分割对城市群经济高质量发展影响时不能仅考虑直接影响，还须将城市群内部其他城市市场分割行为对本城市经济高质量发展的外部性纳入研究范围，考察市场分割对城市群经济高质量发展的间接影响。只有对市场分割对城市群经济高质量发展的直接影响与间接影响进行全面考察，市场分割对城市群经济高质量发展的影响才能得到准确度量。鉴于此，本章将从空间经济学视角，构建空间杜宾模型（SDM）来实证检验市场分割与城市群经济高质量发展的空间依赖性及溢出效应。

7.2　空间相关性检验

在确定是否使用空间计量方法进行实证检验前，我们首先要确定变量的空间依赖性的存在，只有变量间存在空间依赖性才可使用空间计量方法，否则使用标准的计量方法即可。本节将通过莫兰指数（Moran's I）检验市场分割与经济高质量发展两个变量间的空间相关性是否存在。莫兰指数分为全局莫兰指数（Global Moran's I）和局部莫兰指数（Local Moran's

I），前者用来衡量空间自相关程度，后者用于检验局部地区是否存在变量集聚现象。

7.2.1 全局莫兰指数检验

全局莫兰指数的计算方法为

$$I = \frac{\sum\limits_{i=1}^{n} \sum\limits_{j=1}^{n} w_{ij}(x_i - \bar{x})(x_j - \bar{x})}{S^2 \sum\limits_{i=1}^{n} \sum\limits_{j=1}^{n} w_{ij}} \qquad (7-1)$$

其中，$S^2 = \dfrac{\sum\limits_{i=1}^{n}(x_i - \bar{x})^2}{n}$ 为样本方差，w_{ij} 为空间权重矩阵的 (i, j) 元素

（用来度量区域 i 与区域 j 之间的距离），而 $\sum\limits_{i=1}^{n}\sum\limits_{j=1}^{n}w_{ij}$ 为所有空间权重之和。
莫兰指数的取值通常为 $[-1, 1]$。其取值大于 0 时表明正自关系，即高值与高值相邻、低值与低值相邻；小于 0 时表示负自相关，即高值与低值相邻；如果莫兰指数接近于 0，则表明变量的空间分布是随机的，不存在空间自相关。莫兰指数（Global Moran's I）也代表变量观测值与其空间滞后单位的相关系数，因此我们可以将各观测值与其空间滞后绘成散点图，即"莫兰指数散点图"（Moran scatterplot）。莫兰指数（Global Moran's I）的数值就是莫兰指数散点图中回归线的斜率。

空间权重矩阵的选取主要包括以下几种形式：①地理相邻空间权重矩阵，即如果两个地区地理上是相邻的，则赋值为"1"；否则赋值为"0"。②地理距离空间权重矩阵，即以各城市间距离作为矩阵中元素的取值标准。③经济空间权重矩阵，以各区域间经济水平差异的比重来作为矩阵中元素的取值标准。④经济社会空间权重矩阵，这一矩阵是将地理距离空间权重矩阵与经济空间权重矩阵相结合起来（范欣，2017）。由于经济空间权重矩阵与各城市经济高质量发展水平存在较大的相关性，无法保证矩阵的外生性，因此本书以各城市间地理距离的倒数构建反距离矩阵，即城市间距离越近，相关性越强；距离越远，相关性越弱。

根据全局莫兰指数计算方法与空间权重矩阵设置，本书对市场分割与各城市经济高质量发展水平进行了全局莫兰指数检验，检验结果见表 7-1、表 7-2。表 7-1 结果表明，各城市经济高质量发展指标各年的全局莫兰指

数均大于 0, 且均通过了 1% 的显著性水平检验, 可见经济高质量发展这一
指标在空间上具有显著的正自相关关系, 空间上呈现出高高聚集与低低聚
集的空间集聚特征。从经济高质量发展的全局莫兰指数变化趋势来看, 经
济高质量发展的全局莫兰指数在 2007—2012 年主要呈上升趋势, 从 2007
年的 0.073 增加到 2012 年的 0.096, 此后 2012—2017 年持续下滑, 从
2012 年的 0.096 下降到 2017 年的 0.061, 2018—2019 年又保持在较高
水平。

表 7-1　经济高质量发展 Global Moran's I

年份	Global Moran's I	z	P
2007	0.073	7.533	0.000
2008	0.076	7.860	0.000
2009	0.089	9.043	0.000
2010	0.086	8.752	0.000
2011	0.087	8.902	0.000
2012	0.096	9.720	0.000
2013	0.093	9.440	0.000
2014	0.089	9.095	0.000
2015	0.085	8.704	0.000
2016	0.073	7.619	0.000
2017	0.061	6.812	0.000
2018	0.090	9.149	0.000
2019	0.091	9.196	0.000

资料来源: 笔者基于 Stata 软件计算整理, 下同。

表 7-2 反映了市场分割的 2007—2019 年全局莫兰指数检验结果, 除
2008 年未能通过显著性水平检验外, 其余各年份市场分割指标全局莫兰指
数均能通过 1% 的显著性水平检验, 且各城市市场分割各年全局莫兰指数
均大于 0, 说明市场分割也存在正相关关系。从变化趋势来看, 市场分割
的全局莫兰指数在 2007—2010 年不断下降, 从 0.084 下降至 0.063, 此后
2010—2014 年出现反弹, 2014—2019 年呈波动下降趋势。

表 7-2　市场分割 Global Moran's I

年份	Global Moran's I	z	P
2007	0.084	9.376	0.000
2008	0.002	0.882	0.189
2009	0.071	7.373	0.000
2010	0.063	6.779	0.000
2011	0.098	10.320	0.000
2012	0.124	12.479	0.000
2013	0.080	9.280	0.000
2014	0.153	15.077	0.000
2015	0.060	7.700	0.000
2016	0.093	9.525	0.000
2017	0.061	6.692	0.000
2018	0.058	6.067	0.000
2019	0.100	10.086	0.000

7.2.2　局部莫兰指数检验

全局莫兰指数考察的是整个空间序列的空间集聚情况，若要探寻某区域附近的空间集聚情况，则需通过局部莫兰指数来分析。局部莫兰指数的计算方法为

$$I_i = \frac{(x_i - \bar{x})}{S^2} \sum_{j=1}^{n} w_{ij}(x_j - \bar{x}) \qquad (7\text{-}2)$$

各变量含义与全局莫兰指数相同，指标为正表示该城市 i 的高（低）值与周围城市高（低）值一致，指标为负则表示该城市 i 的高（低）值与周围城市的高（低）值呈相反态势。本节接下来对 9 个城市群内部 141 个城市市场分割与经济高质量发展变量的局部莫兰指数进行检验。

为简化分析，本节仅对经济高质量发展水平 2007 年、2010 年、2016 年、2019 年的局部莫兰指数进行分析，图 7-1 至图 7-4 为相关年份的局部莫兰指数散点图，从中可以看出 2007—2019 年各城市经济高质量发展总体呈空间正相关特征，经济发展水平较高的长三角城市群和粤港澳大湾区内部城市主要分布在第一象限中，即呈高高集聚模式，且从 2007 年到 2019 年落入第一象限的城市不断增加，说明长三角城市群和粤港澳大湾区高高集聚特征日趋凸显，城市间协同性水平不断提升。此外京津冀、哈长、关

中、长江中游城市群的中心城市如北京市、武汉市、西安市、成都市、郑州市、长沙市等城市主要分布在第四象限，呈高低聚集模式，反映了在这些城市群内中心城市与其他城市间依旧存在较大差距，区域间协调发展水平仍较低，其余城市则主要分布在第三象限呈低低聚集模式。值得注意的是哈长城市群中，2007 年大庆市与齐齐哈尔市仍位于第一象限，具有高高聚集态势，但到 2019 年均落入第三象限，反映了哈长城市群经济发展趋于停滞，经济高质量发展提升缓慢。

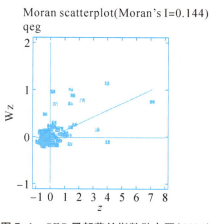

图 7-1　QEG 局部莫兰指数散点图（2007）

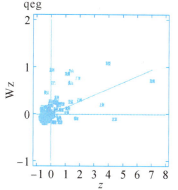

图 7-2　QEG 局部莫兰指数散点图（2010）

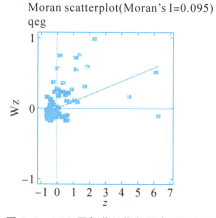

图 7-3　QEG 局部莫兰指数散点图（2016）

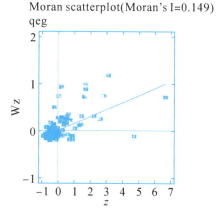

图 7-4　QEG 局部莫兰指数散点图（2019）

　　本书也对市场分割指标也进行了局部莫兰指数检验，图 7-5 至图 7-8 依次为 2007、2010、2014、2019 年市场分割变量的局部莫兰指数散点图。可以看出，2007 年，各城市群内部城市的市场分割总体呈空间正相关态势，哈长城市群内部城市主要分布在代表高高聚集模式的第一象限中，此外关中平原城市群与中原城市群部分城市也位于第一象限，反映了这些城市群内部城市间市场分割水平较高，市场整合进程缓慢，其余城市主要位于第三象限，呈低低聚集模式。到2010年，各城市群内部城市的市场分割仍呈空间正相关态势，但低于2007年水平，位于第一象限的城市主要为中原、哈长与呼包鄂榆城市群内部城市，此时广州市、南京市、成都市等城市落入高低聚集的第四象限，反映了这些中心城市在度过金融危机后市场分割的激励有所增强，城市群内部市场整合进程减慢。2010—2014年，各城市群内部城市的市场分割总体莫兰指数提升，此时位于第一象限呈高高聚集模式的城市主要是京津冀、关中平原与中原城市群内部城市。京津冀城市群内部部分城市落入第一象限，反映了京津冀城市群市场分割未表现出较为明显的连续递减趋势，市场整合进程缓慢；呼包鄂榆城市群内部城市落入第二象限，部分城市市场分割水平下降迅速，但带动作用较弱。2019年，各城市群内部城市的市场分割总体莫兰指数仍为正（0.100），但低于2014年0.153的水平，位于第一象限的城市主要为京津冀城市群与成渝地区双城经济圈内部城市，落入第二象限与第四象限的城市主要为长江中游、关中平原与呼包鄂榆城市群内部城市。总体而言，南方城市群市场分割指数主要位于第三象限，呈低低聚集模式，而北方城市群部分城市则主要落入第一象限，呈高高聚集模式。这进一步反映了中国位于南方的城市群市场分割水平总体低于位于北方的城市群的特征。

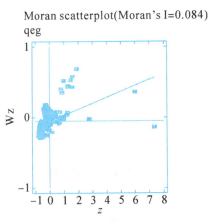

图7-5　市场分割局部莫兰指数散点图（2007）

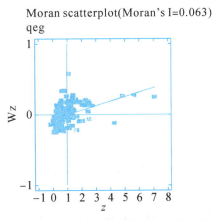

图7-6　市场分割局部莫兰指数散点图（2010）

市场分割对城市群经济高质量发展的影响研究

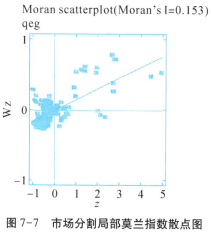

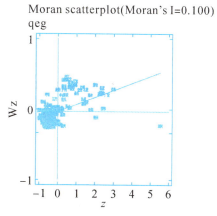

图 7-7　市场分割局部莫兰指数散点图　　　　图 7-8　市场分割局部莫兰指数散点图
（2014）　　　　　　　　　　　　　　　　　（2019）

7.3　模型设定与变量选择

7.3.1　模型选择与设定

根据解释变量、被解释变量和误差项之间是否存在空间相关性，我们大致可以将空间回归模型分为四大类：误差项存在空间相关的空间误差模型（SEM）、变量存在空间相关的空间自回归模型（SAR）、同时存在多种空间相关关系的一般空间模型（SAC）和空间杜宾模型（SDM）。在进行空间计量回归前，我们首先应当根据研究目的与数据特征选择合适的空间回归模型，Anselin 和 Florax（1995）认为应当通过 Lagrange multiplier（LM）检验来确定空间模型形式，因此，本书通过 LM 检验进行模型选择，检验结果见表 7-3。

表 7-3　Lagrange multiplier（LM）检验结果

	原假设	LM 值	P 值
LM 检验	LM test no spatial lag	585.541	0.000
	LM test no spatial error	491.508	0.000
	robust LM test no spatial lag	174.886	0.000
	robust LM test no spatial error	80.853	0.000

表 7-3 的结果中，LM-lag 检验与 LM-error 检验值均提出要拒绝原假设，说明模型同时存在空间滞后和空间误差效应，此时我们尚不能明确应选择何种空间模型，需要通过稳健性估计进行进一步检验。robust LM-lag 和 robust LM-error 检验值亦提出要拒绝原假设，说明我们不应当仅选择空间误差模型或空间滞后模型，应当选择更一般性的空间计量模型。结合上文中经济高质量发展与市场分割的空间相关性检验结果，本书认为选择空间杜宾模型（SDM）更为适合，为进一步验证 SDM 模型选择的合理性，本书接下来通过 Wald 检验和 LR 检验验证 SDM 模型能否简化为 SAR 或者 SEM 模型，检验结果见表 7-4。

表 7-4　Wald 检验和 LR 检验结果

	WALD 值	P 值	LR 值	P 值
原假设（H_0）：SDM 模型能简化为 SAR 模型 备选假设（H_1）：SDM 模型不能简化为 SAR 模型	9.800	0.002	78.580	0.000
原假设（H_0）：SDM 模型能简化为 SEM 模型 备选假设（H_1）：SDM 模型不能简化为 SEM 模型	8.980	0.003	81.230	0.000

表 7-4 中 Wald 检验和 LR 检验结果均在 1% 的显著水平下拒绝原假设，即认为 SDM 模型不能简化为 SAR 或者 SEM 模型，说明模型应当选择 SDM 模型。在确定选择 SDM 模型后，本书进一步通过 LR 检验在 SDM 模型回归中是否需要控制个体和时期固定效应，检验结果见表 7-5。由表 7-5 可知，个体时间固定效应均显著存在，即需要考虑双向固定效应。另外，本书通过 Hausman 检验来验证本章的 SDM 模型应当使用固定效应（FE）还是随机效应（RE），检验结果见表 7-6。Hausman 检验结果显示应当要拒绝原假设，应该选择固定效应模型进行估计。

表 7-5　Likelihood ratio（LR）检验

	LR 值	自由度	P 值
原假设（H_0）：个体固定效应不显著 备选假设（H_1）：个体固定效应显著	40.070	14	0.000
原假设（H_0）：时期固定效应不显著 备选假设（H_1）：时期固定效应显著	3 459.300	14	0.000

表 7-6　模型 Hausman 检验

Hausman 检验（假设）	Hausman 统计量	自由度	P 值
原假设 H0：估计应采用随机效应模型 备选假设 H1：估计应采用固定效应模型	42.74	13	0.000

根据前文分析与检验结果，本书应该采用个体与时期双向固定的空间杜宾模型（SDM）的固定效应来进行估计，基于此，本书借鉴 Elhorst（2010）的做法构建如下空间杜宾模型：

$$QEG_{it} = \rho W_{ij} QEG_{jt} + \sum_{k=1}^{6} \alpha_k X_{it} + \sum_{k=1}^{6} \lambda_k W_{ij} X_{jt} + \mu_i + \mu_t + \varepsilon_{it} \quad (7-3)$$

在式（7-3）中，QEG 为经济高质量发展，X_{it} 为被解释变量的集合，包括市场分割（SEG）、交通基础设施（INFRA）、劳动力禀赋（LFE）、政府干预（GOV）、国有化程度（SOE），ρ、λ_k 分别表示被解释变量与解释变量的空间溢出效应系数，α_k 为各解释变量的直接效应，W_{ij} 为空间权重矩阵，μ_i、μ_t 分别代表个体和时期的固定效应，ε_{it} 为随机误差项。

7.3.2　变量选择

（1）被解释变量：经济高质量发展水平

采用第 5 章构建的城市群经济高质量发展评价指标体系进行测度。

（2）核心解释变量：市场分割程度

通过相对价格法以各城市各类别居民消费价格指数为原始数据进行测度。

（3）控制变量

参考国内外经济高质量发展的已有研究，本书选取以下控制变量：

①交通基础设施（INFRA）：以各城市公路通车里程与地区陆地面积之比来反映各城市交通基础设施水平。

②劳动力禀赋（LFE）：采用各城市城镇就业人员占城市人口总量的比重衡量劳动力禀赋。

③政府干预（GOV）：以各城市财政支出占地区 GDP 比重作为衡量政府干预程度的指标。

④消费水平（COM）：以各城市全社会商品零售额占 GDP 的比重来衡量各城市消费水平的高低。

⑤金融水平（FIN）：用各城市存贷款规模与 GDP 之比作为衡量城市金融水平的指标。

各变量数据主要来自各省及各地级市 2007—2019 年统计年鉴与统计公报、《中国城市统计年鉴》、EPS 数据库。

表 7-7 报告了各变量的描述性统计。

表 7-7　变量的描述性统计

变量	样本量	均值	标准差	最小值	最大值
QEG	1 833	0.177	0.130	0.060	1.239
SEG	1 833	0.026	0.022	0.004	0.284
INFRA	1 833	1.244	0.458	0.159	3.764
LFE	1 833	0.290	0.321	0.043	4.237
GOV	1 833	0.163	0.070	0.052	0.675
COM	1 833	0.111	0.161	0.002	1.585
FIN	1 833	2.169	0.967	0.588	7.506

7.4　实证结果分析

7.4.1　全样本估计

本书利用 SDM 模型对市场分割影响城市群经济高质量发展的空间效应进行了估计，具体结果见表 7-8。为便于与一般面板回归结果进行比较，本书将面板固定效应回归也纳入表中。

表 7-8　SDM 模型估计结果

变量	固定效应模型（FE）	空间杜宾模型（SDM）
SEG	-0.091^{**} (0.041)	-0.061^{*} (0.098)
INFRA	0.017^{***} (0.005)	-0.009^{*} (0.005)
LFE	0.017^{***} (0.006)	0.007 (0.007)
GOV	-0.009 (0.031)	-0.113^{***} (0.030)
COM	0.393^{***} (0.012)	0.299^{***} (0.016)
FIN	0.022^{***} (0.007)	0.005^{**} (0.003)

表7-8（续）

变量	固定效应模型（FE）	空间杜宾模型（SDM）
ρ		0.488***
		(0.099)
W * SEG		-1.841***
		(0.614)
W * INFRA		-0.162***
		(0.028)
W * LFE		-0.375***
		(0.036)
W * GOV		-1.086***
		(0.280)
W * COM		0.597***
		(0.207)
W * FIN		0.114***
		(0.024)
常数项	0.062***	——
	(0.007)	
地区效应	Yes	Yes
时间效应	Yes	Yes
N	1 833	1 833
R^2	0.599	0.515

注：*、**、*** 分别代表10%、5%、1%的显著性水平，括号内为标准误。下同。

在表7-8的估计结果中，我们首先关注空间自回归系数 ρ，空间自回归系数的大小反映了城市间经济高质量发展是否存在空间溢出效应，从估计结果来看，空间自回归系数 ρ 为0.488，且在1%的水平下显著，表明各城市经济高质量发展水平具有明显的正向空间溢出效应，这印证了前文分析，即本城市经济高质量发展不仅受到本城市市场分割（SEG）等因素的影响，也会受到周边城市经济高质量发展水平的影响。空间效应显著为正，表明周边城市经济高质量发展水平的变化会导致本城市经济高质量发展水平发生同向变化，即各城市经济高质量发展总体呈空间正相关特征，主要呈高高聚集与低低聚集的特征。

无论是固定效应还是空间杜宾模型估计结果中市场分割（SEG）的系数均显著为负，即本城市市场分割的实施会显著降低本城市经济高质量发展水平，都与前文结论保持一致，交互项 W * SEG 的系数在5%的显著性水平下为负，表明其他城市市场分割行为的实施会抑制本城市经济高质量发展，即本城市经济高质量发展还受到其他城市市场分割程度的影响。由于城市间市场分割存在空间依赖性，即市场分割是一种策略互动行为，本城市市场分割程度的提升会推动其他城市调整市场分割的政策，因此本城市市场分割行为不仅会直接降低本城市经济高质量发展水平，还会导致其他城市采取相应行为，出现"两败俱伤"情况。这也进一步表明，地方政府通过市场分割等行为试图"以邻为壑"以实现自身发展的策略是不可取的，其应当加强城市间交流协作，共同消除市场分割，建设区域统一市场，进行城市经济高质量发展的良性互动。

从表7-8可以看出，各控制变量与空间矩阵的交互项均在1%的水平下显著，劳动力禀赋对本城市经济高质量发展的影响不显著，交互项 $W * LFE$ 的系数显著为负（-0.375），即其他城市劳动力禀赋的提升意味着本城市劳动力资源流失，会对本城市经济高质量发展产生负向溢出效应。政府干预对本城市经济高质量发展的影响显著为负（-0.113），交互项 $W * GOV$ 的系数为-1.086，城市间政府干预具有长期负向溢出效应。城市消费水平对经济高质量的影响系数显著为正（0.299），交互项 $W * COM$ 也显著为正（0.597），长期溢出效应显著，即本城市消费水平的提升有助于本城市经济高质量发展，也会导致本城市对其他城市商品消费需求的扩张，推动其他城市企业扩大生产规模，增加商品产量和利润，提高城市经济高质量水平。金融水平对本城市经济高质量发展的影响显著为正（0.005），交互项 $W * INFRA$ 的系数亦显著为正（0.114），长期溢出效应显著，即其他城市金融水平的提高也能通过对本城市企业的支持有助于提升本城市经济高质量水平。

7.4.2 全样本空间效应分解

上节实证分析检验了城市经济高质量发展变化过程中空间效应的存在，即当城市经济高质量发展存在空间溢出效应时，本城市经济高质量发展不仅受到来自于本城市市场分割与其他经济因素的影响，还受到其他城市的影响。此时，表7-8中市场分割与其他经济因素的估计系数无法体现其对城市经济高质量发展的边际效应。因此我们需要进一步将市场分割与其他经济因素对城市经济高质量发展的影响分解为直接效应与间接效应（Anselin & Gallo，2006），LeSage 和 Pace（2009）指出，在空间系统中，本地区解释变量的作用包括两个方面：一是本地区解释变量对本地区被解释变量的影响，二是本地区解释变量对其他地区被解释变量的影响。前者可称为直接效应，后者则可称为间接效应；直接效应相当于面板估计中的解释变量的估计值，间接效应即为其空间溢出效应。表7-9反映了市场分割与其他经济因素对城市经济高质量发展的直接效应与间接效应。

表7-9 各变量对经济高质量发展的空间效应分解

变量	直接效应	间接效应	总效应	间接效应贡献率/%
SEG	−0.079 * (0.099)	−3.706 *** (1.330)	−3.786 *** (1.319)	97.9%
INFRA	−0.011 ** (0.005)	−0.331 *** (0.080)	−0.342 *** (0.079)	96.8%
LFE	0.003 (0.007)	−0.733 *** (0.131)	−0.730 *** (0.132)	100.4%
GOV	−0.126 *** (0.029)	−2.221 *** (0.639)	−2.347 *** (0.638)	94.6%
COM	0.308 *** (0.016)	1.465 *** (0.482)	1.773 *** (0.487)	82.6%
FIN	0.007 *** (0.003)	0.232 *** (0.060)	0.239 *** (0.060)	97.1%

表7-9的结果表明，各变量的间接效应对总效应的贡献率均在80%以上，说明各变量的空间溢出效应均较为突出。其中，市场分割变量（SEG）的直接效应、间接效应都在10%的显著性水平下为负。空间溢出效应对总效应的贡献率为97.9%，表明其他城市市场分割提升对本城市经济高质量发展水平下降具有明显的空间溢出效应，是本城市经济高质量发展水平下降的重要影响因素。在控制变量中，劳动力禀赋（LFE）的间接效应对总效应的贡献均超过100%，即本城市与其他城市劳动力禀赋（LFE）对本城市经济高质量的空间作用相反；其他城市劳动力禀赋（LFE）对本城市经济高质量发展的负向空间溢出效应显著且贡献较大，而本城市劳动力禀赋的正向影响不显著。消费水平（COM）与金融水平（FIN）对本城市经济高质量发展的空间溢出效应显著且贡献较大（82.6%、97.1%），可见消费水平提升与金融发展的空间外溢性较强。通过与普通面板固定效应结果对比我们可以发现，普通面板固定效应结果与空间估计结果存在较大差异，在考虑空间效应后核心解释变量市场分割（SEG）的直接效应降低了34%，劳动力禀赋的系数更是由显著为正转为显著为负，表明忽略空间效应的面板固定效应模型会导致估计偏低和偏误的产生。

7.4.3 分城市群估计

为进一步考察各城市群空间溢出效应是否存在及存在的差异，本书对各城市群分别进行空间效应回归，同样通过双向固定的空间杜宾模型（SDM）的固定效应进行估计，估计结果见表7-10。

表7-10 各城市群 SDM 模型估计结果

变量	京津冀	哈长	呼包鄂榆	关中平原
SEG	-0.417 * (0.226)	-0.422 ** (0.171)	2.728 *** (1.254)	0.199 (0.176)
INFRA	-0.136 *** (0.047)	0.028 ** (0.014)	-0.828 *** (0.246)	0.076 (0.072)
LFE	-0.061 (0.062)	0.409 *** (0.068)	0.266 *** (0.103)	-0.377 *** (0.052)
GOV	0.134 (0.212)	0.401 *** (0.119)	-1.389 * (0.726)	0.125 (0.115)
COM	0.185 ** (0.090)	0.680 *** (0.099)	-3.368 *** (0.845)	0.217 ** (0.091)
FIN	0.052 *** (0.014)	-0.038 (0.010)	0.078 *** (0.022)	-0.011 (0.010)
ρ	-1.204 *** (0.285)	-0.877 *** (0.276)	-1.120 *** (0.151)	-0.189 (0.206)
W * SEG	-2.745 * (1.628)	1.572 (1.158)	7.076 ** (3.078)	-0.621 ** (0.268)
W * INFRA	-0.830 *** (0.262)	0.039 (0.067)	-2.263 *** (0.616)	0.061 (0.202)
W * LFE	0.592 (0.426)	1.731 *** (0.334)	0.137 (0.299)	-0.138 (0.315)
W * GOV	-0.319 (1.485)	3.096 *** (0.618)	-6.646 *** (2.076)	0.308 (0.228)
W * COM	-1.733 *** (0.581)	3.612 *** (0.506)	-7.650 *** (1.906)	0.068 (0.409)
W * FIN	-0.000 (0.083)	-0 283 *** (0.054)	0.228 *** (0.050)	0.024 (0.057)
地区效应	Yes	Yes	Yes	Yes
时间效应	Yes	Yes	Yes	Yes
N	169	117	52	130
R^2	0.637	0.218	0.274	0.455

表7-10（续）

粤港澳	长三角	长江中游	成渝	中原
0.828**	0.249**	−0.028**	−0.230***	−0.042*
(0.398)	(0.123)	(0.035)	(0.070)	(0.081)
−0.041	0.016*	0.004	−0.022***	−0.008
(0.029)	(0.010)	(0.010)	(0.005)	(0.007)
0.008	0.047***	0.011	0.151***	−0.020
(0.010)	(0.014)	(0.010)	(0.024)	(0.026)
0.209	−0.020	0.075	0.057***	0.191***
(0.338)	(0.062)	(0.067)	(0.018)	(0.072)
0.173***	0.212***	−0.068***	0.112***	0.095**
(0.052)	(0.015)	(0.022)	(0.014)	(0.044)
−0.011***	−0.014***	−0.000	−0.009**	−0.020***
(0.015)	(0.005)	(0.005)	(0.004)	(0.007)
−0.044	0.308**	0.330***	−0.464*	−1.062***
(0.172)	(0.128)	(0.118)	(0.263)	(0.254)
−1.484**	−0.490**	0.377***	−1.951***	−0.752*
(0.605)	(0.198)	(0.130)	(0.513)	(0.573)
0.100	−0.063	0.116***	−0.173***	0.127***
(0.068)	(0.041)	(0.036)	(0.038)	(0.039)
−0.078**	−0.131***	−0.037	0.363*	−0.305*
(0.036)	(0.050)	(0.031)	(0.208)	(0.172)
0.428	1.081***	−0.151	−0.467***	0.834**
(0.610)	(0.265)	(0.135)	(0.161)	(0.426)
0.262*	0.261***	0.144	0.049	0.853**
(0.148)	(0.099)	(0.135)	(0.134)	(0.364)
−0.053	−0.003	−0.020	−0.051	0.014
(0.032)	(0.010)	(0.014)	(0.033)	(0.048)
地区效应	Yes	Yes	Yes	Yes
时间效应	Yes	Yes	Yes	Yes
117	325	364	208	351
0.390	0.884	0.805	0.144	0.717

表 7-10 结果表明：①除关中平原城市群与粤港澳大湾区外其他城市群空间自回归系数 ρ 均在 10% 的水平下显著，可见多数城市群内部城市经济高质量发展具有明显的空间溢出效应，即本城市经济高质量发展水平不仅受到本城市市场分割等因素的影响，也显著受到其他城市 QEG 的影响。除长三角与长江中游城市群外，其余城市群空间自回归系数 ρ 均小于 0，

表明这些城市群内部其他城市经济高质量发展水平的变化会导致本城市经济高质量发展呈反方向变动，即城市群内各城市经济高质量发展总体呈空间负相关特征，表现为高低聚集的特征，可见对于中国多数城市群而言，中心城市与其他城市经济高质量发展水平存在较大差距，城市群范围内各城市间经济高质量发展的协同发展仍任重道远。②除关中平原城市群外，其余城市群中核心解释变量 SEG 均显著存在，表明除关中平原城市群外，各城市群内部城市市场分割对经济高质量发展具有显著影响。此外，除哈长城市群外，其他城市群内部城市的核心解释变量 SEG 与空间矩阵的交互项 W * SEG 均显著存在，表明除哈长城市群外其他城市群内部城市市场分割会对本城市经济高质量水平发展产生显著影响。且除呼包鄂榆与长江中游城市群交互项 W * SEG 的系数显著为正外，其余城市群交互项 W * SEG 的系数均显著为负，即城市群范围内其他城市市场分割水平提高会抑制本城市经济高质量发展，这与总体空间效应回归结果保持一致。城市群范围内其他城市市场分割水平的提升将阻碍要素资源的流动，从而使得本城市要素市场资源配置发生扭曲，无法实现最优配置，不利于整体范围内劳动力和资本生产率的提高，进而降低本城市经济高质量发展水平。呼包鄂榆与长江中游城市群交互项 W * SEG 的系数显著为正，表明呼包鄂榆与长江中游城市群内部其他城市市场分割水平提高会促进本城市经济高质量发展。本书认为其主要原因在于呼包鄂榆城市群内部各城市间产业结构相似度较高，产业同质化竞争现象严重，其他城市市场分割水平的提高有助于抑制本城市要素资源流失，保障本城市产业发展，提升本城市企业竞争力，从而在一定程度上促进各城市经济高质量发展。长江中游城市群内部其他城市市场分割水平的提高助推了湖北、湖南、江西各省要素资源向各省会城市集中，形成以各省会城市为核心的都市圈，从而助推这些都市圈内部城市实现经济高质量发展。

7.4.4 分城市群空间效应分解

在对各城市群中市场分割与经济高质量发展的空间效应是否存在进行检验后，本书进一步将各城市群内部市场分割与其他经济因素对经济高质量发展的影响分解为直接效应与间接效应，以体现市场分割与其他经济因素对经济高质量发展的边际效应。各城市群的空间效应分解结果见表 7-11。由于本研究主要关注核心解释变量市场分割（SEG）的空间效应，因此仅报告了各城市群 SEG 变量的空间效应分解结果。

表 7-11 各城市群 SEG 的空间效应分解

城市群	直接效应	间接效应	总效应	间接效应贡献率/%
京津冀	-0.226* (0.201)	-1.225* (0.792)	-1.452* (0.830)	84.4
哈长	-0.315** (0.143)	-0.735 (0.738)	-1.050* (0.772)	70.0
呼包鄂榆	0.933 (1.155)	3.779* (2.115)	4.712** (2.166)	80.2
关中平原	0.221 (0.182)	-0.560** (0.247)	-0.339 (0.215)	165.2
粤港澳	0.854** (0.405)	-1.461** (0.618)	-0.607* (0.591)	240.7
长三角	0.245** (0.124)	-0.586** (0.264)	-0.341* (0.250)	171.8
长江中游	-0.018** (0.037)	0.548*** (0.213)	0.531** (0.222)	103.2
成渝	-0.177*** (0.067)	-1.328*** (0.453)	1.505*** (0.491)	88.2
中原	-0.010* (0.088)	-0.370 (0.316)	-0.380** (0.303)	97.4

表 7-11 的结果显示：①除呼包鄂榆城市群外，各城市群内部城市市场分割的直接效应均在 10%的水平下显著，表明在考虑了空间效应条件下各城市群内部市场分割仍对经济高质量发展有显著的直接影响。呼包鄂榆、粤港澳大湾区和长三角城市群市场分割的直接效应显著为正，即这些城市群中本城市市场分割对经济高质量发展具有显著的促进作用，而京津冀、哈长、长江中游、成渝与中原城市群内部城市市场分割对经济高质量发展具有显著的抑制作用。抑制作用最为强烈的是哈长城市群，市场分割每提升 1%，本城市经济高质量发展水平下降 0.315%。②除哈长城市群外，其余城市群内部城市市场分割的间接效应在 10%的水平下显著，表明除哈长城市群外其余城市群内部城市市场分割的空间溢出效应均较为明显，京津冀、关中平原、粤港澳大湾区、长三角、成渝与中原城市群内部城市市场分割变量的间接效应均显著为负，可见在这些城市群中其他城市市场分割对本城市经济高质量发展具有负向空间溢出效应，其他城市市场

分割下降能够推动本城市经济高质量发展。值得一提的是，关中平原、粤港澳大湾区、长三角与长江中游城市群内部城市市场分割变量的直接效应与间接效应符号相反，而间接效应与总效应符号保持一致，其中，关中平原城市群内部城市市场分割对本城市经济高质量发展的促进作用不显著，且城市群内部其他城市对本城市市场分割的提升也会采取提升市场分割程度的应对行为，从而给本城市带来高于本城市实施市场分割行为经济利益的损失，抑制本城市实现经济高质量发展。粤港澳大湾区、长三角城市群与关中平原城市群类似，有所区别的是粤港澳大湾区、长三角城市群内部城市市场分割的直接效应较为显著。呼包鄂榆与长江中游城市群市场分割变量的间接效应均显著为正，可见这些城市群中其他城市市场分割提升对本城市经济高质量发展水平提升具有明显的空间溢出效应。③从各城市群内部城市市场分割间接效应对总效应的贡献率来看，各城市群内部市场分割间接效应对总效应的贡献率均在70%以上，其中粤港澳大湾区市场分割间接效应的贡献率最高（240.7%）；其次为长三角城市群（171.8%）、关中平原城市群（165.2%）与长江中游城市群（103.2%），对总效应的贡献率均高于100%，表明空间溢出效应存在且与直接效应符号相反是这些城市群内部城市市场分割影响经济高质量发展的主要来源。关中平原、粤港澳大湾区、长三角城市群空间溢出效应导致市场分割对城市经济高质量发展具有负向影响，长江中游城市群空间溢出效应导致市场分割对城市群内部城市经济高质量发展具有正向影响。哈长城市群内部城市市场分割间接效应对总效应的贡献率最低（70.0%），且不具有较强的显著性，表明该城市群范围内其他城市市场分割对本城市经济高质量发展的影响较小。

7.5　稳健性检验

7.5.1　考虑极端值的影响

为消除极端值对回归结果的影响，本书将对各变量数据进行1%缩尾处理，回归结果见表7-12第（1）列。从结果来看，剔除极端值并未改变核心解释变量SEG的符号与显著性，交互项 W * SEG 的符号与显著性也未见明显变化，说明核心解释变量SEG的空间溢出效应依旧显著存在，且模型拟合程度有所提高，模型较为稳健。

表 7-12　稳健性检验回归结果

变量	(1)	(2)
SEG	−0.001 * (0.043)	−0.080 ** (0.038)
INFRA	0.012 *** (0.004)	0.003 (0.005)
LFE	−0.018 *** (0.005)	−0.025 *** (0.006)
GOV	−0.030 (0.022)	−0.015 (0.027)
COM	0.177 *** (0.010)	0.234 *** (0.013)
FIN	−0.002 (0.059)	0.013 *** (0.003)
ρ	0.370 *** (0.089)	0.166 *** (0.039)
W * SEG	−0.023 ** (0.098)	−0.003 * (0.067)
W * INFRA	−0.035 ** (0.018)	−0.012 (0.009)
W * LFE	−0.142 *** (0.029)	0.045 ** (0.020)
W * GOV	0.116 (0.077)	0.108 * (0.060)
W * COM	−0.311 *** (0.107)	0.052 (0.041)
W * FIN	0.012 (0.009)	−0.010 ** (0.005)
地区效应	1 833	1 833
时间效应	0.713	0.688
N	−0.001 * (0.043)	−0.080 ** (0.038)
R^2	0.012 *** (0.004)	0.003 (0.005)

7.5.2　替换空间权重矩阵

为证实研究结论的可靠性，本书重新选择了空间权重矩阵，以经济地理矩阵代替反距离矩阵，对模型进行重新估计，估计结果见表 7-12 第（2）列。从回归结果来看，核心解释变量 SEG 与交互项 W*SEG 的符号与显著性未发生显著变化，说明回归结果具有稳健性，市场分割对城市群内部城市经济高质量发展具有显著的负向空间溢出效应。

7.6　本章小结

本章实证检验了市场分割对城市群经济高质量发展影响的空间溢出效应。首先，本章通过全局莫兰指数检验了经济高质量发展与市场分割两个变量的空间相关性，结果发现经济高质量发展与市场分割均具有显著的空间正相关性。然后，本章通过局部莫兰指数检验了经济高质量发展与市场分割这两个变量的局部空间相关性。经济高质量发展的局部相关性检验结果表明，长三角城市群与粤港澳大湾区内部城市主要呈"高高聚集"模式，而其他城市群主要呈"高低聚集"模式，尤其是哈长城市群经历了从"高高聚集"模式向"高低聚集"模式的转变。市场分割的局部相关性检验结果表明，位于南方的城市群市场分割主要呈"低低聚集"模式，而位于北方的城市群市场分割主要呈"高高聚集"模式。

在验证了经济高质量发展与市场分割存在空间相关性后，本章首先进行了基于空间杜宾模型的市场分割影响城市群经济高质量发展的空间计量研究。实证结果表明，空间自回归系数在 1% 水平下显著为正，各城市经济高质量发展具有明显的正向空间溢出效应，其他城市经济高质量发展水平的变化会导致本城市经济高质量发展同向变化；交互项 W*SEG 的系数在 5% 的显著性水平下为负，即本城市经济高质量发展还受到其他城市市场分割程度的影响，其他城市市场分割行为的实施会抑制本城市经济高质量发展。进一步对空间效应进行分解后发现，各变量的间接效应对总效应的贡献率均处于较高水平，核心解释变量市场分割的间接效应对总效应的贡献率为 48.7%，忽略空间效应的面板固定效应模型会导致估计偏低和偏误的产生。然后，本章考察各城市群空间溢出效应是否存在及其地区异质性，结果发现，除关中平原城市群与粤港澳大湾区外其他城市群空间自回归系数 ρ 均在 10% 的水平下显著，其中长三角与长江中游城市群内部城市经济高质量发展具有明显的正向空间溢出效应，而其余城市群内部城市经济高质量发展具有明显的负向空间溢出效应。交互项 W * SEG 除哈长城市群外均显著存在，表明除哈长城市群外其他城市群内各城市经济高质量发展会受到本城市群内部其他城市市场分割程度的影响。分城市群的空间效应分解结果显示，各城市群市场分割的直接效应均在 10% 的水平下显著，表明在考虑了空间效应的条件下各城市群内部市场分割仍对本城市经济高质量发展具有显著的直接影响。除哈长城市群外，其余城市群内部城市市场分割的间接效应在 10% 的水平下显著，表明除哈长城市群外其余城市群内部城市市场分割的空间溢出效应均较为明显，粤港澳大湾区、长三角、关中平原与长江中游城市群内部城市市场分割的间接效应对总效应的贡献均超过 100%，是这些城市群内部城市市场分割影响经济高质量发展的主要来源。关中平原、粤港澳大湾区、长三角城市群空间溢出效应导致市场分割对城市经济高质量发展具有负向影响，长江中游空间溢出效应导致市场分割对城市经济高质量发展具有正向影响。最后，本章通过剔除极端值与替换空间权重矩阵的方式进行稳健性检验，发现核心解释变量 SEG 与交互项 W * SEG 的符号与显著性未发生显著变化，说明回归结果具有稳健性。

8 研究结论与政策建议

8.1 研究结论

8.1.1 城市群市场分割的主要结论

本书借助相对价格法以 9 个城市群 141 个城市的居民消费价格分类指数测度了各城市 2001—2019 年的市场分割水平，以此对各城市群内部及城市群间市场分割现状及其发展趋势进行分析，并进一步对市场分割的影响因素进行了讨论，主要得出以下结论：

第一，城市群内部市场实现了由地区性市场向区域性市场的演进。各城市群内部市场分割水平有了较大幅度下降，城市群内部市场日趋整合，城市群内部的行政边界效应在不断消减，但各城市群间市场分割水平仍高于城市群内部。城市群内部市场整合较快与城市群之间市场整合进程相对缓慢的这一现状表明，中国产品市场正从以省内整合和省际分割为特征的地区性市场向城市群内部整合和城市群之间分割为特征的区域性市场演进，实现了由地区性市场向区域性市场的演进。位于南方的城市群内部市场整合进程领先于北方城市群，南北方城市群内部市场分割的不同发展趋势必然会对南北方地区经济增长产生不同的影响，这也许是中国南北方经济发展存在较大差距的一个重要原因。

第二，在城市群内部市场分割影响因素中，除长三角和中原城市群外，其余城市群内部城市政府干预的加强均有助于消除各城市群内部市场分割，促进地区间交流融合。外贸易水平仅对长三角城市群与哈长城市群具有显著影响，其中外贸依存度较高的长三角城市群随着对外开放水平的提升，提升了地区市场需求，从而有效抑制了城市群内部市场分割；而哈长城市群对外贸易规模较小，对地区市场需求的提升有限，反而助推了城市群内部市场分割水平的提升。除长三角、关中平原和呼包鄂榆城市群外，其余城市群内部城市经济规模的扩大都有助于抑制城市群内部市场分割。交通基础设施水平的提高仅显著降低了长三角、中原、粤港澳大湾区与哈长城市群内部的市场分割程度。国有化水平提高对关中平原城市群市场分割具有抑制作用，但对中原和哈长城市群市场分割具有促进作用。

8.1.2 城市群经济高质量发展的主要结论

本书通过构建包含协同发展、发展动能、发展结构、发展可持续性与发展成果共享五个维度的城市群经济高质量发展指标评价体系，将信息熵权与独立性权数采用乘法合成基础指标的综合权重对城市群整体以及城市群内部各城市 2007—2019 年的经济高质量发展水平进行测度，分析城市群经济高质量发展水平的发展趋势，并就各城市群整体经济高质量发展提升来源以及各城市经济高质量发展的区域差异及其来源进行考察，主要得出以下结论：

第一，中国城市群整体经济高质量发展水平均不断提高。依据各城市群经济高质量发展水平与增长速度，我们可以将各城市群分为三个梯队。第一梯队的京津冀、粤港澳大湾区、长三角城市群整体经济高质量发展具有高水平高增长速度的特征，尤其是粤港澳大湾区整体经济高质量发展水平遥遥领先其他城市群；第二梯队的长江中游、中原、成渝与关中平原城市群整体经济高质量发展具有低水平高增长速度特征；第三梯队的哈长与呼包鄂榆城市群整体经济高质量发展具有低水平低增长速度特征，且这两个城市群多个年份整体经济高质量发展水平出现下降。

第二，发展动能转换与发展成果共享水平提升是各城市群整体经济高质量发展的主要提升来源。本书通过将经济高质量发展中各维度指标变动对整体经济高质量发展提升的贡献度进行分解，从而分析其动力来源。从分解结果来看，第一梯队的三个城市群与第二梯队的长江中游、成渝与关中平原城市群整体经济高质量发展的主要提升来源是发展动能的转换，而抑制第一梯队的城市群整体经济高质量发展进一步提升的原因是经济发展结构调整优化缓慢。中原城市群则是依靠发展结构的调整优化，但协同发展水平提升缓慢。第三梯队的哈长与呼包鄂榆城市群整体经济高质量发展主要来源为发展成果共享水平提升，但发展结构维度的较大下降是第三梯队城市群整体经济高质量发展提升缓慢的主要原因。

第三，各城市经济高质量发展水平存在较大差异。各城市群中心城市经济高质量发展处于较高水平，但非中心城市经济高质量发展水平与增长速度参差不齐。分城市群来看，京津冀城市群中北京市与其他城市的经济高质量发展水平差距逐步拉大；长三角城市群各城市经济高质量发展水平差距较小，但后加入城市群的安徽省各城市经济高质量发展水平有待提升；长江中游城市群以武汉市、长沙市与南昌市这三个中心城市为核心形成的三大都市圈内部城市经济高质量发展水平较高且增长速度较快，但南昌市与其他两个省会城市间的经济高质量发展水平差距较大；成渝地区双城经济圈内成都市与重庆市两大中心城市经济高质量发展水平快速提升，但重庆市第一产业的缓慢发展使得两地间经济高质量发展水平差距不断扩大；中原城市群中郑州市经济高质量发展水平一枝独秀，城市群中位于山西省的长治市、晋城市、运城市经济高质量发展水平增长较为缓慢；哈长城市群中心城市哈尔滨市与长春市经济高质量发展水平有所提升，但其他城市经济高质量发展水平提升缓慢，甚至部分城市在样本期内增长率为负；呼包鄂榆城市群中各城市间经济高质量发展水平差距较小，但各城市增速较慢；关中平原城市群中心城市与其他城市间经济高质量发展水平差距呈扩大趋势，城市群内部各城市经济高质量发展两极分化现象严重；粤港澳大湾区内部各城市经济高质量发展水平处于较高水平，呈多中心发展趋势，但经济发展结构维度指标的下降也使得粤港澳大湾区内部各城市经济高质量发展存在较大隐患。

第四，各城市经济高质量发展的区域差异的主要来源为群间差异。本书通过 Dagum 基尼系数对城市经济高质量发展的区域差异及其来源进行分析，将各城市经济高质量发展水平的差异分解为群内差异、群间差异与超变密度三个方面。从城市经济高质量发展水平的总体差异来看，各城市经济高质量发展总体差异呈现出先降后升的发展趋势。从各城市间经济高质量发展的群内差异来看，第一梯队的 3 个城市群的群内差异最大，其中京津冀城市群内部各城市间经济高质量发展的群内差异最大，第二、三梯队的 6 个城市群群内差异相对较小。从各城市经济高质量发展的群间发展差异来看，城市群内部城市经济高质量发展的群间差异主要体现在第一梯队城市群内部城市经济高质量发展水平与第二、三梯队的城市群内部城市间的差异较大。在对总体差异进行分解后可以看出，各城市经济高质量发展的总体差异中群间差异是其主要来源，而群内差异对各城市经济高质量发展总体差异的贡献较小。

8.1.3　市场分割影响城市群经济高质量发展的主要结论

本书对市场分割影响城市群经济高质量发展进行了机理分析，主要得出了以下结论：

第一，地方经济分权与竞争体制下的市场分割不利于城市群经济高质量发展。地方经济分权与竞争体制下的地方政府为扩大本地区税基和实现地区经济增长，往往会采取行政、立法等多重手段对本地区企业进行保护和扶持，从而形成地区间市场分割的局面。对于地方政府而言，以 GDP、财政收入等作为政府绩效考核指标使地方政府有动机以短期利益为重，甚至以牺牲经济发展质量的方式换取短期内经济的高速增长，而忽视经济发展质量的提升。由此，本书提出市场分割不利于城市群经济高质量发展的研究假设。

第二，市场分割主要通过市场规模效应与市场竞争效应影响城市群经济高质量发展。基于新经济地理理论与新奥地利学派的竞争理论，本书提出市场分割通过市场规模与市场竞争效应影响城市群经济高质量发展的作用机制。市场分割限制了城市市场规模，抑制了企业规模报酬递增和知识技术溢出的实现，不利于城市群经济高质量发展。市场分割弱化了市场竞争，扭曲了市场价格信号，抑制了城市间合理分工，不利于城市群经济高质量发展。市场分割不仅会对城市群经济高质量发展产生直接的负面影响，还会通过市场规模效应与市场竞争效应这两个中介渠道产生负面影响。

第三，市场分割对经济高质量发展的影响具有空间异质性。城市群与城市具有整体和部分的辩证统一关系，城市群经济高质量发展的核心在于协同性的培育，即城市群整体经济高质量发展虽然以城市群内部各城市经济高质量发展为基础，但还应考虑各城市之间、城市与农村间的协同发展。同时，与发达城市相比，落后城市市场分割问题可能更严重，同时市场分割对落后城市经济高质量发展既有抑制作用也存在部分促进作用，从而降低了市场分割对落后城市经济高质量发展的负面影响。因此，与单一城市相比，市场分割对城市群整体经济高质量发展的负面影响更加明显。与落后城市相比，市场分割对发达城市经济高质量发展的负面影响更加明显。

在根据相关理论进行机理分析后，本书通过固定效应、全面广义最小二乘法、系统矩估计、多重中介效应、空间杜宾模型等多种计量方法以城市群整体与各城市 2007—2019 年相关数据实证检验了市场分割对城市群整体及城市群内部各城市经济高质量的总体影响、影响路径与空间关系。主要得出了以下结论：

其一，市场分割对城市群整体及城市经济高质量发展存在负向影响。市场分割水平的下降能促进城市群整体与各城市经济高质量发展水平提升，推进城市群内部市场一体化进程，建设全国统一市场，是实现城市群经济高质量发展的重要推动力。市场分割对中心城市与非中心城市经济高质量发展的影响的异质性分析结果也显示，市场分割对中心城市经济高质量发展的负向影响更为突出，而对非中心城市经济高质量发展的负向影响较小。分城市群来看，京津冀、粤港澳大湾区、长三角、成渝和中原城市群内部城市市场分割对经济高质量发展具有负面影响，市场分割的提升会抑制这些城市群内部城市经济高质量发展；而呼包鄂榆、哈长与关中平原城市群内部城市市场分割对经济高质量发展具有正向影响，市场分割的提升会推动这些城市群内部城市经济高质量发展，主要原因在于这些城市群中发展较为落后的城市较多，市场分割对这些城市经济高质量发展的促进作用更为突出。

其二，市场规模与市场竞争对市场分割影响城市群经济高质量发展具有显著的中介效应。市场分割水平的下降能通过扩大区域市场规模和强化区域市场竞争对城市群整体与城市经济高质量发展水平的提升产生促进作用，市场分割主要通过扩大城市群整体市场规模促进城市群整体经济高质量发展。而对于城市而言，市场分割主要通过抑制城市内部市场竞争促进城市经济高质量发展。异质性的分析结果表明，中心城市市场规模与市场竞争均具有部分中介效应，且市场竞争的中介效应更为突出；非中心城市市场分割弱化了城市市场竞争，抑制了非中心城市的经济高质量发展，但也通过扩大城市市场规模对经济高质量发展产生促进作用。市场规模与市场竞争的中介效应的差异是导致市场分割对中心城市经济高质量发展的负面影响更为突出的主要原因。分城市群来看，粤港澳大湾区、长三角和长江中游城市群内部城市市场分割均能通过限制地区市场规模与弱化市场竞争两条路径抑制经济高质量发展，京津冀、呼包鄂榆和中原城市群内部城市市场分割仅通过市场规模这一条中介路径影响经济高质量发展，关中平原城市群和成渝地区双城经济圈内部城市市场分割仅通过市场竞争这一条中介路径影响经济高质量发展，且在关中平原城市群中表现为促进作用。

其三，市场分割与城市群内部各城市经济高质量发展具有明显的空间相关性，全局与局部莫兰指数结果验证了这一观点。空间计量分析结果表明，首先，各城市经济高质量发展具有明显的正向空间溢出效应，其他城市经济高质量发展水平的提高会带动本城市经济高质量发展的提高；其次，各城市经济高质量发展除受本城市市场分割的影响外，还会受到其他城市市场分割水平的影响，可见忽略空间效应的面板固定效应模型会导致估计偏低和偏误的产生；最后，分城市群来看，除关中平原城市群与粤港澳大湾区外，其余城市群内部城市经济高质量发展具有明显的空间溢出效应，其中长三角与长江中游城市群经济高质量发展具有明显的正向空间溢出效应，而其余城市群的经济高质量发展则具有明显的负向空间溢出效应。除哈长城市群外其他城市群各城市经济高质量发展会受到本城市群内部其他城市市场分割程度的影响，即市场分割的空间溢出效应均较为明显。

8.2　对策建议

8.2.1　消除城市群市场分割的建议

（1）打破城市群内部行政区划壁垒，建立城市间利益协调机制

鉴于城市群内部行政区划壁垒对市场一体化的阻碍作用仍然存在，以及随着政府机构改革的深入政府干预对消除市场分割的促进作用日益凸显，城市群内部各城市之间应继续加强交流合作，转变对市场的干预方式。各城市群内部应积极探索和完善城市间定期沟通协商和对接机制，积极推进城市群内部各城市的跨区域合作机制，加强各城市中长期规划的对接，打破行政区划限制，在城市群内部进行统一布局、统一规划、统一管理，促进各城市之间的功能互补。尤其是城市群内部不同省份的城市间的合作，要尊重市场分工规律，探索经济区与行政区适度分立改革。国内的几个重要增长极，本质上就是跨越行政区划，构建更大范围的经济区，因而其更要推动行政区边缘、毗邻地区共建共享。

城市间稳定合作的重要保障在于完善的城市间利益协调与补偿机制。在财税分享管理制度方面，各城市群内部要建立成本共担的建设投入机制和互利共赢的利益分享机制。建立和完善城市间合作项目财政协同投入机制，统筹用于城市间互联互通重大基础设施、公共服务项目，推动财政支出的跨地区结算机制。对地区间合作项目产生的税收进行合理分配，推动招商引资项目异地流转与企业迁移利益共享机制建设，建立健全投资、税收等利益争端处理机制。在经济指标上，制定适合城市间合作项目的统计核算办法，加快对合作共建项目、招商引资项目异地流转，企业迁移等跨行政区经济活动产生的经济效益综合考虑权责关系、出资比例和资源环境因素等，创新统计指标划分方式。在公共服务上，城市间的交流合作离不开基础设施和公共服务的支撑，各城市群要推动构建城市间公共服务合作一体化平台，建立互认互通的社会保险、医疗保险、住房公积金、个人档案信息等公共服务建设。在环境治理上，各城市群建立国家碳中和技术创新中心、碳交易市场实现地区间横向生态保护补偿等，联合开展大气污染综合防治与跨界水体污染防治，开展生态环境联动执法。

（2）加快构建新发展格局，以高水平对外开放助推国内大市场建设

国际贸易对除长三角外的其他城市群消除市场分割的助推作用不明显，以及国内超大市场规模优势对消除市场分割展现出的强大推动力，表明中国要加快形成以国内大循环为主体、国内国际双循环相互促进的新发展格局。当前，全球市场需求的萎靡和国际贸易规模的下降倒逼着国内市场加强市场一体化建设。各城市群应发挥本地区超大规模市场优势，以满足国内需求作为经济发展的出发点和落脚点，着力打通国内生产、分配、流通、消费的各个环节，深入挖掘和激发国内市场供给与需求潜力，着力促进形成强大统一的国内市场。可以说，中国纵深广阔的国内大市场为构建新发展格局奠定了坚实基础，为依靠扩大内需这个战略基点来实现高质量发展创造了前提条件。同时，强调以国内大循环为主、国内国际双循环相互促进，不意味着各城市群要关门封闭，而是通过发挥内需潜力，更好利用国际国内两个市场、两种资源，实现更加强劲的、可持续的发展；要坚持开放合作的双循环，通过强化开放合作，更加紧密地同世界经济联系互动，提升国内大循环的效率和水平。因此各城市群要更好的发挥国际贸易对地区间贸易的促进作用，在对外开放的过程中吸收、借鉴国外产品技术和优势，打造本地区优势产业，发挥优势企业的辐射带动作用，进而驱

动地区市场一体化。

8.2.2 提升优化城市群经济高质量发展水平的建议

（1）强化中央政府战略引导作用，助推城市群协同发展

城市群间差异是中国城市群经济高质量发展总体差异的主要来源。城市群与城市群之间的同质化竞争与资源错配问题仍长期存在。各城市群应充分考虑与其他城市群之间的对接，加强城市群之间政策协同，消减城市群间贸易壁垒，充分发挥好高水平城市群对低水平城市群的正向溢出作用，并通过城市群工业互联网平台等"新基建"提高城市群间互联互通水平，推动低水平城市群借助高水平城市群知识溢出与产业梯度转移培育城市群产业集群，推动重点产业链补强，构建竞争优势突出的城市群产业体系。

由于各城市群间涉及多个省份，各城市群之间的合作离不开中央政府的支持和推动。首先，中央政府应做好顶层设计，加强各城市群规划的协调性，避免规划与规划间的矛盾冲突，推进法制建设，为城市群间合作提供法律保障。其次，中央政府要加强对城市群政府行为的引导，积极发挥财政转移支付对区域发展战略的协调作用，引导各城市由竞争思维转变为合作思维。中央政府可在财政转移支付资金分配中推行绩效考核机制，激励城市群内部各城市加快进行产业分工，通过建立对城市群间合作互补发展的奖惩机制推动各城市群间打破地域藩篱，协调城市群间利益分配。最后，中央政府要加强对地区对中央政策执行力度与深度的监管，严禁地方在中央决策部署中打折扣、做选择、搞变通。中央政府应通过检查、巡视等方式对地方政府行为进行监督管理，使地方政府在追求地方利益的过程中积极推进全国统一大市场的建立。此外，中央政府在推进各城市群间协同发展的同时，也要保障民生底线；在各城市群实现基本公共服务均等化，对于不主要承担经济发展功能任务的城市应当继续加大基础设施投资，同时加大对落后城市的财政转移支付，保障人民生活水平。

（2）促进落后城市群发展，补齐各城市群发展短板

中央政府要促进经济高质量发展水平较低的城市群的发展，加强对发育较差的城市群的政策倾斜，补齐发展短板，促进哈长城市群、呼包鄂榆城市群等发展较为缓慢的城市群快速发展，缩小与经济高质量水平较高的城市群间的差距，进一步做大做强中西部城市群中发展水平相对较低的中

心城市，聚集城市群高端人才与核心要素，提高中心城市的核心竞争力，提升城市能级，增强中心城市的辐射带动力。

中央政府应依据各城市群所处阶段及高质量发展的主要推动力与短板制定具有针对性的城市群经济高质量发展战略，做到因地制宜、精准施策。京津冀、粤港澳大湾区、长三角与长江中游城市群发展结构提升缓慢，应积极应对国际国内形势的变化，调整外贸进出口战略，提高出口产品质量与附加值，提升在全球价值链中的地位。成渝地区双城经济圈与呼包鄂榆城市群除提升出口产品附加值外，还要推进城市间产业分工体系的完善，建立以产业链集群为基础的城市间分工体系，要整合城市群内部分散的企业，做好城市群整体产业链规划和产业结构调整，以中心城市为核心构建产业生态圈，建立具有国际竞争力的超级产业集群。中原城市群、关中平原与哈长城市群要缩小城市群内部城市间与城乡间差距，加强城市群间的经济联系，积极培育城市群内部次中心城市，提高中心城市对城市群内其他城市的辐射效率，对城市群内部城市形成有效的辐射与带动，缩小城市群内部城市间经济发展差距。部分城市群的发展成果共享水平增长相对较慢，民生领域的历史欠账较多，为此，其一是要适应中国社会主要矛盾的变化，满足人民对美好生活的需要，不仅在物质生活方面，也要重视和满足人民群众在民主、法治、公平、正义、安全、环境等方面的要求，既满足人民群众的客观需求，也提高人民群众的主观感受，使人民群众具有更强的获得感、幸福感和安全感；二是要促进人的全面发展，提升城市群人力资本水平。这一方面有助于劳动生产率与创新效率的提升，为城市群高质量发展提供长足动力；另一方面能实现人民收入的持续增长，提高社会中等收入群体比例，实现共同富裕。

（3）树立"一盘棋"意识，共襄城市群整体利益

市场分割对城市群整体与城市群内部不同城市经济高质量发展的差异性影响是市场分割的存在土壤，这也从侧面反映了城市群发展过程中整体与部分利益之间的冲突。为此，地方政府应当树立"一盘棋"意识，"有些事从局部看可行，从大局看不可行；有些事从局部看不可行，从大局看可行。归根到底要顾全大局"（《邓小平文选》第2卷）。各城市的发展绝不可能独善其身，也绝不可以独惠其身，其要将本城市发展放到城市群整体发展规划的总体规划中来思考和谋划。在城市群发展初期，市场分割水平的下降有可能加剧经济发达城市对不发达城市的虹吸作用，这是城市群

形成和发展的必然阶段，当前这一作用在中国发展相对落后的城市群中表现较为明显，在这个过程中，不发达城市的资金、产业、人口的流失将使中小城市发展面临巨大挑战。此时城市群内部不发达城市要服从整体利益，冲破利益固化的藩篱，不能只看到短期利益的得失，要看到长期利益的得失；在城市发展中也要戒急戒躁，要尊重发展规律，做好产业培育的长期规划，树立"功成不必在我"的发展观，培育城市竞争优势，这样才能实现各城市经济高质量发展。

8.2.3　消除市场分割以提升城市群经济高质量发展的建议

（1）实施差异化的市场一体化政策，引导城市群经济高质量发展

市场一体化对各城市群内部城市经济高质量发展存在的差异性影响也要求各城市群要因地因时制宜，实施不同的市场整合政策以推进城市群市场一体化，实现城市群经济高质量发展。对中心城市而言，市场分割通过限制区域市场规模严重阻碍了中心城市经济高质量发展，阻碍了中心城市吸纳其他城市的人口、资本等要素，使中心城市无法实现产业集聚与规模经济，为此，各中心城市应当进一步增强吸引力和集聚力，继续放宽对大城市人口规模的限制，改革户籍制度，逐步取消大中城市的落户限制，积极推进医疗保险和养老保险省级统筹，保障外来人员的权益，推进各城市人才职业技能等级、职称互认，建立统一的人才评价制度，助力高端人才的流动和聚集，从而不断扩大城市人口规模与市场规模。对非中心城市而言，市场分割对城市经济高质量发展既有保障本土市场规模的促进作用也有弱化市场竞争带来的抑制作用，为此，非中心城市要转变经济发展思路，注重长远利益而非短期利益，放弃市场分割，主动融入以中心城市为主导的产业链分工中，建立以产业链集群为基础的城市间分工体系，将自身打造为特色城市，以自身特色产业为支撑，实现与中心城市的功能错位，优势互补。同时，各城市要进一步放宽市场准入条件，实行全国范围内统一的市场准入负面清单制度，保障各城市各类市场主体依法平等进入市场，不制定市场准入性质的负面清单，保障各类市场主体进行公平竞争，加大各城市反不正当竞争的执法力度，预防和制止市场经济活动中的不正当竞争和限制竞争行为，营造公平竞争的市场环境。

（2）转变地方政府职能，健全地方政府绩效评价体系

在当前地方经济分权与地方政府竞争的体制下，市场分割成为城市群

经济高质量发展的重要阻碍因素，因此在消除市场分割、实现城市群经济高质量发展的过程中，一方面，各地要正确处理好政府与市场的关系。为此，各地要转变地方政府职能，减少地方政府对经济的直接干预，营造公平竞争的地区营商环境。地方政府应将对市场活动的直接干预转变为事中事后监管，一是要减少对生产要素的直接配置，发挥市场的基础性作用。推动建立跨区域的联合产权交易所，实现各地区产权交易联网互通，完善产权信息披露制度，建立统一的交易标准，探索产权的跨省交易制度，通过市场竞争实现要素资源的自由流动和合理配置。二是在市场监管方面，各地区监管部门可依靠互联网和大数据等技术实现信息的互通互享，提高跨地区监管的速度和效率，建立健全跨部门、跨区域行政执法联动响应和协作机制。

另一方面，地方政府工作人员所面临的晋升与绩效考核制度也是其实行市场分割的政治利益激励。为此，我们要改革地方政府绩效评价体系。首先，中央政府应当因地制宜制定不同的政府考核标准，针对所划分的功能区的不同对当地政府制定不同的考核标准，对于不主要承担经济发展功能的地区应当考虑降低经济发展考核要求，转而以粮食产量、环境质量、地区安全为考核重心，构建地区政府政绩考核新标准。其次，中央政府要破除以往把地方政府工作人员的政治经济利益仅与辖区边界内的经济增长速度挂钩的做法，加重对经济发展其他方面的考核，加强对社会发展和社会福利的非增长性指标的考核要求和推进力度，比如产业结构、环境污染、能耗和人力资本投入、社会保障等指标，推动地方政府以实现经济高质量发展为目标导向。最后，中央政府对于跨省级合作的城市要构建统一的绩效考核评价机制，避免政出多门、多头指挥等现象发生，加强城市间官员异地交流任职，建立双向考核机制，对相关部门支持城市间合作等情况予以评价，并作为相关部门绩效考核的重要依据。

参考文献

［1］安苑，王珺. 财政行为波动影响产业结构升级了吗?：基于产业技术复杂度的考察［J］. 管理世界，2012（9）：19-35，187.

［2］白重恩，杜颖娟，陶志刚，等. 地方保护主义及产业地区集中度的决定因素和变动趋势［J］. 经济研究，2004（4）：29-40.

［3］卞元超，吴利华，周敏，等. 国内市场分割与雾霾污染：基于空间自滞后模型的实证研究［J］. 产业经济研究，2020（2）：45-57.

［4］曹春方，周大伟，吴澄澄，等. 市场分割与异地子公司分布［J］. 管理世界，2015（9）：92-103，169，187-188.

［5］陈川，许伟. 以人民为中心的高质量发展理论内涵［J］. 宏观经济管理，2020（3）：15-20.

［6］陈芳，史慧敏. 市场分割对长江经济带能源环境效率影响研究［J］. 中国环境管理，2020，12（4）：104-111，88.

［7］陈刚，李树. 司法独立与市场分割：以法官异地交流为实验的研究［J］. 经济研究，2013，48（9）：30-42，70.

［8］陈敏，桂琦寒，陆铭，等. 中国经济增长如何持续发挥规模效应?：经济开放与国内商品市场分割的实证研究［J］. 经济学（季刊），2007（1）：126-150.

［9］陈庆江，赵明亮，耿新. 信息化、市场分割与产业结构合理化［J］. 经济问题，2018（6）：14-19.

［10］陈雅琳. 普惠金融、支持性政策与地区经济增长：基于30个省域的空间面板数据［J］. 金融经济，2017（18）：60-63.

［11］程承坪. 高质量发展的根本要求如何落实［J］. 国家治理，2018（5）：27-33.

［12］程艳，袁益. 内生交易费用与商品市场分割：兼论互联网企业的创新行为［J］. 中共浙江省委党校学报，2017，33（4）：98-106.

［13］戴宾. 城市群及其相关概念辨析［J］. 财经科学，2004（6）：101-103.

［14］邓芳芳，王磊. 国内市场整合与产业结构调整：基于省级动态面板系统GMM估计的实证研究［J］. 技术经济与管理研究，2018（10）：117-121.

［15］邓峰，杨婷玉. 市场分割对省域创新效率的空间相关性研究：基于创新要素流动视角［J］. 科技管理研究，2019，39（17）：19-29.

［16］邓明. 中国地区间市场分割的策略互动研究［J］. 中国工业经济，2014（2）：18-30.

［17］邓小平文选：第二卷［M］. 北京：人民出版社，1994.

［18］丁从明，吉振霖，雷雨，等. 方言多样性与市场一体化：基于城市圈的视角［J］. 经济研究，2018，53（11）：148-164.

［19］董嘉昌，冯涛，李佳霖. 中国地区间要素错配对经济发展质量的影响：基于链式多重中介效应模型的实证检验［J］. 财贸研究，2020，31（5）：1-12，51.

［20］杜宇，吴传清，邓明亮. 政府竞争、市场分割与长江经济带绿色发展效率研究［J］. 中国软科学，2020（12）：84-93.

［21］段秀芳，沈敬轩. 粤港澳大湾区城市高质量发展评价及空间结构特征分析［J］. 统计与信息论坛，2021，36（5）：35-44.

［22］范剑勇. 长三角一体化、地区专业化与制造业空间转移［J］. 管理世界，2004（11）：77-84，96.

［23］范金，张强，落成. 长三角城市群经济发展质量的演化趋势与对策建议［J］. 工业技术经济，2018，37（12）：70-77.

［24］范欣. 中国市场分割的性质及效应研究［D］. 吉林大学，2016：45-46.

［25］范子英，张军. 中国如何在平衡中牺牲了效率：转移支付的视角［J］. 世界经济，2010，33（11）：117-138.

［26］方建春，张宇燕，吴宛珊. 中国能源市场分割与全要素能源效率研究［J］. 科研管理，2020，41（10）：268-277.

［27］方军雄. 市场分割与资源配置效率的损害：来自企业并购的证

据 [J]. 财经研究, 2009, 35 (9): 36-47.

[28] 冯娟. 新发展格局构建下的高质量发展: 社会再生产视角 [J]. 经济理论与经济管理, 2022, 42 (1): 35-50.

[29] 傅安瑞, 王子心, 张洋洋. 区域市场分割与融合的环境效应 [J]. 经济研究导刊, 2018 (6): 58-60, 164.

[30] 付强. 市场分割促进区域经济增长的实现机制与经验辨识 [J]. 经济研究, 2017 (3): 47-60.

[31] 付强, 乔岳. 政府竞争如何促进了中国经济快速增长: 市场分割与经济增长关系再探讨 [J]. 世界经济, 2011 (7): 43-63.

[32] 干春晖, 郑若谷, 余典范. 中国产业结构变迁对经济增长和波动的影响 [J]. 经济研究, 2011 (5): 4-16, 31.

[33] 高帆. 基于社会主要矛盾转化深刻理解我国高质量发展内涵 [J]. 上海经济研究, 2021 (12): 14-21.

[34] 高翔, 龙小宁. 省级行政区划造成的文化分割会影响区域经济吗? [J]. 经济学 (季刊), 2016, 15 (2): 647-674.

[35] 顾六宝, 肖红叶. 基于消费者跨期选择的中国最优消费路径分析 [J]. 统计研究, 2005 (11): 39-43.

[36] 桂琦寒, 陈敏, 陆铭, 等. 中国国内商品市场趋于分割还是整合: 基于相对价格法的分析 [J]. 世界经济, 2006 (2): 20-30.

[37] 国家发展改革委经济研究所课题组. 推动经济高质量发展研究 [J]. 宏观经济研究, 2019 (2): 5-17, 91.

[38] 国务院. 中华人民共和国国民经济和社会发展第十四个五年规划和 2035 年远景目标纲要 [EB/OL]. http://www.gov.cn/xinwen/2021-03/13/content_5592681.htm.

[39] 郭勇. 国际金融危机、区域市场分割与工业结构升级: 基于 1985—2010 年省际面板数据的实证分析 [J]. 中国工业经济, 2013 (1): 19-31.

[40] 郭芸, 范柏乃, 龙剑. 我国区域高质量发展的实际测度与时空演变特征研究 [J]. 数量经济技术经济研究, 2020, 37 (10): 118-132.

[41] 韩庆潇, 杨晨. 地区市场分割对高技术产业创新效率的影响: 基于不同市场分割类型的视角 [J]. 现代经济探讨, 2018 (5): 78-85.

[42] 行伟波. 应对危机需要整合国内市场 [N]. 社会科学报, 2020-05-28 (02).

［43］行伟波，李善同. 本地偏好、边界效应与市场一体化：基于中国地区间增值税流动数据的实证研究［J］. 经济学（季刊），2009，8（4）：1455-1474.

［44］何立峰. 促进形成强大国内市场大力推动经济高质量发展［J］. 现代企业，2019（2）：4-7.

［45］贺颖，吕冰洋. 行政性分权与地区市场分割：基于地级市的研究［J］. 经济学报，2019，6（4）：127-157.

［46］胡明远，龚璞，陈怀锦，等. "十四五"时期我国城市群高质量发展的关键：培育现代化都市圈［J］. 行政管理改革，2020（12）：19-29.

［47］胡永宏. 对统计综合评价中几个问题的认识与探讨［J］. 统计研究，2012，29（1）：26-30.

［48］胡尊国，王耀中，尹国君. 选择、集聚与城市生产率差异［J］. 经济评论，2017（2）：3-16.

［49］黄玖立，李坤望. 出口开放、地区市场规模和经济增长［J］. 经济研究，2006（6）：27-38.

［50］黄新飞，舒元，郑华懋. 中国城市边界效应下降了吗？：基于一价定律的研究［J］. 经济学（季刊），2013，12（4）：1369-1386.

［51］黄赜琳，王敬云. 基于产业结构区际贸易壁垒的实证分析［J］. 财经研究，2007（3）：4-16.

［52］黄赜琳，姚婷婷. 市场分割与地区生产率：作用机制与经验证据［J］. 财经研究，2020，46（1）：96-110.

［53］侯祥鹏. 中国城市群高质量发展测度与比较［J］. 现代经济探讨，2021（2）：9-18.

［54］金碚. 关于"高质量发展"的经济学研究［J］. 中国工业经济，2018（4）：5-18.

［55］景维民，张景娜. 市场分割对经济增长的影响：基于地区发展不平衡的视角［J］. 改革，2019（9）：103-114.

［56］李国璋，刘津汝. 财政分权、市场分割与经济增长：基于1996—2007年分省面板数据的研究［J］. 经济评论，2010（5）：95-102，111.

［57］李嘉楠，孙浦阳，唐爱迪. 贸易成本、市场整合与生产专业化：

基于商品微观价格数据的验证 [J]. 管理世界，2019，35 (8)：30-43，83，190.

[58] 李金昌，史龙梅，徐蔼婷. 高质量发展评价指标体系探讨 [J]. 统计研究，2019，36 (1)：4-14.

[59] 李金星. 要素市场扭曲与行业全要素生产率增长：基于中国电子信息产业的实证分析 [J]. 产业经济评论，2014 (7)：19-29.

[60] 李梦欣，任保平. 新时代中国高质量发展的综合评价及其路径选择 [J]. 财经科学，2019 (5)：26-40.

[61] 李鹏，李帆. 论"世界处于百年未有之大变局"的表现、困境与根源 [J]. 岭南学刊，2021 (5)：11-17.

[62] 李善同，侯永志，刘云中，等. 中国国内地方保护问题的调查与分析 [J]. 经济研究，2004 (11)：78-84，95.

[63] 李斯嘉，吴利华. 市场分割对区域创新资源配置效率的影响 [J]. 现代经济探讨，2021 (1)：75-87.

[64] 李涛，刘灼，李阳. 财政分权体制下市场分割对雾霾污染的影响 [J]. 华东经济管理，2021，35 (2)：11-19.

[65] 李文洁. 国内市场分割问题的实证研究 [D]. 西南财经大学，2011：28-29.

[66] 李雪松，孙博文. 密度、距离、分割与区域市场一体化：来自长江经济带的实证 [J]. 宏观经济研究，2015 (6)：117-128.

[67] 李学鑫. 分工、专业化与城市群经济 [M]. 北京：科学出版社，2011：58-64.

[68] 李增福，曾林，叶永卫. 市场分割如何影响企业的技术创新表现 [J]. 产经评论，2020，11 (5)：23-41.

[69] 梁琦. 空间经济学：过去、现在与未来：兼评《空间经济学：城市、区域与国际贸易》[J]. 经济学（季刊），2005 (3)：1067-1086.

[70] 林毅夫，刘培林. 地方保护和市场分割：从发展战略的角度考察 [R]. 北京大学中国经济研究中心工作论文. No. C2010015，2010.

[71] 林毅夫，刘志强. 中国的财政分权与经济增长 [J]. 北京大学学报（哲学社会科学版），2000 (4)：5-17.

[72] 凌连新，阳国亮. 粤港澳大湾区经济高质量发展的评价与靶向路径研究 [J]. 统计与信息论坛，2021，36 (6)：120-128.

[73] 刘刚. 经济开放加剧了国内市场分割吗: 来自中国省级面板数据的实证检验 [J]. 财贸研究, 2018, 29 (1): 16-26.

[74] 刘昊, 祝志勇. 成渝地区双城经济圈劳动力市场一体化及其影响因素研究 [J]. 软科学, 2020, 34 (10): 90-96.

[75] 刘昊, 祝志勇. 从地区性市场走向区域性市场: 基于五大城市群市场分割的测算 [J]. 经济问题探索, 2021 (1): 124-135.

[76] 刘鸿渊, 蒲萧亦, 刘菁儿. 长江上游城市群高质量发展: 现实困境与策略选择 [J]. 重庆社会科学, 2020 (9): 56-67, 2.

[77] 刘楷琳, 尚培培. 中国城市群高质量发展水平测度及空间关联性 [J]. 东北财经大学学报, 2021 (3): 37-46.

[78] 刘培林. 地方保护和市场分割的损失 [J]. 中国工业经济, 2005 (4): 69-76.

[79] 刘士林. 改革开放以来中国城市群的发展历程与未来愿景 [J]. 甘肃社会科学, 2018 (5): 1-9.

[80] 刘瑞明. 国有企业、隐性补贴与市场分割: 理论与经验证据 [J]. 管理世界, 2012 (4): 21-32.

[81] 刘小勇. 市场分割对经济增长影响效应检验和分解: 基于空间面板模型的实证研究 [J]. 经济评论, 2013 (1): 34-41.

[82] 刘易斯. 经济增长理论 [M]. 北京: 商务印书馆, 1983.

[83] 刘再起, 徐艳飞. 对外贸易、市场整合与地区经济增长: 基于bootstrap 面板因果检验 [J]. 世界经济研究, 2013 (3): 22-28, 87.

[84] 刘志彪. 为高质量发展而竞争: 地方政府竞争问题的新解析 [J]. 河海大学学报 (哲学社会科学版), 2018, 20 (2): 1-6, 89.

[85] 刘志彪, 孔令池. 从分割走向整合: 推进国内统一大市场建设的阻力与对策 [J]. 中国工业经济, 2021 (8): 20-36.

[86] 龙志和, 林志鹏, 吴梅, 等. 商品市场一体化的经济增长差异效应: 以珠三角为例 (2000—2009 年) [J]. 软科学, 2012, 26 (12): 1-4, 9.

[87] 陆铭, 陈钊. 分割市场的经济增长: 为什么经济开放可能加剧地方保护? [J]. 经济研究, 2009, 44 (3): 42-52.

[88] 陆铭, 陈钊, 严冀. 收益递增、发展战略与区域经济的分割 [J]. 经济研究, 2004 (1): 54-63.

[89] 陆远权, 张德钢. 环境分权、市场分割与碳排放 [J]. 中国人口·

资源与环境，2016，26（6）：107-115.

［90］吕冰洋，贺颖. 迈向统一市场：基于城市数据对中国商品市场分割的测算与分析［J］. 经济理论与经济管理，2020（4）：13-25.

［91］吕越，田琳，吕云龙. 市场分割会抑制企业高质量创新吗？［J］. 宏观质量研究，2021，9（1）：29-44.

［92］吕越，张昊天. 打破市场分割会促进中国企业减排吗？［J］. 财经研究，2021，47（9）：4-18.

［93］马茹，罗晖，王宏伟，等. 中国区域经济高质量发展评价指标体系及测度研究［J］. 中国软科学，2019（7）：60-67.

［94］马秀颖，赵儒煜. 中国地方市场分割成因刍议［J］. 当代经济研究，2008（4）：30-33.

［95］孟生旺. 多指标综合评价中权数的选择［J］. 统计研究，1993（2）：69-71.

［96］欧阳峣等. 大国发展道路：经验和理论［M］. 北京：北京大学出版社，2018：174-175.

［97］皮亚彬，陈耀. 大国内部经济空间布局：区位、禀赋与一体化［J］. 经济学（季刊），2019，18（4）：1 289-1 310.

［98］覃成林，张华，张技辉. 中国区域发展不平衡的新趋势及成因：基于人口加权变异系数的测度及其空间和产业二重分解［J］. 中国工业经济，2011（10）：37-45.

［99］邱风，王正新，林阳阳，等. 地方保护、市场分割与地区产业结构差异化［J］. 财经论丛，2015（10）：103-112.

［100］任保平，付雅梅，杨羽宸. 黄河流域九省区经济高质量发展的评价及路径选择［J］. 统计与信息论坛，2022，37（1）：89-99.

［101］任保平，李禹墨. 新时代我国高质量发展评判体系的构建及其转型路径［J］. 陕西师范大学学报（哲学社会科学版），2018，47（3）：105-113.

［102］任保平，宋雪纯. "十四五"时期我国新经济高质量发展新动能的培育［J］. 学术界，2020（9）：58-65.

［103］任保平，赵通. 高质量发展的核心要义与政策取向［J］. 红旗文稿，2019（13）：23-25.

［104］任保显. 中国省域经济高质量发展水平测度及实现路径：基于

使用价值的微观视角［J］. 中国软科学, 2020（10）: 175-183.

［105］任志成, 张二震, 吕凯波. 贸易开放、财政分权与国内市场分割［J］. 经济学动态, 2014（12）: 44-52.

［106］沈立人, 戴园晨. 我国"诸侯经济"的形成及其弊端和根源［J］. 经济研究, 1990（3）: 12-19, 67.

［107］师博, 沈坤荣. 市场分割下的中国全要素能源效率: 基于超效率 DEA 方法的经验分析［J］. 世界经济, 2008（9）: 49-59.

［108］宋冬林, 范欣, 赵新宇. 区域发展战略、市场分割与经济增长: 基于相对价格指数法的实证分析［J］. 财贸经济, 2014（8）: 115-126.

［109］宋书杰. 对外开放与市场分割是倒 U 型关系吗?［J］. 当代财经, 2016（6）: 15-24.

［110］宋洋, 李先军. 新发展格局下经济高质量发展的理论内涵与评价体系［J］. 贵州社会科学, 2021（11）: 120-129.

［111］宋渊洋, 黄礼伟. 为什么中国企业难以国内跨地区经营?［J］. 管理世界, 2014（12）: 115-133.

［112］宋渊洋, 单蒙蒙. 市场分割、企业经营效率与出口增长［J］. 上海经济研究, 2013（4）: 39-49.

［113］宋志涛. 市场分割与地区经济收敛关系的实证分析: 基于动态面板纠偏最小二乘虚拟变量法的估计［J］. 统计与信息论坛, 2012（7）: 84-89.

［114］孙博文. 市场一体化是否有助于降低污染排放?: 基于长江经济带城市面板数据的实证分析［J］. 环境经济研究, 2018, 3（1）: 37-56.

［115］孙博文, 陈路, 李浩民. 市场分割的绿色增长效率损失评估: 非线性机制验证［J］. 中国人口·资源与环境, 2018, 28（7）: 148-158.

［116］孙博文, 雷明. 市场分割、降成本与高质量发展: 一个拓展新经济地理模型分析［J］. 改革, 2018（7）: 53-63.

［117］孙博文, 李雪松, 伍新木, 等. 长江经济带市场一体化与经济增长互动研究［J］. 预测, 2016, 35（1）: 1-7.

［118］田鑫. 长三角城市经济高质量发展程度的评估: 基于因子 k 均值方法的实证分析［J］. 宏观经济研究, 2020（3）: 92-100.

［119］涂建军, 况人瑞, 毛凯, 等. 成渝城市群高质量发展水平评价［J］. 经济地理, 2021, 41（7）: 50-60.

［120］王家明，余志林. 沿黄地区中心城市及城市群高质量发展的测度及影响因素［J］. 中国人口・资源与环境，2021，31（10）：47-58.

［121］王磊，汪恒. 市场分割与区域资源配置效率［J］. 商业研究，2015（6）：18-25.

［122］王磊，张肇中. 国内市场分割与生产率损失：基于企业进入退出视角的理论与实证研究［J］. 经济社会体制比较，2019（4）：30-42.

［123］王永钦，张晏，章元，等. 中国的大国发展道路：论分权式改革的得失［J］. 经济研究，2007（1）：4-16.

［124］魏楚，郑新业. 能源效率提升的新视角：基于市场分割的检验［J］. 中国社会科学，2017（10）：90-111，206.

［125］魏后凯. 中国城镇化进程中两极化倾向与规模格局重构［J］. 中国工业经济，2014（3）：18-30.

［126］魏敏，李书昊. 新时代中国经济高质量发展水平的测度研究［J］. 数量经济技术经济研究，2018，35（11）：3-20.

［127］文争为，王琪红. 市场分割和国内跨区域市场扩张［J］. 产业经济研究，2020（2）：32-44，72.

［128］温忠麟，叶宝娟. 中介效应分析：方法和模型发展［J］. 心理科学进展，2014，22（5）：731-745.

［129］吴小节，蓝海林，汪秀琼，等. 市场分割的制度基础与概念内涵：基于组织社会学制度理论的视角［J］. 河北经贸大学学报，2012，33（1）：11-16.

［130］习近平. 决胜全面建成小康社会 夺取新时代中国特色社会主义伟大胜利：在中国共产党第十九次全国代表大会上的报告［R］. 2018.

［131］肖德，于凡. 中国城市群经济高质量发展测算及差异比较分析［J］. 宏观质量研究，2021，9（3）：86-98.

［132］谢瑞芬，刘圣. 市场分割、产业结构与京津冀区域经济增长［J］. 金融发展评论，2016（10）：104-114.

［133］徐现祥，李郇. 市场一体化与区域协调发展［J］. 经济研究，2005（12）：57-67.

［134］徐现祥，李郇，王美今. 区域一体化、经济增长与政治晋升［J］. 经济学（季刊），2007（6）：1075-1096.

［135］亚当・斯密. 国民财富的性质和原因研究［M］. 北京：商务印

书馆，2009：16.

[136] 严冀，陆铭，陈钊. 改革、政策的相互作用和经济增长：来自中国省级面板数据的证据 [J]. 世界经济文汇，2005（1）：27-46.

[137] 阳国亮，何元庆. 地方保护主义的成因及其博弈分析 [J]. 经济学动态，2002（8）：27-31.

[138] 杨伟民. 贯彻中央经济工作会议精神推动高质量发展 [J]. 宏观经济管理，2018（2）：13-17.

[139] 杨耀武，张平. 中国经济高质量发展的逻辑、测度与治理 [J]. 经济研究，2021，56（1）：26-42.

[140] 杨勇. 产业关联、市场竞争与地区新生企业产能累积 [J]. 中国工业经济，2017（9）：63-80.

[141] 杨志安，邱国庆. 中国式财政分权、财政能力与创新驱动发展 [J]. 经济体制改革，2018（5）：119-125.

[142] 杨振兵. 市场整合利于提升创新效率吗：基于创新能力与创新动力的新视角 [J]. 当代财经，2016（3）：13-23.

[143] 尹虹潘. 成渝城市群空间经济格局与城际经济关联 [J]. 西南大学学报（社会科学版），2019，45（3）：44-53.

[144] 银温泉，才婉茹. 我国地方市场分割的成因和治理 [J]. 经济研究，2001（6）：3-12，95.

[145] 余东华，王青. 地方保护、区域市场分割与产业技术创新能力：基于2000—2005年中国制造业数据的实证分析 [J]. 中国地质大学学报（社会科学版），2009，9（3）：73-78.

[146] 俞立平，郑济杰，张再杰. 地区市场分割对创新数量、创新质量的影响机制研究 [J]. 宏观质量研究，2022，10（1）：12-26.

[147] 于良春，付强. 地区行政垄断与区域产业同构互动关系分析：基于省际的面板数据 [J]. 中国工业经济，2008（6）：56-66.

[148] 余泳泽，胡山. 中国经济高质量发展的现实困境与基本路径：文献综述 [J]. 宏观质量研究，2018，6（4）：1-17.

[149] 张德钢，陆远权. 市场分割对能源效率的影响研究 [J]. 中国人口·资源与环境，2017，27（1）：65-72.

[150] 张昊. 地区间生产分工与市场统一度测算："价格法"再探讨 [J]. 世界经济，2020，43（4）：52-74.

[151] 张家铭. 全球疫情下的世界百年未有之大变局：表现、挑战与应对 [J]. 山东省社会主义学院学报，2021 (6)：4-12.

[152] 张杰，张培丽，黄泰岩. 市场分割推动了中国企业出口吗？[J]. 经济研究，2010 (8)：29-41.

[153] 张杰，周晓艳. 中国本土企业为何不创新：基于市场分割视角的一个解读 [J]. 山西财经大学学报，2011，33 (6)：82-93.

[154] 张军扩，侯永志，刘培林，等. 高质量发展的目标要求和战略路径 [J]. 管理世界，2019，35 (7)：1-7.

[155] 张俊生，曾亚敏. 地方保护对农业企业可持续增长的影响：一项初步的经验研究 [J]. 中国农村经济，2008 (10)：67-73.

[156] 张可. 市场一体化有利于改善环境质量吗？：来自长三角地区的证据 [J]. 中南财经政法大学学报，2019 (4)：67-77.

[157] 张为杰. 政府分权、增长与地方政府行为异化：以环境政策为例 [J]. 山西财经大学学报，2012，34 (7)：16-25.

[158] 张协奎等. 城市群资源整合与协调发展研究：以广西北部湾城市群为例 [M]. 北京：中国社会科学出版社，2012：32-33.

[159] 张跃，刘莉，黄帅金. 区域一体化促进了城市群经济高质量发展吗？：基于长三角城市经济协调会的准自然实验 [J]. 科学学研究，2021，39 (1)：63-72.

[160] 张跃胜，李思蕊，李朝鹏. 为城市发展定标：城市高质量发展评价研究综述 [J]. 管理学刊，2021，34 (1)：27-42.

[161] 张震，覃成林. 新时期京津冀城市群经济高质量发展分析 [J]. 城市问题，2021 (9)：38-48.

[162] 赵儒煜，常忠利. 经济高质量发展的空间差异及影响因素识别 [J]. 财经问题研究，2020 (10)：22-29.

[163] 赵勇，白永秀. 知识溢出：一个文献综述 [J]. 经济研究，2009，44 (1)：144-156.

[164] 赵永亮，刘德学. 市场歧视、区际边界效应与经济增长 [J]. 中国工业经济，2008 (12)：27-37.

[165] 赵永亮，徐勇. 我国制造业企业的成本效率研究 [J]. 南方经济，2007 (8)：46-55.

[166] 赵永亮，徐勇，苏桂富. 区际壁垒与贸易的边界效应 [J]. 世

界经济，2008（2）：17-29.

[167] 郑毓盛，李崇高. 中国地方分割的效率损失 [J]. 中国社会科学，2003（1）：64-72，205.

[168] 钟昌标. 国内区际分工和贸易与国际竞争力 [J]. 中国社会科学，2002（1）：94-100，207.

[169] 中共中央宣传部. 习近平新时代中国特色社会主义思想三十讲 [M]. 北京：学习出版社，2018.

[170] 周劲，付保宗. 产能过剩的内涵、评价体系及在我国工业领域的表现特征 [J]. 经济学动态，2011（10）：58-64.

[171] 周黎安. 晋升博弈中政府官员的激励与合作：兼论我国地方保护主义和重复建设问题长期存在的原因 [J]. 经济研究，2004（6）：33-40.

[172] 周黎安，陶婧. 官员晋升竞争与边界效应：以省区交界地带的经济发展为例 [J]. 金融研究，2011（3）：15-26.

[173] 周黎安."官场+市场"与中国增长故事 [J]. 社会，2018，38（2）：1-45.

[174] 周黎安. 转型中的地方政府：官员激励与治理（第二版）[M]. 上海：格致出版社，2019.

[175] 周清香，何爱平. 环境规制对长江经济带高质量发展的影响研究 [J]. 经济问题探索，2021（1）：13-24.

[176] 周艳霞. 中国城市经济增长质量时空演进研究 [D]. 华南理工大学，2017：1-2.

[177] 周愚，皮建才. 区域市场分割与融合的环境效应：基于跨界污染的视角 [J]. 财经科学，2013（4）：101-110.

[178] 祝志勇，刘昊. 市场分割、地区异质性与经济增长质量 [J]. 改革，2020（4）：86-99.

[179] 踪家峰，周亮. 市场分割、要素扭曲与产业升级：来自中国的证据（1998—2007）[J]. 经济管理，2013，35（1）：23-33.

[180] ANSELIN L, FLORAX R. New directions in spatial econometrics [M]. Berlin：Springer，1995.

[181] ANSELIN L, LE GALLO J. Interpolation of air quality measures in hedonic house price models：spatial aspects [J]. Spatial Economic Analysis，2006，1：31-52.

[182] AUDRETSCH D B, FELDMAN M P. R&D spillovers and the geography of innovation and production [J]. The American economic review, 1996, 86 (3): 630-640.

[183] BARON R M, KENNY D A. The moderator mediator variable distinction in social psychological research: conceptual, strategic and statistical considerations [J]. Journal of Personality and Social Psychology, 1986, 51 (6): 1173-1182.

[184] BEHRENS K. International integration and regional inequalities: how important is national infrastructure? [J]. The Manchester School, 2011, 79 (5): 952-971.

[185] BISCHI G I, HERBERT D, MICHAEL K. Spillover effects and the evolution of firm clusters [J]. Journal of Economic Behavior & Organization, 2003, 50 (1): 47-75.

[186] BLOOM N, SCHANKERMAN M, VAN REENEN J. Identifying technology spillovers and product market rivalry [J]. Econometrica, 2013, 81 (4): 1347-1393.

[187] CAI H, D TREISMAN. Did government decentralization cause china's economic miracle? [J]. World Polities, 2006, 58 (6): 504-535.

[188] CHANG S H, QIN W H, WANG X Y. Dynamic optimal strategies in transboundary pollution game under learning by doing [J]. Physica A: Statistical Mechanics and Its Application, 2018, 490 (15): 139-147.

[189] CHEN X Y, SHAO S, TIAN Z H, et al. Impacts of air pollution and its spatial spillover effect on public health based on China's big data sample [J]. Journal of Cleaner Production, 2017, 142 (20): 915-925.

[190] COMBES P P, MAYER T, THISSE J F. Economic geography: The integration of regions and nations [M]. Princeton University Press. 2008.

[191] DAGUM C. A new approach to the decomposition of the Gini income inequality ratio [J]. Empirical Economics, 1997, 22 (4): 515-531.

[192] DAUMAL M, ZIGNAGO S. Measure and determinants of border effects of Brazilian states [J]. Papers in Regional Science, 2010, 89 (4): 735-758.

[193] DELHEY J, NEWTON K. Predicting cross-national levels of social

trust: global pattern or nordic exceptionalism? [J]. European Sociological Review, 2005, 21 (4): 311-327.

[194] DESMET K, PARENTE S L. Bigger is better: market size, demand e-lasticity and innovation [J]. International Economic Review, 2010, 51 (2): 319-333.

[195] DIXIT A K, STIGLITZ J E. Monopolistic competition and optimum product diversity [J]. American economic review, 1977, 67 (3): 297-308.

[196] DONG B, GONG J, ZHAO X. FDI and environmental regulation: pollution haven or a race to the top? [J]. Journal of regulatory economics, 2012, 41 (2): 216-237.

[197] DURANTON G, PUGA D. From sectoral to functional urban specialization [J]. Journal of Urban Economics, 2005, 57 (2): 343-370.

[198] DVIR E, STRASSER G. Does marketing widen borders? cross-country price dispersion in the european car market [J]. Journal of International Economics, 2018, 112: 134-149.

[199] ELHANAN H. Multinational corporations and trade structure [J]. Review of Economic Studies, 1985 (3): 443-457.

[200] ELHORST J P. Dynamic panels with endogenous interaction effects when T is small [J]. Regional Science and Urban Economics, 2010, 40 (5): 272-282.

[201] ENGLE C, ROGERS J H. How wide is the border [J]. American Economic Review, 1996, 5 (86): 1112-1125.

[202] FRéDéRIC B B, et al. The FDI location decision: distance and the effects of spatial dependence [J]. International Business Review, 2014, 23 (4): 797-810.

[203] FRUTOS JAVIER DE, MARTÍN-HERRÁN G. Spatial effects and strategic behavior in a multiregional transboundary pollution dynamic game [J]. Journal of Environmental Economics and Management, 2017, 12.

[204] GORODNICHENKO Y, TALAVERA O. Price setting in online markets: basic facts, international comparisons, and cross-border integration [J]. American Economic Review, 2017, 107 (1): 249-282.

[205] GOTTMANN J. Megalopolis or the urbanization of the north eastern seaboard [J]. Economic Geography, 1957 (33): 189-220.

[206] GROSSMAN G M, ELHANAN H. Quality ladders in the theory of growth [J]. Review of Economic Studies, 1991, 58 (1): 43-61.

[207] HAYEK F A V. Law. Legislation and liberty: rules and order [M]. Chicago: The University of Chicago Press, 1973.

[208] HAYEK F A V. Individualism and economic order [M]. Chicago: Routledge Press, 1948.

[209] HELPMAN E, KRUGMAN P. Market structure and international trade [M]. MIT press, 1985.

[210] HERRMANN-PILLATH C, LIBMAN A, XIAOFAN Y. State and market integration in China: A spatial econometrics approach to "local protectionism" [J]. Social Science Electronic Publishing, 2010, 66 (137): 293-295.

[211] HOLZ, CARSTEN A. No razor's edge: reexamining alwyn young's evidence for increasing inter-provincial trade barriers in China [J]. The Review of Economics and Statistics, 2009 (8): 599-616.

[212] HSIEH C , KLENOW P J. Misallocation and manufacturing TFP in China and India [J]. quarterly journal of economics, 2009, 124 (4): 1403-1448.

[213] JIA R X. Pollution for promotion [R]. NBER Working Paper, 2013.

[214] JIN H Y, QIAN Y Y, WEINGAST B R. Regional decentralization and fiscal incentives: federalism, Chinese style [J]. Journal of Public Economics, 2005, 89 (5): 1719-1742.

[215] JONES C I. Misallocation, input-output economics, and economic growth [M]. Cambridge University Press, 2013.

[216] JOSH EDERINGTON J, MCCALMAN P. Infant industry protection and industrial dynamics [J]. Journal of International Economics, 2011, 184 (1): 37-47.

[217] KNACK S, KEEFER P. Does social capital have an economic pay-

off? a cross-country investigation [J]. The Quarterly journal of economics, 1997, 112 (4): 1251-1288.

[218] KRUGMAN P R. Scale economies, product differentiation, and the pattern of trade [J]. American Economic Review, 1980, 70 (5): 950-959.

[219] KRUGMAN P R. Increasing returns and economic geography [J]. Journal of Political Economy, 1991, 99 (3): 483-499.

[220] KRUGMAN P R. Rethinking international trade [M]. MIT press, 1994.

[221] KRUGMAN P R, ANTHONY V. Integration, specialization, and the adjustment [R]. No. w4559. National Bureau of Economic Research, 1993.

[222] LESAGE J P, PACE R K. Spatial econometric models [M]. Handbook of Applied Spatial Analysis, 2009: 355-376.

[223] LI J, QIU L D, SUN Q. Interregional protection: implications of fiscal decentralization and trade liberalization [J]. China Economic Review, 2003, 14 (3): 227-245.

[224] LUCAS R. On the mechanics of economic development [J]. Journal of Monetary Economics, 1988, 22: 3-39.

[225] LUDWIG VON MISES. Human action: a treatise on economics [M]. New Haven: Yale University Press, 1949.

[226] MARSHALL A. Principles of economics [M]. London: Macmillan, 1920.

[227] MLACHILA M, TAPSOBA R, TAPSOBA S J A. A Quality of growth index for developing countries: a proposal [J]. Social indicators research, 2014, 134 (2): 1-36.

[228] MCCALLUM J. National borders matter: Canada-US regional trade pattern [J]. American Economic Review, 1995, 85 (3): 615-623.

[229] MEI L, CHEN Z. The convergence analysis of regional growth differences in China: the perspective of the quality of economic growth [J]. Journal of Service Science and Management, 2016, 9 (6): 453-476.

[230] NAUGHTON B. How much can regional integration do to unify China's markets? [C]. Conference for Research on Economic Development and Policy, Stanford University. 1999.

[231] NI C, CHU X, SONG H. Human capital, innovation capacity and quality of economic growth-based on Chinese provincial panel data from 2000 to 2013 [J]. Global Journal of Management and Business Research, 2014, 14 (8): 45-51.

[232] OATES W E, SCHWAB R M. Economic competition among jurisdictions: efficiency enhancing or distortion inducing [J]. Journal of Public Economics, 1988, 35 (3): 333-354.

[233] PARSLEY D C, SHANG-JIN WEI. Explaining the border effect: the role of exchange rate variability, shipping cost and geography [J]. Journal of International Economics, 2001, 55 (1): 87-105.

[234] PONCET S. Measuring Chinese domestic and international integration [J]. China Economic Review, 2003, 14 (1): 1-21.

[235] PONCET S. A fragmented China: measure and determinants of Chinese domestic market disintegration [J]. Review of International Economics, 2005, 13: 409-430.

[236] QIAN Y Y, ROLAN G. Federalism and the soft budget constraint [J]. American Economic Review, 1998, 2: 202-206.

[237] QIAN Y Y, WEINGAST B R. Federalism as a commitment to preserving market incentives [J]. Journal of Economic Perspectives, 1997, 96: 584-595.

[238] QUAH, DANNY. Spatial agglomeration dynamics [J]. American economic review, 2002, 92 (2): 247-252.

[239] ROMER, PAUL M. Increasing returns and long-run growth [J]. Journal of Political Economy, 1986, 94 (5): 1002-1037.

[240] SAMUELSON P A. Theoretical notes on trade problems [J]. the Review of Economics and Statistics. 1964, 46: 145-154.

[241] STEPHENS E C, MABAYA E, CRAMON-TAUBADEL S, et al. Spatial price adjustment with and without trade [J]. Oxford Bulletin of

Economics and Stats, 2012, 74 (3): 453-469.

[242] XU X P. Have the Chinese provinces become integrated under reform? [J]. China Economic Review, 2002 (13): 116-133.

[243] YOUNG A. Substitution and complementarity in endogenous innovation [J]. The Quarterly Journal of Economics, 1993 (108): 775-807.

[244] YOUNG A. The razor's edge: distortions and incremental reform in the people's republic of China [J]. The Quarterly Journal of Economics, 2000, 115 (4): 1091-1135.

附录

附表 1 各城市市场分割水平

城市	年份	SEG	城市	年份	SEG	城市	年份	SEG	城市	年份	SEG
北京	2007	0.026 8	滁州	2007	0.020 4	晋城	2007	0.021 0	抚州	2007	0.283 8
北京	2008	0.096 1	滁州	2008	0.036 4	晋城	2008	0.039 9	抚州	2008	0.198 9
北京	2009	0.160 0	滁州	2009	0.026 7	晋城	2009	0.073 0	抚州	2009	0.226 3
北京	2010	0.035 0	滁州	2010	0.020 8	晋城	2010	0.042 7	抚州	2010	0.040 1
北京	2011	0.021 1	滁州	2011	0.017 6	晋城	2011	0.020 0	抚州	2011	0.017 0
北京	2012	0.057 0	滁州	2012	0.010 1	晋城	2012	0.021 5	抚州	2012	0.017 6
北京	2013	0.059 6	滁州	2013	0.011 5	晋城	2013	0.028 9	抚州	2013	0.017 6
北京	2014	0.050 4	滁州	2014	0.014 4	晋城	2014	0.014 8	抚州	2014	0.011 3
北京	2015	0.022 3	滁州	2015	0.016 0	晋城	2015	0.016 7	抚州	2015	0.018 7
北京	2016	0.022 6	滁州	2016	0.019 0	晋城	2016	0.010 1	抚州	2016	0.016 1
北京	2017	0.015 2	滁州	2017	0.017 2	晋城	2017	0.012 2	抚州	2017	0.017 8
北京	2018	0.026 2	滁州	2018	0.008 1	晋城	2018	0.011 0	抚州	2018	0.013 6
北京	2019	0.018 0	滁州	2019	0.013 3	晋城	2019	0.006 6	抚州	2019	0.012 0
天津	2007	0.019 6	宣城	2007	0.019 5	运城	2007	0.036 6	广州	2007	0.015 5
天津	2008	0.074 0	宣城	2008	0.039 9	运城	2008	0.079 3	广州	2008	0.031 7
天津	2009	0.062 2	宣城	2009	0.037 5	运城	2009	0.061 5	广州	2009	0.023 6
天津	2010	0.028 8	宣城	2010	0.022 8	运城	2010	0.054 3	广州	2010	0.040 4
天津	2011	0.027 9	宣城	2011	0.019 4	运城	2011	0.017 8	广州	2011	0.008 8
天津	2012	0.074 6	宣城	2012	0.011 1	运城	2012	0.029 2	广州	2012	0.031 5
天津	2013	0.056 5	宣城	2013	0.012 9	运城	2013	0.017 0	广州	2013	0.011 4
天津	2014	0.049 5	宣城	2014	0.010 0	运城	2014	0.014 5	广州	2014	0.009 1
天津	2015	0.014 8	宣城	2015	0.020 5	运城	2015	0.012 0	广州	2015	0.020 8
天津	2016	0.020 1	宣城	2016	0.021 8	运城	2016	0.019 5	广州	2016	0.019 2

城市	年份	SEG	城市	年份	SEG	城市	年份	SEG	城市	年份	SEG
天津	2017	0.021 2	宣城	2017	0.015 3	运城	2017	0.016 2	广州	2017	0.016 7
天津	2018	0.028 5	宣城	2018	0.008 3	运城	2018	0.023 2	广州	2018	0.011 5
天津	2019	0.023 5	宣城	2019	0.009 8	运城	2019	0.013 0	广州	2019	0.009 2
石家庄	2007	0.018 8	重庆	2007	0.046 4	蚌埠	2007	0.022 3	深圳	2007	0.024 8
石家庄	2008	0.036 0	重庆	2008	0.039 5	蚌埠	2008	0.030 6	深圳	2008	0.042 6
石家庄	2009	0.067 6	重庆	2009	0.042 6	蚌埠	2009	0.047 9	深圳	2009	0.022 8
石家庄	2010	0.018 2	重庆	2010	0.015 8	蚌埠	2010	0.030 3	深圳	2010	0.017 9
石家庄	2011	0.022 7	重庆	2011	0.032 3	蚌埠	2011	0.016 8	深圳	2011	0.010 5
石家庄	2012	0.047 0	重庆	2012	0.024 9	蚌埠	2012	0.017 4	深圳	2012	0.011 2
石家庄	2013	0.053 1	重庆	2013	0.016 1	蚌埠	2013	0.012 4	深圳	2013	0.009 8
石家庄	2014	0.039 8	重庆	2014	0.007 7	蚌埠	2014	0.013 6	深圳	2014	0.008 2
石家庄	2015	0.013 4	重庆	2015	0.019 3	蚌埠	2015	0.015 0	深圳	2015	0.017 4
石家庄	2016	0.017 8	重庆	2016	0.014 6	蚌埠	2016	0.010 3	深圳	2016	0.007 9
石家庄	2017	0.016 3	重庆	2017	0.012 5	蚌埠	2017	0.012 4	深圳	2017	0.012 3
石家庄	2018	0.013 5	重庆	2018	0.008 8	蚌埠	2018	0.019 7	深圳	2018	0.008 7
石家庄	2019	0.029 3	重庆	2019	0.018 4	蚌埠	2019	0.008 4	深圳	2019	0.012 5
承德	2007	0.029 2	成都	2007	0.027 7	淮北	2007	0.036 1	珠海	2007	0.021 3
承德	2008	0.040 3	成都	2008	0.032 8	淮北	2008	0.041 1	珠海	2008	0.074 3
承德	2009	0.153 9	成都	2009	0.036 7	淮北	2009	0.050 7	珠海	2009	0.026 5
承德	2010	0.032 4	成都	2010	0.036 0	淮北	2010	0.035 6	珠海	2010	0.019 3
承德	2011	0.073 3	成都	2011	0.036 7	淮北	2011	0.015 2	珠海	2011	0.008 7
承德	2012	0.101 0	成都	2012	0.027 0	淮北	2012	0.019 1	珠海	2012	0.020 5
承德	2013	0.049 9	成都	2013	0.009 4	淮北	2013	0.008 7	珠海	2013	0.008 2
承德	2014	0.033 5	成都	2014	0.010 8	淮北	2014	0.013 2	珠海	2014	0.010 2
承德	2015	0.011 3	成都	2015	0.021 3	淮北	2015	0.011 0	珠海	2015	0.030 8
承德	2016	0.029 4	成都	2016	0.011 5	淮北	2016	0.009 4	珠海	2016	0.027 4
承德	2017	0.011 6	成都	2017	0.011 3	淮北	2017	0.013 9	珠海	2017	0.017 7
承德	2018	0.039 0	成都	2018	0.010 5	淮北	2018	0.016 9	珠海	2018	0.013 3
承德	2019	0.036 9	成都	2019	0.023 4	淮北	2019	0.006 1	珠海	2019	0.032 0
张家口	2007	0.016 5	自贡	2007	0.038 4	阜阳	2007	0.029 8	佛山	2007	0.023 8
张家口	2008	0.053 6	自贡	2008	0.041 4	阜阳	2008	0.035 1	佛山	2008	0.018 8
张家口	2009	0.050 2	自贡	2009	0.033 9	阜阳	2009	0.055 7	佛山	2009	0.016 2

城市	年份	SEG	城市	年份	SEG	城市	年份	SEG	城市	年份	SEG
张家口	2010	0.019 5	自贡	2010	0.021 2	阜阳	2010	0.033 2	佛山	2010	0.014 1
张家口	2011	0.034 9	自贡	2011	0.037 7	阜阳	2011	0.017 1	佛山	2011	0.014 6
张家口	2012	0.040 3	自贡	2012	0.020 3	阜阳	2012	0.018 2	佛山	2012	0.014 8
张家口	2013	0.044 8	自贡	2013	0.017 1	阜阳	2013	0.014 2	佛山	2013	0.008 3
张家口	2014	0.069 7	自贡	2014	0.011 4	阜阳	2014	0.011 9	佛山	2014	0.008 8
张家口	2015	0.011 5	自贡	2015	0.021 2	阜阳	2015	0.008 1	佛山	2015	0.013 9
张家口	2016	0.015 6	自贡	2016	0.012 8	阜阳	2016	0.009 2	佛山	2016	0.016 6
张家口	2017	0.022 7	自贡	2017	0.017 6	阜阳	2017	0.018 4	佛山	2017	0.019 2
张家口	2018	0.028 6	自贡	2018	0.007 8	阜阳	2018	0.015 0	佛山	2018	0.013 5
张家口	2019	0.037 6	自贡	2019	0.017 3	阜阳	2019	0.006 6	佛山	2019	0.019 5
秦皇岛	2007	0.027 6	泸州	2007	0.050 6	宿州	2007	0.022 3	惠州	2007	0.016 8
秦皇岛	2008	0.039 3	泸州	2008	0.029 4	宿州	2008	0.030 0	惠州	2008	0.032 3
秦皇岛	2009	0.068 3	泸州	2009	0.032 6	宿州	2009	0.044 5	惠州	2009	0.037 3
秦皇岛	2010	0.033 2	泸州	2010	0.013 6	宿州	2010	0.034 1	惠州	2010	0.019 6
秦皇岛	2011	0.027 9	泸州	2011	0.033 9	宿州	2011	0.033 6	惠州	2011	0.018 8
秦皇岛	2012	0.042 9	泸州	2012	0.019 5	宿州	2012	0.018 4	惠州	2012	0.036 1
秦皇岛	2013	0.043 1	泸州	2013	0.011 0	宿州	2013	0.008 2	惠州	2013	0.014 6
秦皇岛	2014	0.028 7	泸州	2014	0.012 3	宿州	2014	0.013 8	惠州	2014	0.012 6
秦皇岛	2015	0.014 8	泸州	2015	0.026 9	宿州	2015	0.013 5	惠州	2015	0.017 6
秦皇岛	2016	0.020 9	泸州	2016	0.007 9	宿州	2016	0.012 0	惠州	2016	0.017 9
秦皇岛	2017	0.018 9	泸州	2017	0.012 2	宿州	2017	0.008 8	惠州	2017	0.018 6
秦皇岛	2018	0.016 2	泸州	2018	0.013 9	宿州	2018	0.015 0	惠州	2018	0.013 8
秦皇岛	2019	0.024 3	泸州	2019	0.017 5	宿州	2019	0.008 1	惠州	2019	0.015 7
唐山	2007	0.017 4	德阳	2007	0.129 9	亳州	2007	0.027 0	东莞	2007	0.021 0
唐山	2008	0.032 6	德阳	2008	0.092 1	亳州	2008	0.042 7	东莞	2008	0.029 3
唐山	2009	0.048 7	德阳	2009	0.032 2	亳州	2009	0.102 0	东莞	2009	0.023 0
唐山	2010	0.017 8	德阳	2010	0.043 0	亳州	2010	0.031 8	东莞	2010	0.019 7
唐山	2011	0.021 9	德阳	2011	0.125 8	亳州	2011	0.012 7	东莞	2011	0.012 3
唐山	2012	0.037 9	德阳	2012	0.030 9	亳州	2012	0.020 1	东莞	2012	0.026 8
唐山	2013	0.046 7	德阳	2013	0.017 1	亳州	2013	0.013 5	东莞	2013	0.009 1
唐山	2014	0.040 3	德阳	2014	0.020 6	亳州	2014	0.014 5	东莞	2014	0.011 0
唐山	2015	0.015 6	德阳	2015	0.029 2	亳州	2015	0.009 8	东莞	2015	0.013 0

附表1（续）

城市	年份	SEG	城市	年份	SEG	城市	年份	SEG	城市	年份	SEG
唐山	2016	0.012 0	德阳	2016	0.013 3	亳州	2016	0.008 8	东莞	2016	0.017 4
唐山	2017	0.022 6	德阳	2017	0.022 3	亳州	2017	0.008 9	东莞	2017	0.019 7
唐山	2018	0.027 5	德阳	2018	0.007 0	亳州	2018	0.016 2	东莞	2018	0.016 6
唐山	2019	0.020 6	德阳	2019	0.021 0	亳州	2019	0.006 7	东莞	2019	0.009 8
廊坊	2007	0.028 6	绵阳	2007	0.029 2	聊城	2007	0.024 4	中山	2007	0.042 4
廊坊	2008	0.037 9	绵阳	2008	0.023 3	聊城	2008	0.040 0	中山	2008	0.016 8
廊坊	2009	0.055 1	绵阳	2009	0.031 5	聊城	2009	0.107 8	中山	2009	0.025 6
廊坊	2010	0.031 2	绵阳	2010	0.017 8	聊城	2010	0.053 3	中山	2010	0.024 8
廊坊	2011	0.044 6	绵阳	2011	0.026 9	聊城	2011	0.032 1	中山	2011	0.008 7
廊坊	2012	0.036 2	绵阳	2012	0.022 8	聊城	2012	0.030 6	中山	2012	0.023 7
廊坊	2013	0.066 3	绵阳	2013	0.008 5	聊城	2013	0.012 2	中山	2013	0.011 7
廊坊	2014	0.048 5	绵阳	2014	0.011 1	聊城	2014	0.049 2	中山	2014	0.009 9
廊坊	2015	0.016 0	绵阳	2015	0.021 8	聊城	2015	0.008 4	中山	2015	0.013 1
廊坊	2016	0.011 5	绵阳	2016	0.011 5	聊城	2016	0.012 7	中山	2016	0.018 6
廊坊	2017	0.028 7	绵阳	2017	0.021 9	聊城	2017	0.008 0	中山	2017	0.012 4
廊坊	2018	0.015 0	绵阳	2018	0.011 2	聊城	2018	0.013 4	中山	2018	0.012 4
廊坊	2019	0.034 5	绵阳	2019	0.014 1	聊城	2019	0.006 2	中山	2019	0.016 3
保定	2007	0.019 1	遂宁	2007	0.024 0	菏泽	2007	0.021 2	江门	2007	0.021 3
保定	2008	0.033 8	遂宁	2008	0.031 8	菏泽	2008	0.028 5	江门	2008	0.032 2
保定	2009	0.042 1	遂宁	2009	0.029 1	菏泽	2009	0.045 7	江门	2009	0.016 6
保定	2010	0.023 3	遂宁	2010	0.014 6	菏泽	2010	0.031 5	江门	2010	0.017 7
保定	2011	0.045 8	遂宁	2011	0.037 7	菏泽	2011	0.022 0	江门	2011	0.015 4
保定	2012	0.042 0	遂宁	2012	0.017 4	菏泽	2012	0.020 2	江门	2012	0.028 4
保定	2013	0.073 5	遂宁	2013	0.008 5	菏泽	2013	0.012 2	江门	2013	0.007 1
保定	2014	0.075 4	遂宁	2014	0.009 5	菏泽	2014	0.013 9	江门	2014	0.008 4
保定	2015	0.010 4	遂宁	2015	0.023 9	菏泽	2015	0.011 9	江门	2015	0.015 3
保定	2016	0.048 8	遂宁	2016	0.007 9	菏泽	2016	0.017 2	江门	2016	0.016 5
保定	2017	0.018 8	遂宁	2017	0.026 6	菏泽	2017	0.009 5	江门	2017	0.024 7
保定	2018	0.025 7	遂宁	2018	0.009 4	菏泽	2018	0.020 3	江门	2018	0.012 3
保定	2019	0.038 1	遂宁	2019	0.020 1	菏泽	2019	0.007 4	江门	2019	0.012 4
沧州	2007	0.013 8	内江	2007	0.043 0	武汉	2007	0.037 4	肇庆	2007	0.018 6
沧州	2008	0.034 7	内江	2008	0.025 4	武汉	2008	0.050 3	肇庆	2008	0.024 0

城市	年份	SEG	城市	年份	SEG	城市	年份	SEG	城市	年份	SEG
沧州	2009	0.062 6	内江	2009	0.020 1	武汉	2009	0.034 2	肇庆	2009	0.025 5
沧州	2010	0.016 3	内江	2010	0.014 3	武汉	2010	0.029 1	肇庆	2010	0.020 5
沧州	2011	0.027 2	内江	2011	0.027 8	武汉	2011	0.015 8	肇庆	2011	0.012 1
沧州	2012	0.046 1	内江	2012	0.023 7	武汉	2012	0.016 6	肇庆	2012	0.022 5
沧州	2013	0.037 3	内江	2013	0.014 0	武汉	2013	0.020 1	肇庆	2013	0.013 3
沧州	2014	0.033 6	内江	2014	0.009 4	武汉	2014	0.016 9	肇庆	2014	0.011 6
沧州	2015	0.022 9	内江	2015	0.029 0	武汉	2015	0.010 3	肇庆	2015	0.020 8
沧州	2016	0.013 4	内江	2016	0.011 9	武汉	2016	0.016 4	肇庆	2016	0.020 4
沧州	2017	0.016 0	内江	2017	0.019 9	武汉	2017	0.044 7	肇庆	2017	0.022 2
沧州	2018	0.013 8	内江	2018	0.007 9	武汉	2018	0.016 5	肇庆	2018	0.009 1
沧州	2019	0.027 4	内江	2019	0.019 0	武汉	2019	0.009 4	肇庆	2019	0.020 6
衡水	2007	0.017 4	乐山	2007	0.033 9	黄石	2007	0.030 2	西安	2007	0.040 5
衡水	2008	0.039 5	乐山	2008	0.044 9	黄石	2008	0.043 6	西安	2008	0.058 4
衡水	2009	0.069 3	乐山	2009	0.025 3	黄石	2009	0.041 6	西安	2009	0.071 9
衡水	2010	0.018 8	乐山	2010	0.017 3	黄石	2010	0.029 2	西安	2010	0.026 8
衡水	2011	0.021 4	乐山	2011	0.026 1	黄石	2011	0.016 4	西安	2011	0.012 5
衡水	2012	0.040 9	乐山	2012	0.028 0	黄石	2012	0.017 6	西安	2012	0.017 7
衡水	2013	0.034 6	乐山	2013	0.008 5	黄石	2013	0.025 9	西安	2013	0.011 8
衡水	2014	0.031 7	乐山	2014	0.012 1	黄石	2014	0.016 1	西安	2014	0.013 3
衡水	2015	0.019 8	乐山	2015	0.033 2	黄石	2015	0.011 2	西安	2015	0.015 0
衡水	2016	0.015 5	乐山	2016	0.007 5	黄石	2016	0.018 6	西安	2016	0.008 7
衡水	2017	0.019 4	乐山	2017	0.023 0	黄石	2017	0.020 8	西安	2017	0.011 3
衡水	2018	0.042 6	乐山	2018	0.009 0	黄石	2018	0.017 4	西安	2018	0.011 9
衡水	2019	0.038 2	乐山	2019	0.022 1	黄石	2019	0.009 4	西安	2019	0.011 4
邢台	2007	0.022 5	南充	2007	0.043 2	鄂州	2007	0.034 8	宝鸡	2007	0.038 0
邢台	2008	0.028 7	南充	2008	0.043 1	鄂州	2008	0.041 7	宝鸡	2008	0.030 0
邢台	2009	0.060 3	南充	2009	0.040 4	鄂州	2009	0.039 9	宝鸡	2009	0.035 5
邢台	2010	0.025 0	南充	2010	0.022 6	鄂州	2010	0.017 2	宝鸡	2010	0.026 3
邢台	2011	0.024 7	南充	2011	0.031 3	鄂州	2011	0.015 7	宝鸡	2011	0.016 0
邢台	2012	0.040 8	南充	2012	0.035 2	鄂州	2012	0.018 9	宝鸡	2012	0.024 1
邢台	2013	0.045 4	南充	2013	0.007 9	鄂州	2013	0.017 1	宝鸡	2013	0.013 2
邢台	2014	0.049 1	南充	2014	0.014 7	鄂州	2014	0.016 4	宝鸡	2014	0.014 7

城市	年份	SEG	城市	年份	SEG	城市	年份	SEG	城市	年份	SEG
邢台	2015	0.012 6	南充	2015	0.123 0	鄂州	2015	0.025 4	宝鸡	2015	0.016 0
邢台	2016	0.020 9	南充	2016	0.005 8	鄂州	2016	0.015 2	宝鸡	2016	0.031 0
邢台	2017	0.015 3	南充	2017	0.013 9	鄂州	2017	0.039 4	宝鸡	2017	0.020 8
邢台	2018	0.023 2	南充	2018	0.008 0	鄂州	2018	0.009 3	宝鸡	2018	0.013 8
邢台	2019	0.031 7	南充	2019	0.017 4	鄂州	2019	0.011 5	宝鸡	2019	0.008 0
邯郸	2007	0.019 0	眉山	2007	0.026 5	孝感	2007	0.033 9	咸阳	2007	0.047 4
邯郸	2008	0.048 5	眉山	2008	0.030 6	孝感	2008	0.049 4	咸阳	2008	0.088 7
邯郸	2009	0.058 1	眉山	2009	0.037 3	孝感	2009	0.049 8	咸阳	2009	0.172 9
邯郸	2010	0.017 1	眉山	2010	0.030 8	孝感	2010	0.022 7	咸阳	2010	0.018 2
邯郸	2011	0.025 4	眉山	2011	0.034 0	孝感	2011	0.044 2	咸阳	2011	0.024 6
邯郸	2012	0.050 4	眉山	2012	0.017 0	孝感	2012	0.046 7	咸阳	2012	0.022 1
邯郸	2013	0.040 6	眉山	2013	0.007 4	孝感	2013	0.019 9	咸阳	2013	0.015 9
邯郸	2014	0.027 6	眉山	2014	0.011 3	孝感	2014	0.015 1	咸阳	2014	0.018 2
邯郸	2015	0.010 0	眉山	2015	0.020 9	孝感	2015	0.009 7	咸阳	2015	0.018 6
邯郸	2016	0.009 5	眉山	2016	0.006 5	孝感	2016	0.033 8	咸阳	2016	0.010 0
邯郸	2017	0.019 6	眉山	2017	0.019 6	孝感	2017	0.042 5	咸阳	2017	0.029 4
邯郸	2018	0.022 8	眉山	2018	0.006 0	孝感	2018	0.015 9	咸阳	2018	0.012 7
邯郸	2019	0.038 7	眉山	2019	0.020 8	孝感	2019	0.009 8	咸阳	2019	0.007 6
上海	2007	0.013 2	宜宾	2007	0.042 0	黄冈	2007	0.030 3	商洛	2007	0.034 8
上海	2008	0.037 7	宜宾	2008	0.037 1	黄冈	2008	0.025 8	商洛	2008	0.051 1
上海	2009	0.028 1	宜宾	2009	0.048 3	黄冈	2009	0.057 0	商洛	2009	0.050 2
上海	2010	0.018 9	宜宾	2010	0.018 4	黄冈	2010	0.020 6	商洛	2010	0.032 9
上海	2011	0.018 4	宜宾	2011	0.038 3	黄冈	2011	0.018 5	商洛	2011	0.017 7
上海	2012	0.009 6	宜宾	2012	0.019 5	黄冈	2012	0.016 9	商洛	2012	0.039 1
上海	2013	0.015 5	宜宾	2013	0.008 0	黄冈	2013	0.015 5	商洛	2013	0.017 3
上海	2014	0.011 0	宜宾	2014	0.012 4	黄冈	2014	0.015 5	商洛	2014	0.022 5
上海	2015	0.031 2	宜宾	2015	0.028 5	黄冈	2015	0.017 0	商洛	2015	0.022 5
上海	2016	0.019 1	宜宾	2016	0.007 2	黄冈	2016	0.020 5	商洛	2016	0.006 2
上海	2017	0.019 9	宜宾	2017	0.012 1	黄冈	2017	0.030 4	商洛	2017	0.008 0
上海	2018	0.016 2	宜宾	2018	0.013 2	黄冈	2018	0.012 8	商洛	2018	0.010 3
上海	2019	0.008 3	宜宾	2019	0.026 0	黄冈	2019	0.069 8	商洛	2019	0.007 0
南京	2007	0.025 9	广安	2007	0.030 5	咸宁	2007	0.040 9	渭南	2007	0.033 9

城市	年份	SEG	城市	年份	SEG	城市	年份	SEG	城市	年份	SEG
南京	2008	0.071 4	广安	2008	0.027 7	咸宁	2008	0.033 8	渭南	2008	0.043 9
南京	2009	0.053 4	广安	2009	0.037 2	咸宁	2009	0.031 1	渭南	2009	0.036 9
南京	2010	0.031 7	广安	2010	0.024 1	咸宁	2010	0.018 1	渭南	2010	0.021 2
南京	2011	0.036 8	广安	2011	0.028 8	咸宁	2011	0.024 5	渭南	2011	0.012 5
南京	2012	0.014 9	广安	2012	0.019 4	咸宁	2012	0.015 2	渭南	2012	0.022 9
南京	2013	0.012 7	广安	2013	0.010 5	咸宁	2013	0.014 1	渭南	2013	0.011 3
南京	2014	0.008 3	广安	2014	0.013 5	咸宁	2014	0.011 9	渭南	2014	0.011 8
南京	2015	0.017 1	广安	2015	0.022 6	咸宁	2015	0.009 2	渭南	2015	0.015 7
南京	2016	0.019 0	广安	2016	0.008 9	咸宁	2016	0.018 9	渭南	2016	0.011 9
南京	2017	0.021 0	广安	2017	0.015 6	咸宁	2017	0.028 6	渭南	2017	0.008 9
南京	2018	0.012 1	广安	2018	0.009 1	咸宁	2018	0.017 2	渭南	2018	0.012 5
南京	2019	0.008 6	广安	2019	0.040 7	咸宁	2019	0.009 0	渭南	2019	0.006 7
无锡	2007	0.015 0	达州	2007	0.027 6	宜昌	2007	0.035 8	铜川	2007	0.065 4
无锡	2008	0.026 9	达州	2008	0.056 8	宜昌	2008	0.029 1	铜川	2008	0.039 4
无锡	2009	0.025 7	达州	2009	0.062 8	宜昌	2009	0.034 1	铜川	2009	0.077 5
无锡	2010	0.013 7	达州	2010	0.016 7	宜昌	2010	0.022 9	铜川	2010	0.029 3
无锡	2011	0.026 8	达州	2011	0.064 7	宜昌	2011	0.018 2	铜川	2011	0.031 1
无锡	2012	0.008 8	达州	2012	0.023 0	宜昌	2012	0.014 3	铜川	2012	0.017 1
无锡	2013	0.011 4	达州	2013	0.012 1	宜昌	2013	0.016 6	铜川	2013	0.011 0
无锡	2014	0.011 2	达州	2014	0.018 7	宜昌	2014	0.014 6	铜川	2014	0.011 8
无锡	2015	0.014 8	达州	2015	0.016 4	宜昌	2015	0.014 5	铜川	2015	0.017 1
无锡	2016	0.048 4	达州	2016	0.005 5	宜昌	2016	0.022 2	铜川	2016	0.013 2
无锡	2017	0.014 5	达州	2017	0.013 6	宜昌	2017	0.027 7	铜川	2017	0.015 8
无锡	2018	0.011 2	达州	2018	0.006 7	宜昌	2018	0.021 5	铜川	2018	0.017 2
无锡	2019	0.009 1	达州	2019	0.028 1	宜昌	2019	0.011 4	铜川	2019	0.013 3
常州	2007	0.016 3	雅安	2007	0.048 9	襄阳	2007	0.029 0	临汾	2007	0.029 6
常州	2008	0.033 5	雅安	2008	0.047 0	襄阳	2008	0.087 3	临汾	2008	0.035 4
常州	2009	0.031 3	雅安	2009	0.144 9	襄阳	2009	0.034 3	临汾	2009	0.056 5
常州	2010	0.016 2	雅安	2010	0.030 6	襄阳	2010	0.020 6	临汾	2010	0.035 8
常州	2011	0.014 7	雅安	2011	0.052 8	襄阳	2011	0.020 1	临汾	2011	0.017 8
常州	2012	0.018 8	雅安	2012	0.048 6	襄阳	2012	0.015 1	临汾	2012	0.022 6
常州	2013	0.012 4	雅安	2013	0.015 7	襄阳	2013	0.017 6	临汾	2013	0.011 3

城市	年份	SEG	城市	年份	SEG	城市	年份	SEG	城市	年份	SEG
常州	2014	0.006 8	雅安	2014	0.014 3	襄阳	2014	0.015 3	临汾	2014	0.020 5
常州	2015	0.010 9	雅安	2015	0.033 5	襄阳	2015	0.019 3	临汾	2015	0.053 1
常州	2016	0.027 9	雅安	2016	0.010 7	襄阳	2016	0.016 2	临汾	2016	0.013 4
常州	2017	0.018 4	雅安	2017	0.012 8	襄阳	2017	0.022 7	临汾	2017	0.017 2
常州	2018	0.008 0	雅安	2018	0.009 2	襄阳	2018	0.023 1	临汾	2018	0.011 1
常州	2019	0.007 6	雅安	2019	0.021 9	襄阳	2019	0.016 7	临汾	2019	0.013 4
苏州	2007	0.016 4	资阳	2007	0.048 9	荆门	2007	0.037 2	天水	2007	0.061 2
苏州	2008	0.027 0	资阳	2008	0.046 7	荆门	2008	0.037 5	天水	2008	0.056 8
苏州	2009	0.044 3	资阳	2009	0.034 3	荆门	2009	0.035 0	天水	2009	0.046 2
苏州	2010	0.016 2	资阳	2010	0.035 2	荆门	2010	0.020 8	天水	2010	0.019 7
苏州	2011	0.018 6	资阳	2011	0.039 6	荆门	2011	0.014 6	天水	2011	0.014 5
苏州	2012	0.012 0	资阳	2012	0.018 1	荆门	2012	0.015 2	天水	2012	0.017 8
苏州	2013	0.016 0	资阳	2013	0.014 3	荆门	2013	0.015 8	天水	2013	0.015 6
苏州	2014	0.010 3	资阳	2014	0.010 9	荆门	2014	0.012 1	天水	2014	0.013 3
苏州	2015	0.015 5	资阳	2015	0.022 3	荆门	2015	0.007 9	天水	2015	0.028 9
苏州	2016	0.037 9	资阳	2016	0.007 3	荆门	2016	0.015 7	天水	2016	0.011 0
苏州	2017	0.014 2	资阳	2017	0.023 3	荆门	2017	0.029 5	天水	2017	0.009 3
苏州	2018	0.013 1	资阳	2018	0.017 0	荆门	2018	0.013 1	天水	2018	0.047 2
苏州	2019	0.011 7	资阳	2019	0.044 2	荆门	2019	0.011 2	天水	2019	0.007 9
南通	2007	0.013 5	郑州	2007	0.033 4	荆州	2007	0.042 4	平凉	2007	0.079 1
南通	2008	0.027 7	郑州	2008	0.032 0	荆州	2008	0.045 1	平凉	2008	0.036 0
南通	2009	0.022 0	郑州	2009	0.047 0	荆州	2009	0.035 5	平凉	2009	0.062 3
南通	2010	0.024 3	郑州	2010	0.026 3	荆州	2010	0.020 4	平凉	2010	0.034 7
南通	2011	0.019 1	郑州	2011	0.016 2	荆州	2011	0.014 6	平凉	2011	0.016 5
南通	2012	0.010 5	郑州	2012	0.017 2	荆州	2012	0.013 8	平凉	2012	0.026 1
南通	2013	0.008 7	郑州	2013	0.007 5	荆州	2013	0.036 2	平凉	2013	0.020 0
南通	2014	0.013 4	郑州	2014	0.011 4	荆州	2014	0.014 3	平凉	2014	0.020 4
南通	2015	0.010 7	郑州	2015	0.006 6	荆州	2015	0.013 5	平凉	2015	0.015 5
南通	2016	0.020 3	郑州	2016	0.030 1	荆州	2016	0.016 0	平凉	2016	0.011 2
南通	2017	0.012 3	郑州	2017	0.010 3	荆州	2017	0.019 1	平凉	2017	0.021 7
南通	2018	0.029 1	郑州	2018	0.036 8	荆州	2018	0.031 3	平凉	2018	0.021 8
南通	2019	0.011 2	郑州	2019	0.014 1	荆州	2019	0.034 8	平凉	2019	0.016 2

附表1(续)

城市	年份	SEG	城市	年份	SEG	城市	年份	SEG	城市	年份	SEG
盐城	2007	0.014 3	开封	2007	0.038 7	长沙	2007	0.033 9	庆阳	2007	0.076 5
盐城	2008	0.025 5	开封	2008	0.055 2	长沙	2008	0.027 8	庆阳	2008	0.053 2
盐城	2009	0.042 3	开封	2009	0.059 8	长沙	2009	0.038 2	庆阳	2009	0.088 9
盐城	2010	0.013 0	开封	2010	0.028 2	长沙	2010	0.020 8	庆阳	2010	0.026 4
盐城	2011	0.032 0	开封	2011	0.031 5	长沙	2011	0.016 6	庆阳	2011	0.015 3
盐城	2012	0.011 9	开封	2012	0.017 6	长沙	2012	0.015 1	庆阳	2012	0.036 4
盐城	2013	0.010 7	开封	2013	0.012 2	长沙	2013	0.020 5	庆阳	2013	0.019 6
盐城	2014	0.008 2	开封	2014	0.012 9	长沙	2014	0.013 9	庆阳	2014	0.024 6
盐城	2015	0.015 6	开封	2015	0.015 8	长沙	2015	0.009 9	庆阳	2015	0.022 2
盐城	2016	0.018 2	开封	2016	0.009 6	长沙	2016	0.014 2	庆阳	2016	0.009 2
盐城	2017	0.015 3	开封	2017	0.009 2	长沙	2017	0.048 1	庆阳	2017	0.020 9
盐城	2018	0.008 1	开封	2018	0.016 3	长沙	2018	0.016 1	庆阳	2018	0.012 6
盐城	2019	0.007 1	开封	2019	0.008 5	长沙	2019	0.007 6	庆阳	2019	0.013 8
扬州	2007	0.017 5	洛阳	2007	0.022 2	株洲	2007	0.070 0	长春	2007	0.100 3
扬州	2008	0.027 4	洛阳	2008	0.038 1	株洲	2008	0.035 8	长春	2008	0.047 7
扬州	2009	0.027 5	洛阳	2009	0.061 7	株洲	2009	0.060 0	长春	2009	0.098 7
扬州	2010	0.010 2	洛阳	2010	0.023 0	株洲	2010	0.083 5	长春	2010	0.039 1
扬州	2011	0.013 8	洛阳	2011	0.016 4	株洲	2011	0.034 2	长春	2011	0.031 9
扬州	2012	0.007 1	洛阳	2012	0.017 5	株洲	2012	0.061 5	长春	2012	0.011 0
扬州	2013	0.013 4	洛阳	2013	0.009 4	株洲	2013	0.023 4	长春	2013	0.017 0
扬州	2014	0.005 4	洛阳	2014	0.011 7	株洲	2014	0.010 8	长春	2014	0.012 9
扬州	2015	0.015 4	洛阳	2015	0.009 0	株洲	2015	0.039 0	长春	2015	0.011 1
扬州	2016	0.019 9	洛阳	2016	0.015 8	株洲	2016	0.021 2	长春	2016	0.012 3
扬州	2017	0.015 4	洛阳	2017	0.009 9	株洲	2017	0.041 2	长春	2017	0.015 5
扬州	2018	0.013 0	洛阳	2018	0.014 0	株洲	2018	0.027 7	长春	2018	0.026 5
扬州	2019	0.009 9	洛阳	2019	0.008 7	株洲	2019	0.007 2	长春	2019	0.007 1
镇江	2007	0.022 4	平顶山	2007	0.025 3	湘潭	2007	0.036 0	吉林	2007	0.069 6
镇江	2008	0.033 6	平顶山	2008	0.033 9	湘潭	2008	0.092 6	吉林	2008	0.046 6
镇江	2009	0.047 0	平顶山	2009	0.049 6	湘潭	2009	0.042 9	吉林	2009	0.054 5
镇江	2010	0.015 7	平顶山	2010	0.106 3	湘潭	2010	0.021 9	吉林	2010	0.034 6
镇江	2011	0.015 6	平顶山	2011	0.029 4	湘潭	2011	0.016 8	吉林	2011	0.028 4
镇江	2012	0.011 2	平顶山	2012	0.020 4	湘潭	2012	0.016 3	吉林	2012	0.009 6

城市	年份	SEG	城市	年份	SEG	城市	年份	SEG	城市	年份	SEG
镇江	2013	0.010 1	平顶山	2013	0.009 5	湘潭	2013	0.169 4	吉林	2013	0.017 3
镇江	2014	0.008 2	平顶山	2014	0.010 8	湘潭	2014	0.013 2	吉林	2014	0.015 1
镇江	2015	0.014 2	平顶山	2015	0.012 0	湘潭	2015	0.010 3	吉林	2015	0.010 5
镇江	2016	0.016 0	平顶山	2016	0.011 3	湘潭	2016	0.009 1	吉林	2016	0.006 9
镇江	2017	0.016 5	平顶山	2017	0.009 8	湘潭	2017	0.018 9	吉林	2017	0.017 2
镇江	2018	0.008 6	平顶山	2018	0.010 5	湘潭	2018	0.019 8	吉林	2018	0.016 3
镇江	2019	0.009 0	平顶山	2019	0.008 2	湘潭	2019	0.008 6	吉林	2019	0.004 5
泰州	2007	0.016 1	安阳	2007	0.052 3	南昌	2007	0.027 1	四平	2007	0.091 0
泰州	2008	0.036 1	安阳	2008	0.054 8	南昌	2008	0.045 4	四平	2008	0.063 1
泰州	2009	0.028 0	安阳	2009	0.057 8	南昌	2009	0.038 2	四平	2009	0.098 7
泰州	2010	0.024 5	安阳	2010	0.022 3	南昌	2010	0.034 0	四平	2010	0.040 8
泰州	2011	0.012 5	安阳	2011	0.012 7	南昌	2011	0.051 3	四平	2011	0.033 2
泰州	2012	0.011 2	安阳	2012	0.027 4	南昌	2012	0.016 7	四平	2012	0.013 6
泰州	2013	0.010 1	安阳	2013	0.011 0	南昌	2013	0.019 0	四平	2013	0.016 3
泰州	2014	0.006 6	安阳	2014	0.012 1	南昌	2014	0.012 7	四平	2014	0.018 3
泰州	2015	0.010 8	安阳	2015	0.007 8	南昌	2015	0.012 1	四平	2015	0.012 0
泰州	2016	0.019 6	安阳	2016	0.010 6	南昌	2016	0.018 8	四平	2016	0.026 9
泰州	2017	0.015 0	安阳	2017	0.011 0	南昌	2017	0.024 7	四平	2017	0.017 9
泰州	2018	0.007 7	安阳	2018	0.015 9	南昌	2018	0.022 1	四平	2018	0.019 5
泰州	2019	0.007 2	安阳	2019	0.007 2	南昌	2019	0.007 7	四平	2019	0.007 6
杭州	2007	0.016 3	鹤壁	2007	0.059 6	景德镇	2007	0.048 9	辽源	2007	0.079 7
杭州	2008	0.027 5	鹤壁	2008	0.075 4	景德镇	2008	0.054 5	辽源	2008	0.051 9
杭州	2009	0.024 6	鹤壁	2009	0.064 2	景德镇	2009	0.048 5	辽源	2009	0.066 4
杭州	2010	0.021 3	鹤壁	2010	0.037 0	景德镇	2010	0.020 3	辽源	2010	0.035 4
杭州	2011	0.019 9	鹤壁	2011	0.028 6	景德镇	2011	0.014 6	辽源	2011	0.038 9
杭州	2012	0.011 4	鹤壁	2012	0.025 1	景德镇	2012	0.027 7	辽源	2012	0.014 2
杭州	2013	0.013 9	鹤壁	2013	0.012 4	景德镇	2013	0.028 9	辽源	2013	0.015 4
杭州	2014	0.006 8	鹤壁	2014	0.012 7	景德镇	2014	0.020 6	辽源	2014	0.013 5
杭州	2015	0.015 1	鹤壁	2015	0.016 7	景德镇	2015	0.015 7	辽源	2015	0.017 8
杭州	2016	0.030 9	鹤壁	2016	0.011 7	景德镇	2016	0.015 0	辽源	2016	0.015 9
杭州	2017	0.016 6	鹤壁	2017	0.020 9	景德镇	2017	0.041 0	辽源	2017	0.020 5
杭州	2018	0.008 0	鹤壁	2018	0.026 0	景德镇	2018	0.017 5	辽源	2018	0.023 9

城市	年份	SEG	城市	年份	SEG	城市	年份	SEG	城市	年份	SEG
杭州	2019	0.015 3	鹤壁	2019	0.012 1	景德镇	2019	0.007 3	辽源	2019	0.005 9
宁波	2007	0.022 3	新乡	2007	0.060 7	九江	2007	0.032 9	松原	2007	0.238 3
宁波	2008	0.044 7	新乡	2008	0.046 2	九江	2008	0.034 6	松原	2008	0.053 9
宁波	2009	0.027 1	新乡	2009	0.048 1	九江	2009	0.037 9	松原	2009	0.128 4
宁波	2010	0.015 2	新乡	2010	0.030 8	九江	2010	0.054 2	松原	2010	0.035 3
宁波	2011	0.017 3	新乡	2011	0.020 6	九江	2011	0.022 2	松原	2011	0.032 4
宁波	2012	0.026 4	新乡	2012	0.016 9	九江	2012	0.019 7	松原	2012	0.017 1
宁波	2013	0.014 0	新乡	2013	0.009 2	九江	2013	0.026 7	松原	2013	0.017 2
宁波	2014	0.007 6	新乡	2014	0.011 8	九江	2014	0.024 4	松原	2014	0.006 8
宁波	2015	0.014 5	新乡	2015	0.012 0	九江	2015	0.011 6	松原	2015	0.010 8
宁波	2016	0.019 5	新乡	2016	0.009 2	九江	2016	0.017 6	松原	2016	0.014 5
宁波	2017	0.013 8	新乡	2017	0.013 3	九江	2017	0.031 1	松原	2017	0.014 4
宁波	2018	0.012 4	新乡	2018	0.013 9	九江	2018	0.026 7	松原	2018	0.019 2
宁波	2019	0.007 6	新乡	2019	0.005 2	九江	2019	0.010 7	松原	2019	0.004 5
嘉兴	2007	0.011 9	焦作	2007	0.036 7	新余	2007	0.026 1	哈尔滨	2007	0.089 6
嘉兴	2008	0.041 5	焦作	2008	0.044 0	新余	2008	0.037 9	哈尔滨	2008	0.060 1
嘉兴	2009	0.026 4	焦作	2009	0.080 1	新余	2009	0.026 1	哈尔滨	2009	0.046 4
嘉兴	2010	0.016 3	焦作	2010	0.028 3	新余	2010	0.029 9	哈尔滨	2010	0.043 2
嘉兴	2011	0.020 5	焦作	2011	0.025 5	新余	2011	0.026 8	哈尔滨	2011	0.031 8
嘉兴	2012	0.011 8	焦作	2012	0.018 7	新余	2012	0.019 6	哈尔滨	2012	0.015 6
嘉兴	2013	0.017 4	焦作	2013	0.010 6	新余	2013	0.019 1	哈尔滨	2013	0.014 6
嘉兴	2014	0.005 9	焦作	2014	0.018 7	新余	2014	0.016 2	哈尔滨	2014	0.009 3
嘉兴	2015	0.020 8	焦作	2015	0.009 8	新余	2015	0.012 7	哈尔滨	2015	0.008 7
嘉兴	2016	0.025 0	焦作	2016	0.006 6	新余	2016	0.019 3	哈尔滨	2016	0.017 4
嘉兴	2017	0.021 0	焦作	2017	0.016 4	新余	2017	0.044 3	哈尔滨	2017	0.015 3
嘉兴	2018	0.008 5	焦作	2018	0.018 8	新余	2018	0.015 3	哈尔滨	2018	0.022 3
嘉兴	2019	0.007 1	焦作	2019	0.006 4	新余	2019	0.012 6	哈尔滨	2019	0.011 0
湖州	2007	0.018 3	濮阳	2007	0.028 5	鹰潭	2007	0.033 8	齐齐哈尔	2007	0.063 8
湖州	2008	0.023 4	濮阳	2008	0.065 7	鹰潭	2008	0.033 3	齐齐哈尔	2008	0.067 9
湖州	2009	0.029 6	濮阳	2009	0.073 1	鹰潭	2009	0.036 1	齐齐哈尔	2009	0.082 8
湖州	2010	0.016 9	濮阳	2010	0.031 6	鹰潭	2010	0.029 1	齐齐哈尔	2010	0.053 2
湖州	2011	0.016 8	濮阳	2011	0.017 8	鹰潭	2011	0.019 0	齐齐哈尔	2011	0.064 4

城市	年份	SEG	城市	年份	SEG	城市	年份	SEG	城市	年份	SEG
湖州	2012	0.013 2	濮阳	2012	0.017 5	鹰潭	2012	0.011 8	齐齐哈尔	2012	0.027 7
湖州	2013	0.019 1	濮阳	2013	0.011 1	鹰潭	2013	0.015 4	齐齐哈尔	2013	0.016 9
湖州	2014	0.013 3	濮阳	2014	0.028 4	鹰潭	2014	0.022 3	齐齐哈尔	2014	0.013 7
湖州	2015	0.013 8	濮阳	2015	0.008 1	鹰潭	2015	0.009 8	齐齐哈尔	2015	0.010 5
湖州	2016	0.024 1	濮阳	2016	0.006 1	鹰潭	2016	0.072 2	齐齐哈尔	2016	0.037 7
湖州	2017	0.015 3	濮阳	2017	0.009 8	鹰潭	2017	0.031 2	齐齐哈尔	2017	0.027 6
湖州	2018	0.007 5	濮阳	2018	0.016 5	鹰潭	2018	0.019 6	齐齐哈尔	2018	0.031 2
湖州	2019	0.007 3	濮阳	2019	0.004 4	鹰潭	2019	0.008 6	齐齐哈尔	2019	0.008 2
绍兴	2007	0.017 4	许昌	2007	0.026 1	宜春	2007	0.026 6	大庆	2007	0.086 6
绍兴	2008	0.040 1	许昌	2008	0.076 2	宜春	2008	0.037 9	大庆	2008	0.049 1
绍兴	2009	0.019 3	许昌	2009	0.077 4	宜春	2009	0.034 6	大庆	2009	0.087 3
绍兴	2010	0.016 0	许昌	2010	0.030 7	宜春	2010	0.018 1	大庆	2010	0.050 3
绍兴	2011	0.013 1	许昌	2011	0.011 2	宜春	2011	0.018 8	大庆	2011	0.029 5
绍兴	2012	0.014 3	许昌	2012	0.017 5	宜春	2012	0.031 6	大庆	2012	0.017 4
绍兴	2013	0.008 6	许昌	2013	0.011 6	宜春	2013	0.020 8	大庆	2013	0.020 5
绍兴	2014	0.019 6	许昌	2014	0.015 0	宜春	2014	0.023 2	大庆	2014	0.018 8
绍兴	2015	0.024 4	许昌	2015	0.006 9	宜春	2015	0.012 5	大庆	2015	0.022 3
绍兴	2016	0.021 4	许昌	2016	0.019 6	宜春	2016	0.016 1	大庆	2016	0.026 6
绍兴	2017	0.098 6	许昌	2017	0.020 9	宜春	2017	0.026 1	大庆	2017	0.044 9
绍兴	2018	0.008 5	许昌	2018	0.015 6	宜春	2018	0.025 1	大庆	2018	0.027 1
绍兴	2019	0.017 1	许昌	2019	0.008 9	宜春	2019	0.008 0	大庆	2019	0.008 4
金华	2007	0.021 2	漯河	2007	0.026 2	衡阳	2007	0.039 0	牡丹江	2007	0.066 5
金华	2008	0.051 6	漯河	2008	0.039 6	衡阳	2008	0.042 1	牡丹江	2008	0.059 5
金华	2009	0.020 9	漯河	2009	0.150 6	衡阳	2009	0.036 2	牡丹江	2009	0.051 5
金华	2010	0.016 6	漯河	2010	0.129 8	衡阳	2010	0.024 1	牡丹江	2010	0.029 5
金华	2011	0.014 6	漯河	2011	0.019 4	衡阳	2011	0.017 6	牡丹江	2011	0.023 7
金华	2012	0.008 5	漯河	2012	0.020 0	衡阳	2012	0.015 6	牡丹江	2012	0.011 3
金华	2013	0.059 7	漯河	2013	0.007 9	衡阳	2013	0.034 3	牡丹江	2013	0.011 9
金华	2014	0.008 7	漯河	2014	0.013 3	衡阳	2014	0.044 9	牡丹江	2014	0.016 8
金华	2015	0.019 0	漯河	2015	0.014 7	衡阳	2015	0.021 8	牡丹江	2015	0.016 0
金华	2016	0.025 0	漯河	2016	0.020 0	衡阳	2016	0.014 7	牡丹江	2016	0.021 4
金华	2017	0.011 2	漯河	2017	0.015 3	衡阳	2017	0.023 9	牡丹江	2017	0.022 2

城市	年份	SEG	城市	年份	SEG	城市	年份	SEG	城市	年份	SEG
金华	2018	0.009 2	漯河	2018	0.020 9	衡阳	2018	0.027 0	牡丹江	2018	0.030 2
金华	2019	0.009 7	漯河	2019	0.010 9	衡阳	2019	0.011 7	牡丹江	2019	0.008 6
舟山	2007	0.012 8	三门峡	2007	0.029 5	岳阳	2007	0.069 2	呼和浩特	2007	0.019 3
舟山	2008	0.033 0	三门峡	2008	0.043 8	岳阳	2008	0.035 7	呼和浩特	2008	0.058 1
舟山	2009	0.021 4	三门峡	2009	0.050 2	岳阳	2009	0.049 2	呼和浩特	2009	0.041 5
舟山	2010	0.015 8	三门峡	2010	0.047 9	岳阳	2010	0.027 1	呼和浩特	2010	0.046 6
舟山	2011	0.015 3	三门峡	2011	0.021 6	岳阳	2011	0.021 7	呼和浩特	2011	0.031 5
舟山	2012	0.017 5	三门峡	2012	0.019 7	岳阳	2012	0.013 3	呼和浩特	2012	0.017 8
舟山	2013	0.013 4	三门峡	2013	0.017 3	岳阳	2013	0.016 2	呼和浩特	2013	0.015 5
舟山	2014	0.009 9	三门峡	2014	0.040 7	岳阳	2014	0.042 2	呼和浩特	2014	0.005 1
舟山	2015	0.013 2	三门峡	2015	0.008 3	岳阳	2015	0.014 9	呼和浩特	2015	0.033 1
舟山	2016	0.024 6	三门峡	2016	0.010 2	岳阳	2016	0.011 0	呼和浩特	2016	0.019 1
舟山	2017	0.011 0	三门峡	2017	0.013 1	岳阳	2017	0.021 1	呼和浩特	2017	0.031 2
舟山	2018	0.017 2	三门峡	2018	0.032 8	岳阳	2018	0.019 3	呼和浩特	2018	0.009 0
舟山	2019	0.012 4	三门峡	2019	0.008 7	岳阳	2019	0.010 2	呼和浩特	2019	0.008 5
台州	2007	0.015 1	南阳	2007	0.033 4	常德	2007	0.030 1	包头	2007	0.020 1
台州	2008	0.082 9	南阳	2008	0.039 8	常德	2008	0.045 7	包头	2008	0.040 5
台州	2009	0.049 5	南阳	2009	0.075 6	常德	2009	0.031 7	包头	2009	0.035 0
台州	2010	0.026 0	南阳	2010	0.035 8	常德	2010	0.019 6	包头	2010	0.046 2
台州	2011	0.027 3	南阳	2011	0.014 4	常德	2011	0.014 2	包头	2011	0.038 4
台州	2012	0.014 2	南阳	2012	0.020 3	常德	2012	0.017 3	包头	2012	0.022 3
台州	2013	0.019 7	南阳	2013	0.016 4	常德	2013	0.017 9	包头	2013	0.015 9
台州	2014	0.012 8	南阳	2014	0.013 9	常德	2014	0.017 1	包头	2014	0.006 8
台州	2015	0.019 3	南阳	2015	0.007 5	常德	2015	0.010 1	包头	2015	0.031 2
台州	2016	0.027 9	南阳	2016	0.017 4	常德	2016	0.011 8	包头	2016	0.017 5
台州	2017	0.013 0	南阳	2017	0.009 2	常德	2017	0.023 2	包头	2017	0.024 5
台州	2018	0.014 3	南阳	2018	0.011 7	常德	2018	0.017 1	包头	2018	0.010 3
台州	2019	0.005 8	南阳	2019	0.005 0	常德	2019	0.008 1	包头	2019	0.017 3
合肥	2007	0.013 7	商丘	2007	0.027 4	益阳	2007	0.041 1	鄂尔多斯	2007	0.028 4
合肥	2008	0.037 3	商丘	2008	0.043 2	益阳	2008	0.040 3	鄂尔多斯	2008	0.050 7
合肥	2009	0.057 4	商丘	2009	0.076 8	益阳	2009	0.031 8	鄂尔多斯	2009	0.049 5
合肥	2010	0.014 6	商丘	2010	0.024 9	益阳	2010	0.021 0	鄂尔多斯	2010	0.057 8

附表1（续）

城市	年份	SEG	城市	年份	SEG	城市	年份	SEG	城市	年份	SEG
合肥	2011	0.016 1	商丘	2011	0.015 9	益阳	2011	0.014 4	鄂尔多斯	2011	0.042 4
合肥	2012	0.012 1	商丘	2012	0.024 8	益阳	2012	0.019 2	鄂尔多斯	2012	0.020 8
合肥	2013	0.012 0	商丘	2013	0.011 1	益阳	2013	0.025 3	鄂尔多斯	2013	0.015 0
合肥	2014	0.010 8	商丘	2014	0.012 0	益阳	2014	0.013 1	鄂尔多斯	2014	0.006 1
合肥	2015	0.015 0	商丘	2015	0.009 5	益阳	2015	0.008 2	鄂尔多斯	2015	0.031 4
合肥	2016	0.027 9	商丘	2016	0.009 3	益阳	2016	0.010 6	鄂尔多斯	2016	0.017 8
合肥	2017	0.013 9	商丘	2017	0.010 5	益阳	2017	0.021 3	鄂尔多斯	2017	0.027 9
合肥	2018	0.007 9	商丘	2018	0.014 2	益阳	2018	0.018 7	鄂尔多斯	2018	0.009 7
合肥	2019	0.009 5	商丘	2019	0.008 1	益阳	2019	0.009 5	鄂尔多斯	2019	0.029 5
芜湖	2007	0.013 6	信阳	2007	0.033 5	娄底	2007	0.047 8	榆林	2007	0.028 1
芜湖	2008	0.027 2	信阳	2008	0.058 7	娄底	2008	0.041 2	榆林	2008	0.052 7
芜湖	2009	0.036 6	信阳	2009	0.056 6	娄底	2009	0.038 2	榆林	2009	0.040 5
芜湖	2010	0.019 0	信阳	2010	0.031 9	娄底	2010	0.021 5	榆林	2010	0.051 7
芜湖	2011	0.012 1	信阳	2011	0.021 5	娄底	2011	0.017 3	榆林	2011	0.036 2
芜湖	2012	0.009 3	信阳	2012	0.016 7	娄底	2012	0.016 2	榆林	2012	0.015 9
芜湖	2013	0.010 5	信阳	2013	0.013 6	娄底	2013	0.014 1	榆林	2013	0.012 9
芜湖	2014	0.010 1	信阳	2014	0.013 3	娄底	2014	0.014 4	榆林	2014	0.009 9
芜湖	2015	0.016 3	信阳	2015	0.012 5	娄底	2015	0.008 4	榆林	2015	0.026 7
芜湖	2016	0.023 1	信阳	2016	0.011 3	娄底	2016	0.014 7	榆林	2016	0.020 6
芜湖	2017	0.022 0	信阳	2017	0.015 1	娄底	2017	0.026 6	榆林	2017	0.024 9
芜湖	2018	0.014 3	信阳	2018	0.061 4	娄底	2018	0.025 3	榆林	2018	0.010 9
芜湖	2019	0.007 1	信阳	2019	0.008 5	娄底	2019	0.012 2	榆林	2019	0.028 3
马鞍山	2007	0.032 0	周口	2007	0.020 1	萍乡	2007	0.032 4			
马鞍山	2008	0.040 5	周口	2008	0.049 6	萍乡	2008	0.040 0			
马鞍山	2009	0.049 3	周口	2009	0.056 7	萍乡	2009	0.039 0			
马鞍山	2010	0.031 8	周口	2010	0.024 9	萍乡	2010	0.022 5			
马鞍山	2011	0.018 0	周口	2011	0.031 7	萍乡	2011	0.033 3			
马鞍山	2012	0.014 5	周口	2012	0.023 0	萍乡	2012	0.027 5			
马鞍山	2013	0.017 5	周口	2013	0.009 9	萍乡	2013	0.014 1			
马鞍山	2014	0.010 0	周口	2014	0.012 3	萍乡	2014	0.018 3			
马鞍山	2015	0.022 3	周口	2015	0.010 0	萍乡	2015	0.010 6			
马鞍山	2016	0.021 7	周口	2016	0.009 0	萍乡	2016	0.012 8			

城市	年份	SEG	城市	年份	SEG	城市	年份	SEG	城市	年份	SEG
马鞍山	2017	0.013 4	周口	2017	0.008 4	萍乡	2017	0.021 9			
马鞍山	2018	0.011 1	周口	2018	0.012 8	萍乡	2018	0.009 7			
马鞍山	2019	0.007 4	周口	2019	0.006 9	萍乡	2019	0.010 1			
铜陵	2007	0.012 6	驻马店	2007	0.015 2	上饶	2007	0.040 9			
铜陵	2008	0.035 5	驻马店	2008	0.042 1	上饶	2008	0.031 2			
铜陵	2009	0.025 8	驻马店	2009	0.058 2	上饶	2009	0.199 9			
铜陵	2010	0.021 8	驻马店	2010	0.093 1	上饶	2010	0.046 7			
铜陵	2011	0.024 0	驻马店	2011	0.023 8	上饶	2011	0.022 1			
铜陵	2012	0.009 0	驻马店	2012	0.024 1	上饶	2012	0.039 5			
铜陵	2013	0.015 7	驻马店	2013	0.014 9	上饶	2013	0.026 8			
铜陵	2014	0.011 1	驻马店	2014	0.011 3	上饶	2014	0.012 6			
铜陵	2015	0.010 8	驻马店	2015	0.011 4	上饶	2015	0.010 1			
铜陵	2016	0.019 9	驻马店	2016	0.010 6	上饶	2016	0.016 0			
铜陵	2017	0.026 2	驻马店	2017	0.007 1	上饶	2017	0.066 5			
铜陵	2018	0.010 7	驻马店	2018	0.011 5	上饶	2018	0.023 0			
铜陵	2019	0.007 3	驻马店	2019	0.009 0	上饶	2019	0.008 5			
安庆	2007	0.021 1	长治	2007	0.022 7	吉安	2007	0.031 0			
安庆	2008	0.033 4	长治	2008	0.048 4	吉安	2008	0.042 5			
安庆	2009	0.035 0	长治	2009	0.060 7	吉安	2009	0.027 2			
安庆	2010	0.014 0	长治	2010	0.030 8	吉安	2010	0.029 7			
安庆	2011	0.015 7	长治	2011	0.024 2	吉安	2011	0.025 8			
安庆	2012	0.013 5	长治	2012	0.019 8	吉安	2012	0.013 7			
安庆	2013	0.014 1	长治	2013	0.016 4	吉安	2013	0.016 1			
安庆	2014	0.008 0	长治	2014	0.014 0	吉安	2014	0.012 0			
安庆	2015	0.013 6	长治	2015	0.023 2	吉安	2015	0.012 4			
安庆	2016	0.016 5	长治	2016	0.013 5	吉安	2016	0.014 6			
安庆	2017	0.016 7	长治	2017	0.010 5	吉安	2017	0.024 6			
安庆	2018	0.009 1	长治	2018	0.010 1	吉安	2018	0.059 0			
安庆	2019	0.008 3	长治	2019	0.015 7	吉安	2019	0.009 1			